饗宴

——中學生的閱讀與寫作

劉家楨◎著

吳　序

　　國家強弱賴文化，文化存續恃語文。語文教育是延續文化之大事，因為語文是人類文化傳播要件，亦是人與人之間相互溝通的主要工具。

　　然而根據專家學者的研究觀察，以及社會大眾的反映呼籲，近年來中學生的語文程度似乎有下降的趨勢。教育局有鑒於此，特別在民國九十四年初委託台北市立大直高中，籌組「提升台北市中學生國語文能力研究小組」，小組透過文獻探討、焦點座談、師生問卷、現況調查等方式，歷經一年的努力，完成了現況報告及策略建議。其中較重要的幾項分別是「增進教師閱讀與寫作指導的能力」、「增進學生閱讀的質與量，培養學生帶得走的能力」、「增設閱讀與寫作的指導課程」、「推動深耕閱讀」、「編寫閱讀與寫作指導之實用教材」等。

　　從上述的策略建議看來，提升中學生的國語文能力和「閱讀與寫作」的指導推展息息相關，而語文教育的推展必須仰賴教師，教師本是語文寶庫的指引者。薇閣高中李光倫校長重視語文教育，積極鼓勵教師自編教材；本書作者劉家楨老師學驗俱豐，對學生至情至愛，對語文教育有心有意，本著熱忱，將數年來在師大附中及薇閣高中教導學生「閱讀與寫作」的寶貴經驗和心得，編纂完成《饗宴》

這本得窺閱讀與寫作堂奧的著作。

　　這本書先就「閱讀的魔力——為何必須閱讀：閱讀是教育的靈魂、閱讀是進步成長的階梯」、「閱讀的方法——如何閱讀：如何閱讀一本書、如何閱讀不同的讀物、學生談自己的閱讀方法」與「閱讀的策略——提高閱讀的質與擴充閱讀的量：閱讀筆記的寫法、閱讀資訊、好書書目」來引導中學生「閱讀」；再就「閱讀心得寫作」與「由閱讀而產生寫作靈感」來指導中學生「閱讀與寫作的連結」；最後就「文章的基本架構」、「各種文體的認識與寫法」與「考場作文」、「學生分享堂上習作」來指引中學生「寫作」。這樣的鋪陳編排，巧妙的結合了「閱讀」與「寫作」的「理論」與「應用」，是一本切合現階段中學教師與學生需求的好書。

　　非常盼望由於這本書的出版，得以提供各中學圖書館及教師指導學生閱讀與寫作的參考，也能夠協助中學生建立正確的閱讀觀念與寫作方法。在此書付梓前夕，聊以數語對劉家楨老師努力耕耘語文教育的辛勞表示欣慰與肯定。

吳清基　序於台北市政府教育局

2006年10月3日

（本文作者為台北市政府教育局局長）

陳　序

　　由於讀與寫是雙向互動的關係，所以在閱讀文章之際，仔細分析它，對文中有關審題、立意、選材、布局、修辭等工夫，要一一予以深究，使自己「由讀而寫」地對寫作的方法，能由點而面，由面而立體地加以掌握，形成一個系統，這是指導學生「寫作」過程中最重要的一環；而相應地，也由此而提升了「閱讀」之本領。

　　一般而言，辭章是結合「形象思維」、「邏輯思維」與「綜合思維」而形成的。這三種思維，各有所主。如果是將一篇辭章所要表達之「意」，訴諸各種偏於主觀之聯想、想像，和所選取之「象」連結在一起，或者是專就個別之「意」、「象」等本身設計其表現技巧的，皆屬「形象思維」；這涉及了「取材」、「措詞」等有關「意象」之形成與表現等問題，而主要以此為研究對象的，就是意象學（狹義）、詞彙學與修辭學等。如果是專就各種「象」，對應於自然規律，結合「意」，訴諸偏於客觀之聯想、想像，按秩序、變化、聯貫與統一之原則，前後加以安排、布置，以成條理的，皆屬「邏輯思維」；這涉及了「運材」、「布局」與「構詞」等有關「意象」之組織等問題，而主要以此為研究對象的，就語句言，即文（語）法學；就篇章言，就是章法學。至於合「形象思維」與「邏

輯思維」而為一，探討其整個「意象」體性的，則為「綜合思維」，這涉及了「立意」、「確立體性」等有關「意象」之統合等問題，而主要以此為研究對象的，為主題學、意象學（廣義）、文體學、風格學等。而以此整體或個別為對象加以研究的，則統稱為辭章學或文章學。

而這些意象（狹義）、詞彙、修辭、文（語）法、章法、主題、文體、風格……等，如由廣義的「意象」切入，則風格（文體）、主題（主旨）關涉到「意」，意象（狹義）、詞彙、文法、修辭、文法、章法關涉到「象」，這些都與讀、寫有密切不可分的關係。其中讀（鑑賞）是由「象」而「意」的逆向過程，而寫（創作）是由「意」而「象」的順向過程。兩者如此互動、循環而提升，自然可藉以增進讀、寫的能力。

劉老師有鑑於此，即憑他多年的教學經驗，撰成此書，供大家分享。這本書先就「閱讀的魔力——為何必須閱讀」、「閱讀的方法——如何閱讀」與「閱讀的策略——提高閱讀的質與擴充閱讀的量」來談「閱讀」，再就「閱讀心得寫作」與「由閱讀而產生寫作靈感」來談「閱讀與寫作的連結」，然後就「文章的基本架構（審題、立意、選材、布局、修辭）」、「各種文體（描寫、記敘、抒情、論說）的認識與寫法」與「考場作文、學生分享堂上習作」來談「寫作」。如此結合「閱讀」與「寫作」、「理論」與「應用」加以呈現，無論對中學教師或學生而言，相信是會有很大之參考價值的。

忝為作者大學時「國文教材教法」之任課教師，在此

出版前夕，聊以數語表示祝賀與鼓勵的意思。

陳滿銘 序於臺灣師大國文系835研究室

2006年9月14日

（本文作者爲國立台灣師範大學國文系教授、萬卷樓圖書公司董事長）

李　序

———————————————

　　從「讀經課程」到「深耕閱讀課程」，薇閣一路秉持全人教育內化的教育理念，並將之貫徹在語文教育的奠基上，已行之有年矣。

　　其中，「讀經」內容包括《大學》、《中庸》、《老子》……等先秦經典，不僅能涵養國學知識，更能底定靜心，有了這些基礎，再配合「精選唐詩」、《菜根譚》、《幽夢影》……等古代文學作品的誦讀，藉以活潑心源，深入文學的底蘊。近年更將閱讀的觸角延展至現代文學作品，由各年級任課教師選定書籍，並親自引介指導，由同學們上臺發表感想，分享心得，在古典與現代的融合中，提升閱讀的質和量，有了閱讀經典的源頭活水，寫作便能左右逢其源，細水長流，相對也促進了創作的能力。美・韋伯斯特曾說：「語文是思想的表現。」足見語文教育的確深繫著延續文化與傳播文明的重大事件。

　　閱讀質量的需求與創作指導一直根源於語文能力的終極提升指標，而薇閣所維持發揚的，亦本著人文教育的初衷，念茲在茲，其所呈現的豐榮，更加說明了我們在語文教育崗位上的耕耘與收穫。是為序。

李光倫　序於台北市私立薇閣高級中學

（本文作者為台北市私立薇閣高級中學校長）

黃 序

　　曾榮獲中國語文獎章，也得過優良教師獎的劉家楨老師，繼《園丁》這本以作文為主題的書之後，又經由萬卷樓出版了《饗宴》，它是特別為青少年而寫的「閱讀與寫作」的慧心之作。

　　閱讀不僅是智慧的泉源，亦是心靈最好的美容。

　　寫作不但可表情達意、溝通思想，更可涵泳性情、豐富心靈世界。

　　《饗宴》這本書願以「理想的槳」，划出「夢想的帆」，用愛心、經驗引領學生有效掌握閱讀之鑰；亦是一盞指引寫作的明燈，它可成為學生心靈樂事的階梯、寫作的圭臬，更能開拓學生豐富的精神生活。

　　文學創作，若從閱讀入手，必可體悟名家立意謀篇、遣詞造句，匠心獨運的高妙技巧；用於寫作，則能得心應手的駕馭文字，使情意表達得更優美動人。

　　《饗宴》是國內第一本專為中學生而寫的「閱讀與寫作」的書，也是一本擁有許多創意的好書。它除了推薦許多好書外，同時也教導學生：如何閱讀豐贍瑰麗的書中世界，領悟文字美妙、優游文學天地之樂；它能培養學生創造思考的寫作能力，提升學生鑑賞境界的能力，是一本從教學經驗中沉澱出智慧光澤的好書，能引導不懂寫作而沮

喪迷惘的學生們走出迷津，邁向更積極光明的人生。

　　作者劉家楨老師，是我的至交好友，我們有三十多年的肝膽情義，他在學校唸書時，成績總是名列前茅，又是寫作的佼佼者，主編過〈輔苑〉，我十分佩服他才華橫溢、筆尖常帶感情的人文氣質，今日聽聞好友願將「閱讀與寫作」的寶藏「金針度與人」深感欣喜，祈盼這本書能為閱讀與寫作這塊園地開出美麗燦爛的花朵！

　　家楨囑我寫序，身為好友，我很樂意為之。

黃肇基 序於天母陽明軒

（本文作者為台北市立建國高中教師、國立政治大學文學碩士、
國立台灣師範大學文學博士候選人）

緣起（代序）

＊＊＊＊＊＊＊

　　每逢國中基測、高中學測（指考）放榜後，總會聽到學生家長因中學生國語文成績下降而責難批評。

　　每逢有人誤用成語、濫用文字，或辭不達意、文不成篇時，總會聽到社會賢達因中學生國語文能力低落而扼腕歎息。

　　每逢報章雜誌、文教組織發表有關國人的閱讀現況調查報告後，總會聽到有識之士因中學生只愛看電視、玩電腦，不愛看書，要看也只看教科書、參考書的怪異現象而憂心忡忡。

　　忝為中學國文老師，每逢此情斯景，總會掩面沉思，因百感交集而無法成眠。

　　或許是因教育政策的改變，可能由於資訊社會的快速變遷，使得中學國語文教學效果受到影響，讓中學生的國語文程度日漸降低，但無論如何，提升中學生的國語文能力，還是須要依靠老師的指導，老師是提升中學生國語文能力的主要推手，責無旁貸要肩負起此一重責大任！

　　當我正在苦思對策時，發現其實早已有很多前輩投身「拯救國語文能力」的行列之中。綜觀前輩們的高見，可以用兩句話來概括：

　　大量閱讀書籍才是拯救語文鑑賞能力的妙方；

落實寫作教學方為提升語文表達能力的途徑。

數年來我先後在師大附中及薇閣中學服務，藉由課堂上的教學活動，我的構想得以一一實現，抽象理論也獲得具體驗證：經過老師按部就班的指導後，的確能夠有效提升中學生的國語文能力。

首先在「閱讀」方面，我從「為何要閱讀」切入主題，以喚起學生的閱讀動機。接著談「如何閱讀」，「要閱讀些什麼」以擴充及提高閱讀的量與質，並同步進行「閱讀與寫作連結」的教學活動，俾使「閱讀」與「寫作」相輔相成：「閱讀」為「寫作」素材添枝接葉；「寫作」讓「閱讀」動能源源不絕。換言之，「閱讀」與「寫作」就好似以「理想的槳」接引「夢想的帆」引領中學生航向遠方。

其次在「寫作」方面，我則先與大家研討寫作的基本概念：審題、立意、選材、布局、修辭。然後進行各種文體的認識與習作：什麼是描寫文，描寫文的寫法；什麼是記敘文，記敘文的寫法；什麼是抒情文，抒情文的寫法；什麼是論說文，議論文的認識與寫法，說明文的認識與寫法以及考場作文等。

在這段漫長的教學過程中，我一邊教學，一邊編訂教材、改進教法，目睹學生們日有精進，深深體會到教學相長的樂趣。但也發現了許許多多的問題，值得父母與師長三思：

一、在「喚起學生的閱讀動機」方面，絕大多數的學生喜歡「為閱讀而閱讀」，認為有需要閱讀、喜歡閱讀，

才會主動閱讀，主動閱讀才會覺得有趣，覺得有趣才能持續不斷的閱讀。等到大量的閱讀後，生命的格局就會像大樹一般，隨著枝葉不斷蔓延伸展開來，而安身立命的價值觀也會像大樹一樣抓緊泥土、深入地底，昂然屹立在天地間。因此，引導時宜盡量透過理性的思辨、共同的討論，藉專家的科學研究，以及學生的現身說法，讓學生們自己體悟閱讀的重要性及趣味性。盡量避免爲了升學、爲了成績強迫學生閱讀，導致學生被動閱讀、痛苦閱讀、最後放棄閱讀。（日本腦神經專家——東北大學未來科技共同研究中心，川島隆太教授曾於二〇〇二年發表一份追蹤十年的腦部研究報告，報告中發現學童進行閱讀活動時，腦部「前額葉皮質區（Prefrontal Cortex）」的反應範圍最廣，遠高於看電視、玩電腦等上百項活動，而腦部前葉負責對全身體發出命令，與記憶、感情、溝通、創造等能力息息相關）。

　　二、就「如何指導學生閱讀」來說，建議以美國教育家莫提默・艾德勒（Mortimer J. Adler）的《如何閱讀一本書》爲藍本，指導學生從「基礎閱讀」（只要求看懂字句意義）做起，接著進行「檢視閱讀」（有系統的粗讀或略讀），然後實施「分析閱讀」（在精讀過程中提出疑問與作者對話），最後鼓勵學生進行「主題閱讀」（比較同類書或同作者作品的異同，並歸納出結論來）。而中學生的閱讀活動，如果多多運用同儕間的互動觀摩，亦可收鼓舞啓發的功能。但不管怎麼做，真正好的閱讀，最終要能鼓勵學生與書籍對話，在讀完後能夠瞭解整本書的主題，並且提出自己的看法來，而「閱讀筆記」就是讓它付諸文字，

留下記錄的重要步驟。

　　三、從「要閱讀些什麼」而言，根據大塊文化董事長郝明義在《閱讀的風貌》中說：現存從西漢到清末兩千年來出版的書籍，大約有十五到十八萬種，而目前整個華文書籍的出版量每年就超過十三萬冊，約為過去兩千年來的書籍總和。因此經典書籍的閱讀就顯得十分重要，而所謂經典書籍都是經過時代淬煉所留下來的智慧。（書目詳見「好書介紹」）此外，時下流行的書籍，也有很多具有洞察力、基礎理論、影響深遠的好書。但書海茫茫，中學生要如何尋覓呢？為此我特別整理了為中學生篩選的書目以供大家參考。

　　四、就「寫作」來說，寫作能力的培養不可能一蹴可幾，必須按部就班去做，不宜投機取巧，背格言、佳句或例文來硬套、來應付了事。每次的教學目標都要明確，就像步兵操典一樣，每個分解動作都做得周到確實，最後統整起來才會流暢完美。此外，範例的提供可以讓理論具體可徵，尤以同儕作品更具宏效。

　　總括來說，「閱讀與寫作」是一項長期投資，不見得能在升學成績上立即看出成效，但可以肯定的是不喜歡「閱讀與寫作」的學生，絕對不會有好的升學成績。它是一輩子的事，對中學生的一生有很大的幫助、也有深遠的影響。

　　「遠路不須愁日暮」讓我們一起努力吧。

劉家楨　（2006年8月寫於淡水「天下第一觀」）

目錄

寫作篇

附錄

閱讀篇

　　所謂「閱讀」是一種過程，是獲得知識與訊息的重要管道。而「閱讀行為」則是指閱讀者實際從事閱讀活動的頻率、花在閱讀活動的時間以及閱讀書本的數量。它們有助於激發中學生的創造力、想像力，進而提升其批判思考及解決問題的能力，面對知識爆炸、資訊便捷的時代，閱讀將成為中學生廣泛吸收與含英咀華的有效學習途徑。

　　然而根據台北市政府教育局委託台北市立大直高中，為了解台北市中等學校國語文教育實施現況，以及中學生國語文能力（閱讀及寫作能力）所作的調查研究報告結論中指出：

　　1.中學生的閱讀動機不高：幾乎都是以個人主觀的「興趣或好奇」為主，對於「增加能力」和「實際需要」反而居次，迫切需要老師指導，以激發閱讀動機，明白為何必須閱讀。

　　2.中學生的閱讀工夫不佳：僅在欣賞書中的遣詞造句、掌握重點、體會作者所要表達的感情思想、和別人討論分享閱讀內容、由閱讀產生寫作靈感等方面表現較佳。而在釋義（能具體說出文章的優缺點）、延伸閱讀（會根據文章內容進行相關閱讀）、創造轉化（能將閱讀中所學來的技巧與心得應用在寫作中）等能力則必須加強。至於寫筆記、作摘要的技巧則最感困難，必須仰賴老師指導，以掌握閱讀方法，充實閱讀內涵。

　　3.中學生的閱讀數量不足：中學生喜歡閱讀的書籍偏向娛樂休閒類（如漫畫、文學、歷史、偵探、科幻等），較少涉獵學術類書籍（如傳記、文學、歷史、地理、哲學

等）。而閱讀書籍的數量，以國中學生為例，一個學期及一個月的平均數量分別為13.5及4.56本；其次在從事閱讀的頻率上，中學生以「平均一至二週到圖書館或書店至少一次」為最多；最後花在閱讀的時間方面，公立國中學生平均每天花在課外閱讀的時數在一小時以內。因此，提供中學生便捷的閱讀資訊以及大量的書目，以擴充中學生的閱讀數量，是老師們可以著力的地方。

　　總上所述，為激發中學生的閱讀動機、指導中學生的閱讀方法、擴充中學生的閱讀數量，本篇分別從「閱讀的魔力——為何必須閱讀」、「閱讀的方法——如何閱讀」以及「閱讀的策略——提高閱讀的質與擴充閱讀的量」詳述於後。

壹

閱讀的魔力
——為何必須閱讀

一、閱讀是教育的靈魂

近來教改議題甚囂塵上，街頭巷尾沸沸揚揚。姑且不論其他方面的利弊得失，單就考試中心設計執行的國文科基測或學測、指考而言，改革的方向及作法尚稱允當。

根據部頒課程標準的規定，中學國文科教學目標有二：一為語文訓練（培養閱讀及寫作的能力，輔導閱讀優美的讀物，使具有欣賞文學作品之興趣及能力），二為精神陶冶（使具有正大確當的行為，磊落光明的氣概）。而考試中心所規劃設計的評量方式，配合一綱多本，以評量學生的語文能力為基準（又細分為語文理解與分析能力、文學想像與鑑賞能力、文化知識與體悟能力、語文利用與表達能力）。是教學目標引領升學考試也好，是升學考試領導教學走向亦罷，如今兩者合而為一，是十分可喜的現象。很顯然的，「閱讀」是國文學科的教學重心，亦是學習成果的評量重點，已不言可喻了。

（一）閱讀的重要

　　前教育部長、現任中央研究院副院長曾志朗先生曾說：「閱讀是教育的靈魂。」的確，閱讀是學習的基石，是教育的核心。大量的閱讀，使我們累積了豐富的背景知識，賦予所見所聞更深遠更寬廣的意義。它是孕育創造力，培養主動學習能力，發展分析應用、批判思考能力的基礎，具備這些能力以後，就如同手上握有一把解題作答的金鑰匙，無往而不利！如果我們要提升國語文的能力（或學習成就），不追本溯源，只是頭痛醫頭，腳痛醫腳，將會疲於奔命而徒勞無功。

　　冷靜檢討目前國文科的平時學習情況，真令人擔憂：為了迎合考題（選擇及填充）以爭取高分，原本統整的概念、系統的知識被切割得支離破碎，我們的思考日益膚淺，無法整合解決問題的想法。再加上現代人不喜歡閱讀，較喜歡看電視節目、上電腦網路，使得思考日趨圖像化、零碎化，整理歸納、批判思考的能力愈來愈弱（根據專家學者的研究，閱讀能使我們的大腦不斷地進行深層分析，以主動獲取訊息；而電視或電腦只能讓我們被動的接受訊息。）。如果習慣了被動學習的方式，等到面臨基測、學測或指考，需要綜合比較、理解判斷時就不知所措了。

　　此外，透過閱讀可以讓我們增進想像與鑑賞能力，強化生命經驗之思考與統合能力，以成為優質的國民。美國女詩人狄克遜（Emily Dickinson）說得好：「沒有一艘船

能像一本書，也沒有一匹駿馬能像一頁跳躍著的詩行那樣
──把人帶往遠方。」透過閱讀，使我們跨越了時空限
制，穿梭古今中外，進入另一個優美的境界中，或與古聖
先哲對話，或與靈山秀水邂逅。如果不閱讀，就只能活在
自己小小的世界裡。閱讀使我們開啓了心靈的窗子，豐富
了想像的天空，訓練了推理的能力，彩繪了美麗的人生，
洞悉了生命的脆弱，建構了生活的哲學，其中經典的閱
讀，更可以讓我們再三咀嚼，深入探索，成爲茫茫人海中
的燈塔，引領我們前進而不會迷失方向。

　　總而言之，閱讀滿足了我們升學的目的，也成就了我
們豐美的人生，它的重要性毋庸置疑。

（二）中學生為何不愛閱讀

　　然而根據《天下雜誌》所做的「全民閱讀大調查」結
果發現，在台灣地區從大人到小孩都不愛閱讀，而中學階
段尤其嚴重（全球皆然），中學生爲何不愛閱讀呢？綜合
學者的研究，有以下幾個原因：

　　1. 學生同儕文化不重視閱讀，沒興趣閱讀，大部分的
中學生較重視娛樂，喜歡聲光等感官刺激。

　　2. 中學階段上課時數增加，課業繁重，從早上出門，
到半夜補完習回家，已精疲力竭，即使有心閱讀亦力不從
心。

　　3. 中學階段爲了升學，課程表上排滿了與升學相關的
學科，各版本的教科書堆積如山（根據台北市議員王浩的
統計，以北一女學生念完三年高中爲例，要讀的各版本教

• 砥礪琢磨非金也，而可以利金；詩書辟立非我也，而可以勵心。（西漢）劉向

科書共有一百三十八本之多），閱讀早被排除在外，即使有心閱讀，也只能望書興嘆。

4. 家長及教師皆認為中學生已會自行閱讀，停止鼓勵閱讀。

（三）如何推展中學生的閱讀活動

中學教師們都明白，幾乎每一門學科的知識都要透過閱讀來學習，不僅語文社會學科需要大量閱讀，連數理自然學科也必須具備閱讀能力，先看懂題意後才能開始解題。但是中學生卻不愛閱讀，不能多閱讀，這是十分嚴重的問題，中學教師實在不能置身事外，應一起來突破困境。

中學教師要如何引導學生閱讀呢？

1. 共同宣導閱讀的重要，讓學生產生閱讀的動機，知道為何而讀。

2. 提供大量書目，指導學生從何讀起，鼓勵學生閱讀各種不同的書籍，領略探索樂趣：

(1) 每週排一個時段，師生一起來閱讀。

(2) 鼓勵每個學生挑選自己喜歡的書本來閱讀。

(3) 引導過程中只有閱讀，沒有評量與競賽，純粹為閱讀而閱讀。

3. 鼓勵學生對閱讀的內容，提出自己的意見。

4. 鼓勵學生說出閱讀的經驗心得，提供閱讀的書籍書目。

5. 鼓勵學生自己挑選一個喜歡的作家，或一個感興趣

的領域，讀完全部的作品，讓學生明白，發現自己喜歡的作家，或感興趣的事物，才能更深入閱讀，才能更持續閱讀。

（四）試擬一種可行的閱讀教學活動

在我們的教育體制裡，放任學生自由快樂的學習，某些人或許認爲陳義過高而有疑慮，倘若在一段時間後（一個學習結束前），輔以適當的教學活動，是值得嘗試的作法：

1. 每個人挑選自己最喜愛的一本書，與大家分享。

2. 分享活動採多元開放方式，可以猜謎語、播放錄音帶、影片、揭示圖片、實物導引、表演話劇等。

3. 分享內容不加拘束，可以包括作家的介紹、寫作的緣由、作品的主題、插畫及編排……等。

4. 分享活動可以個人、亦可以分組進行，不評分、亦不競賽，純粹爲分享而分享。

5. 分享活動結束後，鼓勵學生各自撰寫成篇、上網與更多人分享（如後附網站）。

（五）結語

我們的世界已進入知識世紀，一切的競爭與價值都是以知識爲主，而一切知識的基礎都自閱讀開始。鼓勵中學生閱讀，是培養自信、創新的開始，是累積實力的必要步驟，是送中學生進入好大學的有效策略，更是讓我們的下一代有爲有守，在未來世代的競爭中脫穎而出的不二法

- 雖有佳肴，弗食，不知其旨也；雖有至道，弗學，不知其善也。（西漢）戴聖

門，讓我們一起努力吧！

二、閱讀是進步成長的階梯

台北市私立薇閣高級中學　國三孝　李文普

「閱讀」，在我的印象中，離我有千里之遠吧！因為在我成長的過程中，父母沒有要求我一定要看什麼書，所以，每天都和姐姐坐在電視機前守著我們最愛的迪士尼頻道，一直到小學快畢業。

雖然在校內，我的成績一直保持在前段，但我發現我的個性非常不成熟，情緒起伏也非常大，常常與同學，甚至與老師發生衝突。學校的主任、導師也曾多次與我晤談，不過這些事都不曾傳入父母的耳中，因為老師認為，我是個成績好的學生，應該可以自己想通。

從小，我就非常好強，也很有自信，總覺得自己有那麼一點了不起，直到身邊的朋友愈變愈少，才意識到自己缺乏良好的人際關係。

因為這樣，我到校內圖書室找到了一本書——劉墉《肯定自己》，後來又陸續看完了《創造自己》、《超越自己》，那段時間，我只要有機會到書局，一定先到勵志類的那一區，看看別人的想法，從此以後，我才算懂得生活。

我漸漸開始離不開書，除了最基本的教科書，我也喜歡看「科學人」雜誌、偵探小說、一些研究病理的醫學叢書，有時心情低落，還會翻翻曾經看過的勵志小品，讓自

己能夠敞開胸懷，換個心情去面對它。

　　我不得不承認，曾經真的不喜歡閱讀，但經歷過許多波折之後，我才深刻地體悟到，是「閱讀」讓我發現了自我，也是「閱讀」讓我找到了興趣。對我來說，「閱讀」早已不再只是「閱讀」了。

台北市私立薇閣高級中學　高一甲　**曾柏凱**

　　我是活在科技進步下的犧牲品，在日新月異的科技中，創造出許許多多的聲光等感官刺激產品，而我就被它們所深深吸引，於是開始厭惡書本、離開書本，認為閱讀徒然浪費時間，直接看電影省時不費力，符合經濟效益。我在不知不覺中冰封了思考與想像，變成了一個不折不扣的活死人。

　　有一天，享受完了聲光感官娛樂，正開始準備讀書，才發現腦筋一片空白，讀一句忘一句，就像一個模型人置放在書桌前看書，毫無思想、感覺，說明白一點也就是個空有軀殼而無內涵的動物，根本稱不上人類，人類之所以稱為人類，是有思想與感情，而思想、感情大多源自於閱讀，閱讀就是人之所以為人的所在。人離開書，人就只是普普通通的動物，書離開了人，就成為一本本的廢物了。這時我才發現自己的感官、情感已經被電視深深的綁住了，發現前路茫茫，才知閱讀的重要。

　　閱讀是精神的糧食，是稱為人的標準，不要因為貪圖感官的快樂而放棄了閱讀。在我嚐過痛苦後，我決定要好好閱讀，不要當長得像人類的動物。

- 人之不學，猶穀未成粟，米未成飯也。（東漢）王充

台北市私立薇閣高級中學　高一甲　**謝馨儀**

　　不知道從何時開始，迷戀上了書香味和翻閱紙張時的輕脆聲響……。從小，睡前的故事時間總是最讓人期待，這不僅是和父母相處最親密的時光，同時，故事中公主、騎士、巫師的命運糾纏，更是深深牽引著我幼小天真的心，但是自從認識了一些字，以及父母日夜繁忙無暇陪伴我後，一本本圖文並茂的繪本便取代了爸媽的朗誦，更為我此後的閱讀經驗拉開第一扇大門。

　　上了小學後，我不再為圖畫書吸引，轉而進攻學校的圖書室，雖然一週只有一堂空白課程能到圖書館，我仍然搾乾所有的休閒時光，生吞活剝的把一整櫃名著小說塞進腦海，《紅樓夢》、《飄》、《老殘遊記》，《戰爭與和平》等文學巨著大多在那時搜括完畢。不知為何，在考試前閱讀課外讀物似乎反而有助於學習記憶課內的知識，也許是巧合，抑或是課外書能活絡我的思路，每一次段考前，來一本輕鬆的小品集，總能讓我的考卷加分。也正因如此，不知不覺中，在四年級時，金庸小說宣告佔領我的書架。另外，父母特地為我購買的「拇指文化」（大概四十本吧！）和「漢聲出版」（二十四本）也在畢業前被我攻陷。

　　一切都是那麼的完美，五六年級時的老朋友李宛容是個書迷，整天拿著《狼王夢》等動物小說逢人便介紹，在她的大力推薦下，我也深深陷入那個弱肉強食、殘酷卻也真實的世界，在文字的帶領下，我似乎也化身為書中的一

個角色，隨狼群邁步雪地，歌頌月娘，享受著咬破獵物柔軟頸喉剎那的痛快。上了國中，李宛容的「奇幻病毒」又開始蔓延，於是，沒什麼抵抗力的我又再次踏上「奇幻小說」的不歸路。從《哈利波特》、《魔戒》、《地海》、《黑暗元素》，到《龍槍系列》（目前十六本）和史詩巨著《冰與火之歌》（預計出版十八本），浩瀚的史詩、怪誕的背景，個性鮮明的人物到曲折離奇的故事，經由作家們的生花妙筆所勾勒出的那幅畫啊！每幅都是文學史上獨一無二的瑰寶，永垂不朽的篇章。奇幻小說悄悄卻迅雷不及掩耳的佔滿我的心房，它不僅僅是我快樂的泉源，更在我傷心難過時，給我一個能哭泣的天空。

　　現在，除了奇幻文學外，我也漸漸接觸更多的作品，拓展更廣的視野，從外國的翻譯如《永恆之王》（就是《亞瑟王》）、《白鯨記》，到本土作家如琦君的《橘子紅了》、白先勇的《孽子》、或余秋雨的《山居筆記》、《女兒紅》、《逆女》等均有涉獵。其中，我最欣賞的作家莫過於侯文詠了！侯文詠的作品不同於其他作品的瑰麗辭藻、弔古懷憂，他書中所擁有的特質，就只能用一個字來形容——真，在《白色巨塔》中，他毫不保留的敘述醫生間的勾心鬥角，人性的醜惡，和對人生的無奈。在《危險心靈》中，他更用一貫諷刺的筆調道出學生和老師的種種衝突與對立。讀完他的作品，只能感嘆相見恨晚，他的字字句句，都能與我產生共鳴，讀侯文詠的作品，真是人生一大樂事。

　　書，是精神的糧食，但是如果你沒有「閱讀」這個動

• 擊石乃有火，不擊原無煙；人學始知道，不學非自然。（唐）孟郊

作，便嚐不出其中的美味，就算藏書千萬本，充其量也不過是個藏書家罷了。我敢大聲說出自己不是藏書家，而是真正的愛書人，那你呢？

※※※※※※※台北市私立薇閣高級中學　高一甲　**陳郁涵**

三、四年前的我一定敢大聲說：「閱讀是件很美好的事！」但是，隨著年齡的增長，「閱讀」這件事似乎早已和我脫離了。課業壓力不斷增大，根本不讓我有多餘的時間再踏進教科書以外的書香世界，正好，藉著這篇文章重溫往昔的感受。

第一次接觸屬於我自己的書本是幼稚園大班，那一陣子親戚常常送書，而且都是一整套一整套的送，頓時，房間的四壁成了一片書牆！而我也就在這難得的機會之下，接觸書本的奧妙，雖然現在想想，那時看的都是些童話故事，有些甚至一知半解，但當時的我卻將那櫃書視為珍寶。

進入小學後，老師規定我們定期閱讀課外讀物，並且繳交心得報告，才真正開始和父母到書店選購適合我的書籍。媽媽總是挑些勵志故事，像：《海倫凱勒傳》（這也是我的英文名字由來），《拿破崙傳》、《林肯傳》、《南丁格爾傳》……等，而爸爸卻希望我多看些科學方面的書，他常說：「看書不一定要看懂，只要能融入其中即可。」小時候的我哪懂那麼多？只是照做罷了。

因為心得報告可以累積兌換獎狀，我那時很努力的寫，隨著獎項提高，不但要有報告，還得經過口試，我對

那些書籍的內容更是深入去了解，漸漸的，我看的書朝向世界文學方面，像是《孤星淚》、《湯姆叔叔的小屋》、《小王子》……等，我慢慢發現，原來書所要表達的，不單單只是表面敘述的故事，更有些背後的意義！每當自己好像又從中了解了什麼時，就覺得自己又更進一步認識這本書了！那種感覺真的很棒！

國中的我已不常坐在書櫃前的小凳子，看的書都只限於書店的暢銷書，或者是網路小說，從侯文詠的《大醫院小醫師》，轟動全球的《哈利波特》，到張小嫻的多本愛情小說，我全都看，雖然數量不多，但書本的類別已不限定在某一個狹窄的範圍內。

很多人都說書本像是朋友，當你試著去認識它們，你就能得到更多。這句話不假，但我的思想並無那樣崇高，我只想看看書在寫些什麼，只為了滿足我的好奇心，它們也不像是朋友，因為朋友是要互吐心事，體會彼此，顯然書本沒有這個功用！但我就是喜歡看書，也許是從小養成的習慣，一時難改吧！我總覺得「看書」就等於完全佔用了時間，專心做一件事，那是既充實又有趣的事。

也許不久，我又要投入書本的懷抱了。

━━━━━━✦━━━━━━

〉〉〉〉台北市私立薇閣高級中學　高一甲　**翁崇瀚**

不知道是什麼原因使我有閱讀的習慣，可能是父母或是老師影響我的吧？只知道自我有記憶以來，我便不停的翻閱周遭的書籍，隨著年齡的增長，圖畫書、注音拼字、故事書以及百科全書……均曾閱讀過；當時家裡有一套

《中國兒童大百科》大概四十二本左右吧？因為做報告、查資料的需求，三不五時總會用到，而每當所需資料查閱完後，總是會不由自主的翻翻看看，於是一套百科就「莫名其妙」的看完了！這種情況常常會發生，到後來，閒暇的時候也會很本能的就抽出一本來看，甚至於有一段時間，因為每本都看過，總有重複閱讀的時候，也因此能夠確切的指出哪一篇文章、哪一個人物傳記、哪一段資料是在哪一本百科，彷彿百科索引一般，連自己都有些驚訝。

可惜的是，這樣如滾雪球般的閱讀習慣，在升上國中後就逐漸消失，主要原因是因為時間不再允許，而閱讀方式也由完整時段轉向僅能利用課餘零碎時間，這種轉變是極大的，也就是從這時開始，我所接觸的書籍逐漸減少，取而代之的是課本、講義以及參考書，更因為這樣，使得有閱讀習慣的我，對課外書籍越來越疏遠，也漸漸不再閱讀！

不過，小學時的大量閱讀，也多少為我奠定了一些基礎，增加了我很多的常識與知識，滾雪球的方式雖然是最耗時，卻也是最能在語文能力上反映成效的方法；最明顯的例子就是「作文」！我的感受很深，自小學升上國一時，那時作文根本不是件難事，一拿到題目腦中就不停湧出文思，真的是「文思泉湧」，到了國二，漸漸的，要構思良久才寫得出來，等到國三，真的搜索枯腸也難以寫好作文，作文變成了一件不可能的任務。直到現在，作起文來仍十分不易，不僅有時會文不對題，甚至到了怎麼想都想不出來的地步，得寫一步算一步的窘境。翻開以前的作

文,我可能連一半水準都不到,或許這就是閱讀成果反映在作文情況的例子吧?

我的閱讀經驗,對我來說,彌足珍貴;因為有這樣的瘋狂閱讀,才奠定了我良好的常識基礎;也因為有這樣的廣泛涉獵,才提供了我更多未經歷過的生活經驗。

▶▶▶台北市私立薇閣高級中學 高一乙 **林斯允**

我是一個非常熱愛閱讀的小孩,從小便是如此。雖然如此,隨著年紀的增長,我能自由運用的空閒時間愈來愈少,但我總是會想辦法找出時間來看書,就算是要犧牲睡眠時間我也不在意,因為那些課外書就像我的命一樣,我不能一天沒有它們!

雖然說閱讀不單單是指看書!它也包括閱讀生活、大自然,和各式各樣的人、事、物。但比較起來我還是喜歡看書,我喜歡在文字海裡游泳,享受那漂浮在水面上輕鬆自在的感覺,也喜歡從字裡行間尋找能拼成一幅圖像的蛛絲馬跡,盡情的幻想書中的世界,更愛把自己放進書中,想像自己就是書中的人物,隨著劇情情緒高低起伏,完完全全的讓自己沉浸在書香裡!而我最沉迷的書就是小說:推理小說、懸疑小說!很多人都認為女孩子就愛看言情小說,但我不是,我不喜歡那些過於唯美、浪漫的情節,反之,我喜歡刺激的、危險的、有挑戰性的小說!我尤其愛那些有關於屍體的描述!我想,我算是很另類的人吧!

我覺得能夠閱讀實在是一件非常美好的事,閱讀能豐富我的精神生活、增進我的知識,並帶我體驗生命中不一

樣的人、事、物。藉著閱讀，不但能找到自我，更可以培養靈性！氣質是由內而外散發出來的，就算外在再怎麼完美，沒有內涵有什麼用呢？閱讀使我覺得有精神，是我活力的泉源，唯有閱讀，才能使我不斷成長。

我對閱讀的熱情經過了這麼多年仍是有增無減，不管是現在、未來或過去，它都是我一輩子的好朋友！也希望我的熱情能影響到身邊的人，讓大家和我一樣進入閱讀的樂園。

台北市私立薇閣高級中學　高一甲　**陳維**

從小母親就常帶些書回來，不是給我看的，她和爸爸都對閱讀有著很濃厚的興趣。而我當時只喜歡讀些科學類的童書，不是自誇，我之所以對天文、地球科學特別在行，就是因為小時候廣泛閱讀的緣故。

現在的我，可不只是讀科技新知，我更愛讀些小說，舉凡奇幻小說、科幻小說乃至推理、武俠小說，有書則絕不挑別，其中，奇幻小說類更是我的最愛。在國中三年級的時候，我結識了林忠義，最初是因為和他聊天，每天就和他逛書店，後來他開始推荐我看一些不錯的奇幻小說。漸漸的不管有沒有遇到他，我每天定時到書店報到，逐漸變成了一個奇幻迷！

啊！我愛讀書，愛徜徉在書中世界的滋味，每每步行至書店前就想入內一觀，揀幾本好書坐在角落，好好的把它咀嚼一番。我就像走火入魔一般，見到沒讀過的好書，不看個幾眼渾身不自在，見到讀過的好書，也想要回

憶，複習兩下。現在如果到處都聯絡不到我，聰明點，到書店來找我吧！我就在小說區地板或椅子上（晚上十點書店關門前）。

你說我這樣子閱讀，都不會影響課業嗎？嗯～通常是不會啦！不過有些時候，我就是缺乏自制力，像高一上學期期末考的時候，正好有一部很棒的奇幻小說還未看完，我竟克制不了書對我的誘惑，考前仍每天出沒在書店內，結果我的期末考就和我看的小說一樣，以悲劇收場……。

現在，有了那次慘痛的經驗，我已經較爲收斂了。母親大人還是常借小說回家，如今我一定是最快啃完那堆小說的人，因爲我愛閱讀，愛死閱讀了！

>>>>>台北市私立薇閣高級中學　高二甲　**孫暄晴**

有句諺語說：「書籍是人們精神的食糧。」這正是我熱愛閱讀的最佳註解。在我尚不識字之時，母親便買了一套啓思文化出版的兒童閱讀故事，附錄音帶及大量彩圖，我想這便是我閱讀之始。我時常隨著錄音帶閱讀故事，所以在學寫字之前，我便認得不少國字，這也讓我對閱讀的喜好與日俱增，而我更由衷的喜愛閱讀小說、散文等文學作品，對於較具理性或勵志性質的小品則是敬謝不敏。在過年期間，電視節目曾訪問一些日本的名流千金、豪門少婦，其中令我印象最深刻的莫過於森下仁丹千金的這一席話：「父親曾對我說：『妳可以一直看漫畫，但這就表示妳的程度僅止於此。』所以我便開始閱讀各種不同的書籍，越讀越艱深，後來便對德國文學產生興趣。……」這

些話在我心裡激起十分大的迴響，也因此我便開始試著閱讀他類書籍。

　　高爾基說：「書籍是人類進步的階梯。」的確如此，不同的書籍在不同的時空、不同的地域、不同的讀者手中，確會激起萬般的連漪，產生千種共鳴，進而對事物發生各種影響。我開始閱讀名人偉人傳記，那是一部由一百二十本偉人傳記所組成的一套叢書，由梁實秋編著。藉由閱讀此類叢書，著實讓我的視野更加開闊，也邁開了我涉獵群書的一大步。從愛迪生發明電燈、史蒂文生發明火車……，讓我明白人類科技進步的由來；從石油鉅子洛克菲勒、汽車大王福特……，更讓我了解如何成為一名成功的實業家；從音樂之父巴哈、交響樂之父海頓……，讓我明白為何音樂能陶冶性靈。這些都是人類進步的先驅，因為有書籍，才使我能夠置身於這些先驅的年代，了解當時人們的生活、想法，感受他們生活的世界。

　　在週末的午後，打開音樂，隨手拿起一本書，不管是歷史小說、散文小品、愛情故事，都可以讓我慢慢吟詠，深深感受，隨著書中的情節，帶我進入各個世界中，隨著劉姥姥參觀大觀園，著實令人開了眼界，對於賈府的富貴奢靡，歎為觀止，隨著溥傑講述末代皇帝溥儀的生平，置身於一兵荒馬亂的年代，體會自尊被人踐踏，驕傲被人濫用，顛沛流離，極盡悲苦艱辛的生活，又隨著湯姆在美國的農村生活，調皮的捉弄別人，在森林裡探險，度過刺激充實的每一天，也可和余秋雨踏遍歐洲的每一個角落，感受他在千年古蹟前所看到的昔人的壯志豪情，讚歎工匠的

巧奪天工，能賦予每棟建築獨特的情感與呈現出來的壯麗
美感。閱讀使我的眼界更為寬廣，廣袤的書界更令人積
極、興奮的想去拜訪它，世界如此寬廣，人的生活圈卻是
如此渺小，範圍如此有限，而閱讀正能打破此種界限，讓
我更能了解人情的冷暖和不同生活階層的社會。閱讀是無
遠弗屆的，如同《聖經》翻譯成各種語言，廣泛的流傳於
這個世界，每個人都能了解《聖經》故事中的每個寓意。

　　莎士比亞說過：「書籍是人類的營養。」一個人言談
間的深度，便可看出此人肚子裡有多少墨水，是不是個鄉
野鄙人，而這些都取決於閱讀的多寡，一個幽默風趣不失
風雅之人，必是個飽讀詩書之士。為了使我能成為一眼界
廣闊、社會歷練豐富、言談風趣又具有深度的人，我想我
會不斷吸收書籍中的營養，期許自己能「閱讀」一輩子。

三、我的閱讀經驗

　　看了大家的閱讀故事後，是否想起自己的閱讀歷程呢？不管是否喜歡閱讀，無論閱讀的是些什麼書籍，是否可以和大家一起分享呢？請一起來參與吧，即刻動筆，寫下我的閱讀經驗（文長不限）。

我的閱讀經驗

閱讀的方法
──如何閱讀

一、老師講授如何閱讀

建議以美國教育家莫提默‧艾德勒（Mortimer J. Adler）的《如何閱讀一本書》為藍本，指導學生從「基礎閱讀」（只要求看懂字句意義）做起，接著進行「檢視閱讀」（有系統的粗讀或略讀），然後實施「分析閱讀」（在精讀過程中提出疑問與作者對話），最後鼓勵學生進行「主題閱讀」（比較同類書或同作者作品的異同，並歸納出結論來）。

◎**如何閱讀一本書**（Mortimer J. Adler, Charles Van Doren／著　郝明義、朱衣／譯　臺灣商務印書館發行）

（一）閱讀的歷史

1. 閱讀的活力與藝術
2. 閱讀的層次
3. 閱讀的第一個層次：基礎閱讀
4. 閱讀的第二個層次：檢視閱讀

5. 如何做一個自我要求的讀者

（二）閱讀的第三個層次：分析閱讀

1. 一本書的分類

2. 透視一本書

    (1) 說出一本書的主旨

    (2) 寫大綱的技巧

    (3) 閱讀與寫作的互惠技巧

    (4) 發現作者的意圖

    (5) 分析閱讀的第一個階段

3. 與作者找出共通的詞義

    (1) 單字 VS 詞義

    (2) 找出關鍵字

    (3) 專門用語及特殊字彙

    (4) 找出字義

4. 判斷作者的主旨

    (1) 句子與主旨

    (2) 找出關鍵句

    (3) 找出主旨

    (4) 找出論述

    (5) 找出解答

    (6) 分析閱讀的第二個階段

5. 公正地評斷一本書

    (1) 受教是一種美德

    (2) 修辭的作用

    (3) 暫緩評論的重要性

2. 閱讀與心智的成長
　　(1) 好書能給我們什麼幫助
　　(2) 書的金字塔
　　(3) 生命與心智的成長

註：

1. 詳細內容請參閱原著。

2. 老師講授時，可就學生的年齡、需求，分章分節摘要講
　授，讓學生懂得閱讀的方法。

◎如何閱讀不同的讀物

　　郝明義先生在2003年七月翻譯並出版莫提默‧艾德勒
（Mortimer J. Adler）和查理‧范多倫（Charles Van Doren）
著作的《如何閱讀一本書》的譯序中說：「如果在我初、
高中青少年時期，就能讀到這本有關如何讀書的書，那我
會節省多少閱讀的冤枉路？」這句話給了我相當大的震
撼，忝為中學老師，教導中學生閱讀，以最基本的閱讀概
念來閱讀，是當前最重要的教育課題。

　　現在，我就以該書第三篇「閱讀不同讀物的方法」摘
要與中學生們共同分享：

（一）如何閱讀實用型的書

　　所謂實用型的書，大致上可分為兩種類型：其一就像
《如何閱讀一本書》、《烹飪》、《駕駛指南》等，基本上
都是在說明規則。其二是在闡述形成規則的原理，就像許
多經濟、政治、道德的書。

在閱讀任何一種實用型的書以前，我們一定要問自己兩個主要的問題：第一：作者的目的為何？第二：作者建議用什麼方法達到目的。閱讀時，要找尋的主旨當然是那些規則，以及規則背後的原理，而作者闡述這些規則時，通常是用命令語句，譬如說：「及時一針，勝過事後九針。」如果被作者說服了，就要照著作者希望你做的方式來行動，因為這終究是實用的問題，亦即行動的問題，沒有付諸行動，就無任何實用可言了。

（二）如何閱讀想像文學（小說、故事、戲劇、詩）

所謂想像文學，是在闡述一個經驗的本身——我們只能藉著閱讀才能擁有或分享的經驗——如果成功了，就帶給我們一種享受。廣義的想像文學，包含了小說、故事、戲劇、詩等。

閱讀想像文學時，首先要帶著活力的熱情，不要抗拒它帶給我們的影響力，讓它在我們身上活動，讓故事貫穿我們，做任何它想要做的事，我們一定得打開心靈，接納它、體會它；其次，要從想像文學中學習它的經驗，獲得愉悅。不要去找共識、主旨或論述；最後，閱讀時我們想要的是一個故事，這個故事只要確實可能在作者筆下創造出來，再經過我們內心重新創造的世界中發生就夠了，我們要心存感激，感激作者藉著我們的想像力與情緒，為我們創造了一個世界，不要用適用於傳遞知識的，與真理一致的標準來批評想像文學。

此外，閱讀想像文學時，首先，我們必須將它分類，

知道我們閱讀的是哪一種作品；第二，我們要抓住整本書的大意，而它的大意總是在情節之中；第三，我們不只要能抓住大意，還要能發現整本書的各個部分是如何架構起來的。分項具體的說：

1.閱讀故事的方法是快讀，並且全心全意的讀。理想上來說，一個故事應該要一口氣讀完，倘若不可行，最接近的方法是將閱讀一個故事的時間壓縮到合理的長度，否則我們可能會忘了其間發生的事情，也會漏掉一些完整的情節，最後不知道自己在讀的是什麼了；其次，閱讀故事時，一開始不太清楚，不要焦慮，事實上，一開始，本來就是不清楚的。故事就像我們的人生一樣，在生命中，我們不可能期望了解每一件發生在身上的事，或把一生全部都看清楚，所以，在閱讀小說、故事時，全部看完再回顧一下，就會了解事件的關聯與活動的前後順序了。換言之，我們一定要讀完它之後，才能談我們是否把它讀通了。

2.閱讀戲劇的方法，也要像閱讀小說、故事一樣的閱讀，不同的是閱讀戲劇所缺乏的身體語言的實際演出，要由我們自己提供那樣的演出，亦即要假裝看到演出的實景，如果劇本是以韻文寫的，把它大聲的、慢慢的讀出來倒是不錯的方法，就像是聽眾在聽我們說話一樣。

3.閱讀抒情詩時，不論我們覺得懂不懂，都要一口氣讀完，不要停，接著是重讀一遍，並且大聲讀出來，朗誦詩句，比較不容易略過那些不了解的字句，而詩中的節奏及諧韻，也能幫助我們把該強調的地方凸顯出來，增加我

們對這首詩的了解，最後，我們要一遍又一遍的讀它，對它打開心靈，讓它對我們的心靈發生作用。

（三）如何閱讀歷史書

　　所謂「歷史」就是「書寫的記錄」，而所謂的歷史書，有很多種書寫記錄的方式：收集特定事件或時期的相關資料，可以稱作那個時期或事件的歷史；口頭採訪當事人的口述記錄，或是收集這類的口述記錄，也可以稱作那個事件或那些參與者的歷史；另外像是個人日記或是信件收集，也可以整理成一個時代的歷史。歷史是各種針對某一段時間，或讀者感興趣的事件上所寫的讀物。

　　閱讀歷史書有兩個要點：第一，對於我們感興趣的事件或時期，盡可能閱讀一種以上的歷史書。第二，閱讀歷史時，不只要關心在過去某個時間、地點真正發生什麼事，還要讀懂在任何時空中，尤其是現在，人們為什麼會有如此這般行動的原因。

　　在閱讀歷史書時，首先要關心的是每一本歷史書都有一個特殊而且有限定範圍的主題。其次我們要知道作者是用什麼方法說故事：是將整本書依照年代、時期或世代區分為不同的章節？還是按照其他的規則訂定章節？最後我們要明白，歷史對人類的行為有極大的影響，它告訴人們過去的事，也常引導人們做改變，嘗試表現出更好的自我，我們要從歷史中學習到美好的未來事物。

• 心無物欲，即是秋空霽海。　　坐有琴書，便成石室丹丘。（明）洪自誠

（四）如何閱讀科學與數學

　　科學與數學的書，是專家寫給專家看的東西，閱讀時要有相對的專業知識才行，一般的讀者該怎麼辦呢？我們不可能在任何一領域中都成為專家，我們必須要退一步，閱讀流行的科普書。

　　閱讀科普書的時候，必須全神貫注，否則就無法理解。我們必須要有更多的主動性。要確認主題。要發現整體與部分之間的關係。要與作者達成共識。要找出主旨與論述。在評估或衡量意義之前，要能完全了解它才行。

資料來源：《如何閱讀一本書》，莫提默・艾德勒（Mortimer J. Adler）、查理・范多倫（Charles Van Doren）／著，郝明義、朱衣／譯，臺灣商務印書館出版／2003年七月。

二、學生談自己的閱讀方法

◎學生談閱讀教科書的方法

　　清代儒將左宗棠先生曾說：「人生讀書得力只有數年，十六歲以前知識未開，二十五歲以後雜事太多，不能專心，真正可以好好讀書的只有十六到二十五歲這一段時間。」而這一段時間的前三年正是中學階段，中學老師要如何為學生設想，使他們能有效學習，充分發展個人天賦的潛能，是責無旁貸的課題。也許透過同儕學習亦不失為好方法，為此，我特地請在各個學科中學習成就較為優異的同學，針對中學生最感困難的科目現身說法，提出他們的學習方法以供參考，今臚列於後：

▶▶▶ （一）英文科：

（台北市私立薇閣高級中學　高二丁　林嵐婷）

　　如果問我是如何唸英文的，我實在不知道，因為一切都在不知不覺的情況下學習，不過或許語言就是在自然的情況下學習的吧！也就是說英文不可能一天就學會，是長期累積出來的結果，那如何累積呢？我有幾個方法是我回想當初用過或人家告訴我的，應該挺有用，只是要有些耐心，也不知適不適用於每一個人身上就是了。

　　1.閱讀是一個非常棒的學習方式，也是我的最愛，不過當然不是每個人現在去書店買本小說或雜誌來就看得懂，而是先找適合自己程度的書，例如當初我是從幼稚園小朋友的圖畫故事書看起，十句話到二十句話到小學生看的小說，循序漸進。我建議大家現在可以看「企鵝」出版社，讓學英文的人看且依照不同程度寫的小說，而且很多是好萊塢電影的劇情，所以可選自己看過喜歡的電影來看，這樣就不會看不懂，而在看時不要查每一個單字，先用猜的或跳過，若相同的字再去查，也不用一定要背起這個單字，因為不可能一遍就背起來，但多看幾次後，要忘也很難，同樣的，單字的用法、介系詞、片語、三態等都是一樣看多了就會了，絕不需刻意去記。

　　2.我的老師曾要求我不能用電子字典，最好查英英的手翻字典，因為在翻時嘴巴一定會唸，最起碼那個字會停留在腦海一段時間，直到翻到為止，而這時間就可以幫助記憶。

3.我覺得非常非常重要的一點是學英文、唸英文、講英文、聽英文時，腦子裡就用英文思考，不要先把英文轉成中文才理解，或把中文轉成英文才講，用英文直接應變保證進步神速。

4.學英文請「不要臉」，管它對不對，有機會就亂講、亂唸，因爲外國人不會笑你，只會幫助你，而講出來才知道自己哪裡錯，有時用腦袋想想，好像對，但卻錯了。

5.背單字多看幾遍，不用背，每次看時都把它唸一遍，一次唸個十個、二十個就好了，也不用太多。

大概就是這些了，反正唸英文就不要求多，一次一點，久了就自然多了，文法也是多看，熟悉後自然就會了，不用每次背什麼主詞加動詞一大堆，當然請大家一定要保持自認有趣的方式，像萬聖節快到了，就學習一些相關的有趣的事吧！

▶▶▶ （二）數學科：

（台北市私立薇閣高級中學　高二丁　侯怡卉）

「一山還有一山高」，我是以這種態度在唸數學。國中教材的出現，刪除了許多重要的章節，也刪去了一些重要的公式。造成了大家只學到皮毛。而我在國中開始就遇到一個很好的數學老師，他不喜歡新教材的章節順序，只覺得哪裡該教什麼就教什麼，也不刪除新教材的部分，所以我在國中數學唸得還算紮實。到了高中，很多人都無法銜接，連現在公立高中的數學老師都無法忍受新教材的內

容。所以，現在我們也不能抱怨，只能好好努力學習現在的東西，也慢慢補回以前所遺漏的部分。

　　數學要好，我想第一步要先認真上課吧！雖然老師上課很乏味，但還是要認真聽課，要不然真的不知這一節在上什麼。下課後再看看老師上的部分，不要急著跑出去玩。回家有空，就可以把課本例題做一做，把這章節的定義、性質背熟，這是很重要的，定義一定要熟，之後多做題目。做題目之前，千萬不可以想「我一定不會算」之類的想法，這樣就真的不想去算了。如果真遇到不會的題目，要多想幾遍，不要輕易地問人，曾經想過，就有些頭緒，可以跟老師說你算到哪裡之後就不會了！很多問題都只是卡在一個盲點上而做不出來，所以一定要問，不要怕丟臉。學習本來就要「厚臉皮」，多問、多想、多做是學數學的不二法門。數學想要好，就必須「教到哪裡，懂到那裡」，是要靠平時去累積的！不是段考前一個晚上只算數學就會考一百分的。其實我在段考前是不唸數學的，因為平常就在演算，考前只要翻翻定義，回復一下記憶就好。我覺得其實我沒什麼資格說要怎麼唸數學，真的還有很多人數學比我強。對他們而言，我的努力只有他們百分之十而已，像杜恩年就是一個超級努力型的人。他每一科目平常就很努力唸，所以他考前總是很輕鬆。我想，努力用功真的是唸高中的唯一方法吧！如果平常就很努力在唸每一科，每一科都唸得很透徹；用功過後，不只是數學，我想每一科都會考很好的。

PS.考數學時，很多人都會粗心計算錯誤，這是數學很忌

諱的地方。所以寫考卷時，我都把眼睛睜大，有條理地寫出算式，一定要寫整齊，檢查的時候才容易找出錯誤。使因粗心而失掉分數的機率降到最低。

≫≫≫ （三）物理科：

（台北市私立薇閣高級中學　高二甲　杜恩年）

我們都在學物理的過程中，在此把我的一些心得和你分享：

1. 物理是自然科中最難的──因為它富變化、靈活，也可說是最容易的──因為它並非「沒看過的題目就不會」（EX.生物科），而是可用最少的題目產生出最大的效益，事實上它是對自然現象的了解。因此「用自己的方式想通」是一大關鍵。「喜歡它而不排斥它」亦很重要。

2. 課前：「上課」對物理來說極重要的，但是如果腦筋一片空白就去上課，便聽得支離破碎，因不是自己的思路（據統計，上課吸收率是10%），但如果做到課前預習就會使吸收率提高。因為你已不再是學習新的東西，而是就老師講的，在腦筋中有所增補。

　EX.哪些我沒想到？

　EX.我的哪些想法不比老師好？

　做法：以空間時間而定

　上課前一天先看課本，形成輪廓。

　欣賞一下例題解法，或做做看。

　整理出大綱：老師會教什麼東西？

3. 上課：上物理課是促使理解的一大捷徑，聽懂比抄

重要，想通後再練習題目。我的理念是以「容易複習」爲主，故忌諱東抄抄西抄抄，系統地整理在課本或筆記上和考卷放在一起，將來便是高三複習時的利器了。

4.課後：人類是容易遺忘的動物，學會後隔天記憶只剩30%，故今日事今日畢，每日算物理培養手感亦是重要的。

我的建議是好好的選一本參考書，從頭算到尾，盡量不看解答，試著去描述其中的物理現象，不必要一次就解出來，可以慢慢想，今日不會明天想，解出答案再看它的解法，比較得失。如你發現最好的解法或心得或題目的重點，可記在旁邊以利複習，問題不拖過三天，要厚著臉皮去問。

5.考前：考前是加強自己缺失的時間，把你算的參考書再看一次後，針對自己不熟的地方找題目算，才能節省時間，保持每日算物理，考時才順手。加油吧！

》》》（四）化學科：

（台北市私立薇閣高級中學　高二丁　陳彥妮）

在我看來，化學其實比物理好讀得多，但有時也很麻煩，因爲化學較偏重於記憶部分。而要理解的東西其實並不會很難，有時只要你想通了就可以去解大部分的題目，除了那些例外的部分。但化學中有許多例外，而最常考的便是那些例外，因此學化學不僅要理解，更要下工夫去記住那些例外的東西了！以下是我的學習方法，提供大家參考。

1.課前：其實課前先預習一下並不會太困難，有些課本上的東西其實在國中的時候曾提過一點，只是高中再延伸出去而已，因此可以先看看課本事先了解一下老師將要教什麼，這章的重點大概是什麼，並不用看得非常仔細，如果有興趣的話，可以嘗試看看自己是否完全懂得課本上所說的，並練習課本上的例題，我想這樣在上課時會較易了解老師所說的重點。

2.上課時：最重要的就是專心聽講，假使你已完全了解課本上所說的東西，但還是得認真聽，因為其實我覺得課本上講的東西不夠多，那只是簡單的大要而已；老師通常會補充一些其他的東西，這時如果不專心的話，可能會遺漏掉重點，而且老師有時也會補充一些特例，如果沒有注意聽或記下來的話，吃虧就是自己了。

3.課後：我覺得所有的學習過程中，課後的複習和練習是最重要的了！如果回家不用功讀書的話，那麼很快的，之前上課的東西就會忘光光了，而且要努力的把老師交代要背的東西背下來，例如現在所教的沉澱表格，這些在之前的聯考都佔了很多分數，如果現在好好的背，以後就不用受那麼多的苦。另外，有時間就要多算題目，化學的題型並不像物理那樣多變化，多做題目，你就能找出重點是什麼，大致上要如何準備考試……等。但切忌只背答案，必須實在的了解解題的過程原理才行。而且化學的例外很多，多做題目，你就越能知道這些東西，將來也對考試較有利。另外在練習時遇到較須注意的題目，例如在作答時較猶疑的題目，或有陷阱……之類的題目，最好作上

記號，以利將來再次複習，還有，不會的問題一定要去問清楚喔。

4.考前：在考試之前，其實並不用把所有的題目再算一遍（當然啦！有時間最好）但現在其實課業壓力也滿重的，我的準備方式是先將課本、筆記看一遍，然後再看自修，不用每題都看，如果時間不是很多的話，那就先看之前作過記號的題目，提醒一下自己；其他的題目，我想只要理解了定理，那麼作答並不會很困難了。

PS. 其實在每個人手上都有兩本參考書，但平常可以不用兩本都做，我建議在平常的小考之前可以先做「系統」這本講義，裡面包含的題目滿多的，而且平常大部分考的是計算題，這本書比較有用，但缺點是沒有詳解，所以若不會就得馬上問清楚。另一本「龍騰」可等到段考之前幾個禮拜才做，藉此可以加深記憶，又可以平均分配學習的時間！

▶▶▶ （五）生物科：

（台北市私立薇閣高級中學　高二丁　謝承達）

生物的範圍的確多的驚人，所以要讀好一定要從最根本開始，建立系統學習的觀念，因為它每一部分息息相關，讀好小部分才能擴及大部分，才能再擴大到另一個系統。

平時老師的講義一定要看熟，它並不像課本還要畫重點，它本身就是所有課本重點的集合，不能選擇性的看，而是全盤理解、消化、吸收。再來就是自修，主要是寫後

- 閱讀簡直是「多啦A夢」的任意門。打開一本書，便能閃身進入完全異質的世界。這樣的奇蹟，真實人生已經不多了。（民國）朱天心

面的題目，前面有空再翻閱；當你寫複選題目時，要特別留意錯的選項，要明白為什麼錯，題目是用來整理觀念的，當你想起一個系統在運作時，一定也會牽扯到其他東西，也順便想想複習一下，不會的就快查講義或問老師。

▰▰▰ ▶▶▶ (六) 歷史科：

（台北市私立薇閣高級中學　高一甲　翁崇瀚）

　　許多人對閱讀歷史科覺得十分的頭痛，認為年代、史事、人名……就如同繩索纏繞般令人喘不過氣來；事實上，歷史這門科目，說難非難，說易不易；想想：人類幾千年的歷史，如何能輕鬆玩弄於股掌中，這是一個挺深奧的問題！

　　我不敢說我讀歷史的方式萬無一失，但至少能讓我不需耗費太多心思及做些「事倍功半」的憾事在讀歷史上，我認為要讀好歷史的訣竅，是能「聯想」，當讀到某件歷史事件時，要能立刻想到相關的史事，舉例來說：「第二次世界大戰爆發，軸心國V.S同盟國」讀到這段史事時，就必須想到「第一次世界大戰時，同盟國V.S協約國」，同時也要比較「一、二次大戰中，所謂同盟國、協約國、軸心國有何不同？成員各為何國？」，這樣才能將過去已學過的史實與剛學過的融入、熟記，在考題出現比較、判斷的題型時，才不至於出現兵敗如山倒或倚靠「強大的運氣」的狀況。

　　其次，讀好歷史科的另一個條件是「常識」，因為豐富的常識可以協助你面對靈活多變的考題時冷靜解題，而

閱・讀・篇 | *37*

不致自亂陣腳，至於常識的多寡就得靠平時來吸收，最有
效的方法就是多涉獵與課程內容有關的歷史書籍，例如讀
到楚漢相爭，就看看劉邦、項羽的傳記；唸到拜占庭帝
國，就讀讀與羅馬帝國相關的資料……如此一來，許多課
外的常識便會日積月累，等到課外題型一出現，便能盡情
發揮了。

　　除了上述兩者外，因為歷史屬於文科，「背」的工夫
自然不在話下；但同樣是背，有人花一整天的時間死背活
背，卻只能在六、七十分之間徘徊；有人背得輕鬆自在，
分數依舊高高在上，為什麼？最大的差別，是方法的不
同；以我來講，背史事只要將其當成一件平易的故事便可
以了；就像「八年抗戰的爆發」，與其不停的背「民國二
十六年八年抗戰爆發」，倒不如將它的前因後果當成看小
說一般，「因為日軍數度侵華發動九一八、一二八等事
變，最後藉口進軍宛平城，引爆七七盧溝橋事變，迫使中
國全面抗戰，所以民國二十六年便爆發八年抗戰！」如同
這樣背法，不僅清晰易記，一連串的史實也順帶背下，理
所當然的就減少了「事倍功半」的問題了。

　　總之，閱讀的方法不是只有一種，選擇最適合的方法
才最重要；我相信我讀歷史的方法，不僅僅是用在歷史
科，在其他科目上也有其可用之處，適當的講求方法，可
以為我省下不少時間。

- 美貌無知的人，豈不只是一隻具有羽毛之美的鸚鵡，或是一把藏著鈍刀的金鞘。（捷克）夸美紐斯

◎學生談閱讀不同讀物的方法

>>>> 台北市私立薇閣高級中學　國三孝　連冠勳

　　看書，像泡溫泉一樣，可以使一個人放鬆，促進血液循環，增加知識見聞。

　　首先，要脫去全身的衣衫，就是除去一切外務、紛擾和不愉快，準備進入書中，享受其中的樂趣。

　　接著，仔細的瀏覽池邊的公告，以免待會兒因為水溫太高，心臟病發，一命嗚呼！就是閱讀書的前言及目錄，它可以幫助你先了解一本書的內容，以免看到內容後，一片霧煞煞，看都看不懂，使心跳加速，心臟病發，一命嗚呼！

　　下水前，必須先試一下水溫，準備進入水中。這時，平復一下心情，準備正式進入內容。

　　接下來，就是重頭戲啦！閉上雙眼，可以聽到蟲鳴鳥叫，彷彿有一片片的花瓣掉入水中，一切都是那麼的美好。看著書，自己猶如身在場景中，換上主角的服裝，體驗主角的生活。一切都是那麼的美好。

　　享用完了溫泉浴，如果這時能做個馬殺雞，活絡活絡經脈，舒展舒展筋骨，那真是天下第一樂事！看完了一本書，展開思路，回想剛剛進入眼簾的那些東西，思考剛剛一時不了解的問題，當茅塞頓開時，就是天下第一樂事了！

　　我的閱讀方法，並沒有什麼過人之處！當心情愉悅、環境舒適時，加上音樂在一旁陪伴，那這世界上什麼都是

完美的！就像泡溫泉一樣。

台北市私立薇閣高級中學　高一甲　**李世杰**

　　書有很多種，而我讀的書也很雜。舉凡書店裡買得到的，像小說、詩文、史書、科普；或是書店買不到的，如棋譜、漫畫等，都略知一二。

　　我最愛的莫過於是科普了，其次是小說，再其次為詩文。先來說科普，我記得那是小學吧！在我買了第一本《愛因斯坦錯了嗎？廣義相對論的全面驗證》之後，便被那些恐怖的嚇死人的名詞給深深吸引了，於是就拚了命的查，就這樣培養了我不會就查的讀書方法，尤其是在讀科普書時，看到不會的就先記著，把書從頭看到尾之後再去查，就算沒查到，也可以拿來唬人，反正別人也不會啊。

　　其次提到小說，那並非是我一人之好，而是人類之好吧——我尚未成迷，不像許多人早已成痴，尤其以武俠與奇幻小說為最。而我的方法就如同大多數人——「一次看完」，這是最有感覺的讀法，常使人有「終日廢寢忘食，不知老之將至云爾。」的感覺，只因為看完了一部小說。說實話，在下也絲毫不遜於前者。

　　至於詩文，則是用來陶冶性情，增加自己的作文能力，休閒空暇之時閱讀。我喜歡一而再，再而三的咀嚼一行或是一段文字，甚至只是單單一個字詞，不斷的去想像作者所希望表達的意境，進而感受那些意境，等和作者一致時，作者彷彿就在面前與我談天，那真有說不出的快樂啊！

• 不讀書的家庭，就是精神上殘缺的家庭。（俄）巴甫達柯

　　每個人都有閱讀的方法，只要讀得開心，那就是好方法。

台北市私立薇閣高級中學　高一甲　**陳郁涵**

　　說到「閱讀」這件事，可沒有表面上看起來那樣的簡單。以我個人為例，對於不同類別的書籍，都各有不同的閱讀方式。

　　就拿我每天必讀的教科書來說吧！不管是文科還是理科，我大都是採取理解的方法，物理、化學、數學本來就是偏重理解的科目，因此不必細談了。但我自認特別的地方，是我讀文科的方法，我知道我不是一個記憶力強的人，因此我會將歷史科像說故事一樣的想像一遍，甚至假想自己就是當時的人物，思考如果是我會如何決定、如何去做，這通常很管用，我會在不知不覺中將歷史事件了解透徹，而且花的時間很短。至於地理那可就簡單多了，因為它就在你的四周，你大可親身體驗，換言之，在閱讀同時，我會回想我曾到過那裡的種種，即使沒去過，上網查詢一番亦可收事半功倍之效喔！

　　至於在教科書以外的部分，也不是隨隨便便翻閱就叫做「閱讀」喔！別以為只要從頭至尾看完每一個字就好了，那一樣是不正確的。我閱讀課外書之前，都會看看書後面的「全書大意」，先有初步的了解很重要。其次，我會先翻翻「人物介紹」，有時是關於作者本人，有時是故事主角，如果發現沒有，那就會令我感到失望，我總覺得，在還不了解一個人之前，就閱讀他的作品，甚至是他

的事蹟，感覺很奇怪！當然再來就要正式進入正文的部分了，不但要看，重要的是要看懂，記住，很多書籍是憑作者主觀意識所寫的，看完後自己可以從另一個角度思考看看，也許會有意想不到的發展呢！最後，當我完全了解這本書所敘述的事情後，我一定會思考到底這本書所要傳達的是什麼道理，像是最近我剛閱讀一本書，書名是《Good Luck——當幸運來敲門》，就是要告訴大家一個人的運氣通常是靠自己尋找的，我會選擇閱讀這本書，去了解這些道理，同時也是我個人願意的，這是多神奇的一件事啊！因此，我認為在看完一本書後，一定得確實明白它！否則你就白讀了。

　　也許我閱讀的方式很特別，我也認為似乎和別人不那麼相像，不過我想，只要用自己習慣的方式讀完一本書，並且真正認識它，那就夠了，所謂「殊途同歸」就是這個道理，也希望我能用這些方法品味更多更多的書籍。

>>>>台北市私立薇閣高級中學　高二甲　**孫暄晴**

　　讀書就如同打毛線，需要謹慎、耐心和毅力；如何打得緊密紮實，毫無漏洞，色彩豐贍卻不複雜，這便是一門學問了。

　　《大學》：「知止而後有定，定而後能靜，靜而後能安，安而後能慮，慮而後能得。」因此，不管是閱讀教科書或是課外書，讀書時必定要做到定、靜、安、慮這幾項工夫，才能融會貫通，而真正有所得。

　　對於閱讀教科書，我一向是不喜歡利用閒暇時間來讀

它的。我認為上學的目的便是在課堂上仔細聽講，吸收老師的專業知識，將老師們視為會發聲的教科書，咀嚼老師們的話，對於不懂的地方再提出疑問，直到理解為止，如此便能達到學習的成效。從小學到高中，我一直都是秉持著這樣的讀書方法。在國文和英文這兩種語文類的學科，上課時我都仔細聽老師們的講解，並手抄筆記便於記憶，吸取精華後便不再反覆讀教科書浪費時間。在數學方面，我也是認真聽老師的講解，自己思考各類總章的意義，只在定義上做了解，並藉由一些題目來練習活化腦袋，而不是盲目的猛背各類題型，做各式題目，深刻了解學這章節的意義，如此便能將數學學好。在歷史、地理這些社會學科上，我一直都是藉興趣為動機來學習的，因為自己無法回到古代或者遍遊各個國家，所以便可以藉由聽歷史地理老師的講解，滿足自己的好奇心和從中得到樂趣，當然，歷史、地理兩科目是無法在課堂上完完全全記憶的，有賴回家後的複習，如此方能融會貫通，考試也不是什麼問題了。

對於閱讀課外讀物，我想這便是增進我國文和英文兩門科目能力的最佳方法了。我最喜歡在課餘時間和週末的下午，閱讀中文讀物或英文小說了。我發現興趣是支持我閱讀課外書的最大動力，所以我總是全神貫注的閱讀。在閱讀中文讀物方面，我為自己準備了一本「單字簿」，兩本字典及一本成語辭典，每當閱讀到不會唸或是不認識的字時，我便立刻查閱字典將單字的讀音、字詞、各種解釋記在單字簿上，並不定時的測驗自己。若讀到不知意思的

成語時，我也立即查閱成語辭典並將它記錄在單字簿的
「成語」部分，如此便有助於記憶。看完一本書，我便立
即著手寫心得感想，因為這樣有助於聯貫、統整此書的主
旨，而且能確實的把看書時的心境和讀完後的想法一字不
漏的記錄下來，縱然不是美文，每次翻閱時總能在心中激
起不小的共鳴和迴響。在閱讀英文小說方面，我和英文老
師們的見解不大相同，大部分的英文老師都會建議若是讀
到不認識的單字時，去猜猜那個單字的意思，但我卻是二
話不說的立即查閱字典，將之記錄在我的英文單字簿上，
和單字簿不同的是，我在首頁寫上書名，並在單字前面寫
上頁碼，如此一來，當再次閱讀此書時，便能檢驗自己記
得了多少且會不會使用它。而且我發現，依照此種方法，
在應答英文閱讀測驗時有不小的幫助，若我認得的單字
多，必能準確的寫下答案，當然，若是沒見過這個單字，
我也能從前後文的語意來判斷。

「天下沒有白吃的午餐」，做任何事都須一步一腳
印，踏踏實實、實實在在的去做，如此必能積沙成塔、滴
水穿石，不管在成績、心靈層次的提升上，都能有所裨
益。就如同打毛線一樣，確實把洞填補起來的方法，便是
從漏掉的地方再重新打一次，選對適合自己的方法，必定
能夠有所幫助。

>>>>台北市私立薇閣高級中學　國三孝　陳維

眾所皆知，最典型的奇幻文學作品，就是托爾金所撰
寫的《魔戒》，現代的奇幻小說發展也不多由此而來？引

・放棄閱讀，就等於是自願一輩子走在黑暗的隧道裡啊，既錯過無數的風景，也錯過了無數可以轉彎的地方。何苦呢？（民國）蔡康永

用《魔戒》裡一位精靈王說過的話：「這是一個紛紛擾擾，充滿戰爭與魔法的世界。」

大抵來說，奇幻文學的書每一個人寫的都不甚相同，因爲每個人對魔法的看法不同，有不同解讀它的方法，而且也沒有所謂的對或錯。因此，我在閱讀一本奇幻小說的時候，都會先看看封面、封底和序，也和看過這本書的人大概談一下這本書的魔法架構，才開始閱讀，這對讀一本奇幻書來講，助益很大，讓你比較能快速了解狀況。否則如《真理之劍》和《陰陽師》就顯得深奧難懂了。

接著你要試著去了解故事內人物的個性，並體會那些角色的感受。設想自己也在那樣的環境之下或爲主角、配角又或只是旁觀者，想想看他們心裡想什麼，理解作者鋪設每一個事件的理由。這便是我深覺奇幻小說帶給我樂趣的地方，我，融入了故事之中，和角色們一同冒險，一同奮戰。這樣才叫讀奇幻書啊！

舉個奇幻迷都十分推崇的《刺客正傳》來說吧！這的確是一部好書。我在讀它之前，就已經有人和我講解過它的魔法架構了，「它和一般的奇幻不同，沒辦法拿火球丟來丟去的，它是精神力的魔法，也就是意志的魔法。」那人這樣對我說。而這也是我之所以覺得這部小說勝出之處。作者對心理的刻劃，想法的描寫之細緻，讓人不禁沉醉其中。在故事裡，對人物的刻劃也給人深刻的印象，像主角蜚滋就是不信任任何人，我們用他的眼光看這整個故事隨著他情緒起浮，並陪伴他成長、學習。彷彿自己的心也隨之成長，隨之飛揚。這就是讀奇幻呀！

我讀奇幻小說，也有一段時間了，不敢說是道中之人，但也有些許心得、看法，在這裡寫出來和大家分享，也希望能結識些同好，一起閱讀、討論奇幻文學。

———————————————

台北市私立薇閣高級中學　高一乙　**林斯允**

我從小就很愛看書，什麼書都看，完全依自己的心情、喜好去看。一直到了國中，我開始發現自己很喜歡看小說，此後便專一的只看小說，但從來就沒有人教我如何看小說，我也從不覺得閱讀小說有什麼方法，我只知道，看書就是看書呀！只要有眼睛、能識字，大家都會看書呀！這還有什麼好學的嗎？我就這樣抱持著這個想法繼續看我的小說。但是看著看著，我漸漸發現，要能看懂，並享受一本小說，還真的有一些小技巧呢！難道，這就是閱讀小說的方法嗎？我帶著驚喜的心情繼續探索，越看越有心得，到現在，我想我已經掌握了如何閱讀小說的精準技巧了！

小說分很多種，如：言情小說、懸疑小說、科幻小說……等。其實小說就是故事，看小說就是在讀故事，而你要如何讀好一篇故事呢？以下有幾個步驟，絕對讓你馬上上手！第一：開始看一本小說時，你一定要帶著一顆好奇的心，你要對一切感到好奇！要去了解這本書的作者，想想看像這樣的人有可能寫出什麼樣的故事呢？而當你看的是歷史小說時，你要去了解此書的時空背景，這樣讀起來才會更容易！第二：在看的過程中，你要全然的放鬆你的心情，完全專注在書中的劇情。你也可以用唸的，邊唸邊

看，這樣眼睛和耳朵同時吸收，會把內容記得更牢，才容易貫穿整個小說的劇情，使你的了解程度提升！更棒的方法是，你讓自己進入書中的世界，想像自己是書中的人物！這樣一來，你就能將這本小說永遠的烙印在你腦海中了！最後，當你看完這本小說時，再把整個情節回想一次，思考為什麼這會發生？為什麼那會發生？當你了解整本小說，又加上自己的思想，你就很成功的閱讀完一本小說啦！

　　學會了這些技巧之後，最重要的是你自己的心態，你要放開自己，去接受小說中那些看似不可能的人、事、物，你要擁有豐富的想像力，和寬闊的心胸，這樣一來，你就能連生活這樣一本更大的小說也成功的閱讀了！

三、我的閱讀方法

在求學或閱讀的過程中，我是否有特殊的領悟或獨到的方法呢？請動筆寫下來吧（文長不限）。

我讀○○的方法

閱讀的策略

——提高閱讀的質與擴充閱讀的量

一、提高閱讀的質

◎老師指導閱讀筆記的寫法（附錄：中國圖書分類簡表）

閱讀書籍名稱

作者　　　　　　　　出版者

圖書分類　□0總類　　　　　□1哲學類

　　　　　□2宗教類　　　　□3自然類

　　　　　□4應用科學類　　□5社會科學類

　　　　　□6中國史地類　　□7世界史地類

　　　　　□8語文類　　　　□9美術類

（一）整理歸納

1. 本書的中心思想是

2. 本書的大綱是

　　起：(1)人物（外貌特徵、角色性格）

　　（論點）

(2)地點

(3)時間

承：事件的緣起
（論述）

轉：情節的轉折或關鍵處
（反面論點）

合：結果
（結論）

（二）內容賞析

1.本書令我印象深刻的地方是

2. 佳句美文

第　頁的

第　頁的

第　頁的

3. 其他令我感動、讓我喜歡的地方是

（三）疑惑待解

1. 不懂的字彙、語詞、文意

第　頁的

第　頁的

第　頁的

2. 不了解的觀點、論述

3. 不能認同的觀點、論述

4. 還必須和他人研究討論的地方是

（四）應用分析

1. 在日常生活中，我曾經想過或遭遇過類似的事件或問題嗎？今後我會如何因應處理？

2. 如果我是本書中的主角（或其他角色），我會

（五）統整思考

1. 報章雜誌、網路資訊上的相關學習

2. 我從書中所得到的心智發展或性靈薰陶

附錄：中國圖書分類簡表

000 總類

000 特藏

010 目錄學總論

020 圖書館學總論

030 國學總論

040 類書；百科全書

050 普通雜誌

060 普通會社

070 普通論叢

080 普通叢書

090 群經

100 哲學類

100 哲學總論

110 思想學問概說

120 中國哲學總論

130 東方哲學總論

140 西洋哲學總論

150 理論學

160 形而上學；玄學

170 心理學

180 美學

190 倫理學

200 宗教類

200 總論

210 比較宗教學

220 佛教

230 道教

240 基督教

250 回教

260 猶太教

270 其他各教

280 神話

290 術數；迷信；奇蹟

300 自然科學類

300 總論

310 數學

320 天文

330 物理

340 化學

350 地質

360 生物、博物

370 植物

380 動物

390 人類學

400 應用科學類
400 應用科學總論
410 醫學總論
420 家事
430 農業
440 工程
450 礦冶
460 應用化學；化學工藝
470 製造
480 商業；各種營業
490 商業；經營學

500 社會科學類
500 總論
510 統計
520 教育
530 禮俗
540 社會
550 經濟
560 財政
570 政治
580 法律
590 軍事

600 中國史地類
600 史地總論
610 中國通史
620 中國斷代史
630 中國文化史
640 史國外交史
650 史料
660 地理總志
670 方志
680 類志
690 中國遊記

700 世界史地類
700 總論
710 世界史地
720 海洋
730 東洋史地
740 西洋史地
750 美洲各國
760 非洲各國
770 澳洲及其他各地
780 傳記
790 古物；考古

• 知識是抵禦一切災禍的盾牌。（波斯）魯達基

800 語文類

800 語言文字學

810 文學

820 中國文學

830 總集

840 別集

850 特種文藝

860 東洋文學

870 西洋文學

880 西方諸小國文學

890 新聞學

900 美術類

900 總論

910 音樂

920 建築

930 雕塑

940 書畫

950 攝影

960 圖案；裝飾

970 技藝

980 戲劇

990 遊戲；娛樂；休閒

859 兒童文學

1. 理論

2. 教育及研究

3. 總集

4. 童話

5. 神話

6. 故事

7. 兒童創作兒童作文

8. 童詩、童謠

9. 寓言、謎語等

國書分類口訣

0呀0，林林總總是總類

1呀1，一思一想是哲學

2呀2，阿彌陀佛是宗教

3呀3，三角恐龍屬自然

4呀4，實際應用妙科學

5呀5，五光十色是社會

6呀6，六朝古都在中國

7呀7，七大奇景世界遊

8呀8，才高八斗是文學

9呀9，音樂藝術最長久

◎學生分享閱讀筆記

閱讀書籍名稱：臺北人

作者　　白先勇　　出版者　爾雅出版社

圖書分類　□０總類　　　　□１哲學類

　　　　　□２宗教類　　　　□３自然類

　　　　　□４應用科學類　　□５社會科學類

　　　　　□６中國史地類　　□７世界史地類

　　　　　☑８語文類　　　　□９美術類

（一）整理歸納

1.本書的中心思想是

　　如同作者附在本書最前面劉禹錫的〈烏衣巷〉「朱雀橋邊野草花，烏衣巷口夕陽斜。舊時王謝堂前燕，飛入尋常百姓家。」所說的一樣，何須執著榮華富貴、功名成就，這些過眼雲煙，總有一天會風吹雲散，就算想抓也抓不著。

2.本書的大綱是

　　起：(1) 人物（外貌特徵、角色性格）

　（論點）本書爲許多短篇小說集合而成，但各篇小說中的人物都有一個特色：都曾在中國大陸享受幸福甚至奢華，但都因戰亂而來到台北，有社交界名媛、風華一時的舞女、國軍將領……等。

　　　　(2) 地點

臺北

(3)時間

二次世界大戰至國共戰爭後

承：事件的緣起

（論述）雖然這幾篇短篇內容不盡相同，但都有一個相同的起始點，從原本生活平順美滿的中國大陸到了不盡令人滿意的台北。

轉：情節的轉折或關鍵處

（反面論點）每個人心中那段獨特的故事慢慢發酵，而最終產生了不同結果。

合：結果

（結論）有的人無法忘情原本安逸的日子，一直活在回憶中，生活的方式、社交的互動甚至連家中的擺設都努力與過去相同。有的人仍相當懷念過去，雖然常常想起過去的風光但能夠接受現實，結束回憶後也安分的活在當下。更有些人完全拋下過去，斬斷回憶，全心全力經營新生活。

（二）內容賞析

1.本書令我印象深刻的地方是

雖然此書人物皆為虛構，但每個人的影像卻栩栩如生，躍然紙上，那麼多角色出現卻仍可以強烈感受到他們之間個性、年齡、動作的差異。尤其是各個角色來自中國四方，操著不同口音，更讓人印象鮮明。

2. 佳句美文

第56頁的「宋家阿姊，『人無千日好，花無百日紅』，誰又能保得住一輩子享榮華、受富貴呢？」

第152頁的「當我走到園子裡的時候，卻赫然看見那百多株杜鵑花，一毬堆著一毬，一片捲起一片，全都爆放開了。好像一腔按捺不住的鮮血，猛地噴了出來，灑的一園子斑斑點點都是血紅血紅的，我從來沒看見杜鵑花開的那樣放肆、那樣憤怒過。」

第273頁的「竇夫人回轉身，便向那露台走了上來，錢夫人看見她身上那塊白披肩，在月光下像朵雲似的簇擁著她。一陣風掠過去，周遭的椰樹都沙沙的鳴了起來，把竇夫人身上那塊大披肩吹得姍姍揚起，錢夫人趕忙用手把大衣領子鎖了起來，連連打了兩個寒噤，剛才滾熱的面腮，吃這陣涼風一逼，汗毛都張開了。」

3. 其他令我感動、讓我喜歡的地方是

作者著墨較多的角色是平常百姓，甚至是佣工、妓女，並不是「上流社會」的人物，讀來更親切，卻也更顯悽涼之感。

（三）疑惑待解

1. 不懂的字彙、語詞、文意
第188頁的「狎客」

2. 不了解的觀點、論述
無

• 我的努力求學沒有得到別的好處，只不過是愈來愈發覺自己的無知。（法）笛卡爾

　　3.不能認同的觀點、論述

　　略

　　4.還必須和他人研究討論的地方是

　　無

（四）應用分析

　　1.在日常生活中，我曾經想過或遭遇過類似的事件或問題嗎？今後我會如何因應處理？

　　略

　　2.如果我是本書中的主角（或其他角色）我會

　　我仍然會惦記著過去美好的時光，畢竟人的記憶在快樂的部分總是特別深刻，但也不能只活在過去，作完白日夢後還是得打起精神好好生活。

（五）統整思考

　　1.報章雜誌、網路資訊上的相關學習

　　無

　　2.我從書中所得到的心智發展或性靈薰陶

　　我想追求的是永恆的財產，抑是如同故事中一夕之間就喪失了的財富呢？

◎我的閱讀筆記

最近我才看完了一本書，我的閱讀筆記如下：

我的閱讀筆記

二、擴充閱讀的量

◎書店地圖

（一）書店／出版社網址

1. 博客來網路書店

   網址：http://www.books.com.tw/

2. 金石堂網路書店

   網址：http://www.kingstone.com.tw/

3. 三民網路書店

   網址：http://www.sanmin.com.tw/

4. 新絲路網路書店

   網址：http://www.silkbook.com/

5. 誠品網路書店

   網址：http://www.eslitebooks.com/

6. 搜主義網路書店

   網址：http://www.soidea.com.tw/soidea/

7. 天下網路書店

   網址：http://www.cwbook.com.tw/cw/T1.jsp

8. 遠東圖書

   網址：http://www.fareast.com.tw/

9. 遠流博識網

   網址：http://www.ylib.com/

10. 雙葉書廊

    網址：http://www.yehyeh.com.tw/

11. 天下文化書坊

　網址：http://www.bookzone.com.tw/

12. 四方書網

　網址：http://www.supermbox.com.tw/4book/index.hi

13. 五南書局

　網址：http://www.wunan.com.tw/

14. 華文網

　網址：http://www.book4u.com.tw/

15. 博學堂

　網址：http://www.chinesebooks.net/

16. 正中書局

　網址：http://www.ccbc.com.tw/

17. 書林傳書網

　網址：http://www.bookman.com.tw/

18. 舒讀網路書店

　網址：http://www.sudu.cc/front/bin/home.phtml

19. 國家書坊網路書店

　網址：http://www.govbooks.com.tw/

20. 聯經出版

　網址：http://www.linkingbooks.com.tw/home/
　　　　default.asp

21. 大塊文化

　網址：http://www.locuspublishing.com/

22. 桂冠圖書

　網址：http://www.laureate.com.tw/

23. 九歌

   網址：http://www.chiuko.com.tw/

24. 台灣高等教育出版社

   網址：http://www.thep.com.tw/

25. 千華數位文化

   網址：http://chienhua.com.tw/

26. 聯合報系

   網址：http://www.udngroup.com

27. 允晨

   網址：http://www.asianculture.com.tw

28. 敦煌書局

   網址：http://www.cavesbooks.network.com.tw/

29. 以琳書房

   網址：http://www.elimbookstore.com.tw/

30. 小書蟲童書坊

   網址：http://www.kidsbook.com.tw/

31. 國語日報網路書局

   網址：http://www.mdnkids.com/ebook/index/
   index.asp

32. 康軒資源網

   網址：http://www.kids945.com.tw/student/index.asp

（二）特色書店

1. 台灣ㄟ店

   電話：02-23625779

地址：台北市新生南路三段76巷6號

2. 音樂書房
   電話：02-23929912
   地址：台北市愛國東路60號3樓

3. 亞典書店
   電話：02-27845116
   地址：台北市仁愛路三段98號

4. 書林
   電話：02-23687226
   地址：台北市新生南路三段88號2樓之5

5. 唐山
   電話：02-23633072
   地址：台北市羅斯福路三段333巷9號

6. 台北市立美術館藝術書店
   電話：02-25957656
   地址：台北市中山北路三段181號

7. 天瓏書房
   電話：02-23717725
   地址：台北市重慶南路一段107號

8. 校園書房
   電話：02-23653665
   地址：台北市羅斯福路四段22號

9. 清大水木書苑
   電話：03-5716800
   地址：新竹市光復路二段101號

10. 啓茂書店

電話：02-27781768

地址：台北市大安路101巷6號1樓

11. 桑格圖書

電話：02-27773020

地址：台北市復興北路15號14樓之4

12. 東西畫廊圖書

電話：02-23148603

地址：台北市重慶南路一段63號6樓

13. 上博國際圖書有限公司

電話：02-27239333

地址：台北市內湖區安美街163號3樓

14. 詹氏書局

電話：02-23412856

地址：台北市和平東路一段177號9樓之5

（三）有歷史的書店

1. 幼獅

電話：02-23822406

地址：台北市衡陽路6號

2. 世界書局

電話：02-23113834

地址：台北市重慶南路一段99號

3. 三民書局

復北店

電話：02-25006600

地址：台北市復興北路386號

重南店

電話：02-23617511

地址：台北市重慶南路一段61號

4. 商務印書館

電話：02-23713712

地址：台北市重慶南路一段37號

◎圖書館地圖

（一）國家圖書館

網址：http://www.ncl.edu.tw/

館址：台北市中正區中山南路二十號

電話：02-23619132

（二）台北市立圖書館

網址：http://www.tpml.edu.tw/TaipeiPublicLibrary/
index.php

館址：臺北市建國南路二段125號

電話：02-2755-2823

（三）台北縣立圖書館

網址：http://lib.tphcc.gov.tw/

館址：臺北縣板橋市莊敬路62號

電話：02-22534412

（四）高雄市立圖書館

網址：http://www.ksml.edu.tw/

館址：高雄市前金區民生二路80號

電話：07-2112181

（五）國立台中圖書館

網址：http://www.ntl.gov.tw/

館址：台中市精武路291之3號

電話：04-22261105

◎閱讀網站

（一）中學生網站

網址：http://www.shs.edu.tw/shs.htm

（二）天下雜誌數位閱讀網

網址：http://download.cw.com.tw/new/index.asp

（三）公視新閱讀時代

網址：http://www.pts.org.tw/~web02/reading/about.htm

（四）文薈閱讀網

網址：http://www.mingdao.edu.tw/readclub/

（五）圖文閱讀網

網址：http://www.ebook.com.tw/

（六）時報悅讀網

網址：http://www.readingtimes.com.tw/index.htm

（七）城邦讀書花園

網址：http://www.cite.com.tw/index.php

（八）中學生導航網

網址：http://highschool.idv.tw/

（九）網路與書

網址：http://www.netandbooks.com/

（十）影音閱讀學堂

網址：http://anan.haec.net/realing/readcool.htm

（十一）台灣閱讀協會

網址：http://residence.educities.edu.tw/twra/
entrance.htm

◎好書介紹

（一）2006年文建會發起全國閱讀運動推薦五十六本文學好書

(1) 蛹之生／小野著／遠流

(2) 與自己和好／王浩威著／聯合文學

(3) 戴墨鏡的飛鼠／瓦歷斯‧諾幹著／晨星

(4) 台灣念真情／吳念真著／麥田

(5) 山豬‧飛鼠‧撒可努／撒可努著／耶魯

(6) 未來，一直來一直來／林正盛著／聯合文學

(7) 小太陽／林良著／麥田

(8) 白色巨塔／侯文詠著／皇冠

(9) 像我這樣的老師／廖玉蕙著／九歌

(10) 少年綠皮書／劉克襄著／玉山社

(11) 我兒漢生／蕭颯著／九歌

(12) 家變／王文興著／洪範

(13) 徒步／王家祥著／天培

(14) 行道天涯／平路著／聯合文學

(15) 亂／向陽著／印刻

(16) 恐怖偶像劇／成英姝著／印刻

(17) 獵人們／朱天心著／印刻

(18) 花憶前身／朱天文著／印刻

(19) 吳晟詩選／吳晟著／洪範

(20) 逃匿者的天空／吳敏顯著／宜蘭縣文化局

(21) 廢墟台灣／宋澤萊著／草根

(22) 花間迷情／李昂著／大塊文化

(23) 心的奏鳴曲／李敏勇著／玉山社

(24) 埋冤1947埋冤／李喬著／海洋台灣

(25) 周芬伶精選集／周芬伶著／九歌

(26) 浪淘沙／東方白著／前衛

(27) 東海岸減肥報告書／林宜澐著／大塊文化

(28) 冷海情深／夏曼‧藍波安著／聯合文學

(29) 光陰十帖／奚淞著／雄獅

(30) 山海世界／孫大川著／聯合文學

(31) 亞馬遜河‧探險途上的情書／徐仁修著／遠流

(32) 逆旅／郝譽翔著／聯合文學

(33) 聆聽父親／張大春著／時報

(34) 黃魚聽雷／張曼娟著／皇冠

(35) 賽蓮之歌／張貴興著／麥田

(36) 有鹿哀愁／許悔之著／大田

(37) 忠孝公園／陳映真著／洪範

(38) 地上歲月／陳列著／聯合文學

(39) 陳春天／陳雪著／印刻

(40) 苦惱與自由的平均律／陳黎著／九歌

(41) 失樂園／幾米著／大塊文化

(42) 青春標本／焦桐著／二魚文化

(43) 理想的下午／舒國治著／遠流

(44) 放生／黃春明著／聯合文學

(45) 東河網深情／黃秋芳著／紅樹林

(46) 烏暗暝／黃錦樹著／九歌

(47) 涉事／楊牧著／洪範

(48) 台灣文學史綱／葉石濤著／文學界雜誌社

(49) 漂島／廖鴻基著／印刻

(50) 餘生／舞鶴者／麥田

(51) 只為一次無憾的春天／蔣勳著／圓神

(52) LA流浪記／蔡康永著／皇冠

(53) 鄭清文短篇小說選／鄭清文著／麥田

(54) 雙唇的旅行／韓良露著／麥田

(55) 天涯海角／簡媜著／聯合文學

(56) 魔術時刻／蘇偉貞著／印刻

• 喜歡閱讀，就等於把生活中寂寞的晨光換成巨大享受的時刻。（法）
孟德斯鳩

（二）2005年李家同教授推薦四十本好書

（資料來源：圓神出版社 2005 年）

編號	作者	書名
1	阿嘉莎‧克莉絲蒂	一個都不留（遠流）
2	阿嘉莎‧克莉絲蒂	白馬酒館（遠流）
3	約翰‧狄克森‧卡爾	三口棺材（臉譜）
4	艾勒里‧昆恩	ㄚ的悲劇（輕舟）
5	瑪麗‧雪萊	科學怪人（台灣商務印書館）
6	H.G.威爾斯	隱形人
7	史蒂文生	化身博士（台灣商務印書館）
8	阿道斯‧赫胥黎	美麗新世界（科技圖書）
9	雷‧布萊貝利	華氏四五一度（皇冠）
10	大仲馬	基度山恩仇記
11	狄更斯	雙城記（志文）
12	梅爾維爾	白鯨記（台灣英文雜誌社）
13	傑克‧倫敦	海狼（志文）
14	海明威	老人與海（雅書堂）
15	雨果	悲慘世界（志文）
16	約翰‧史坦貝克	憤怒的葡萄（志文）
17	約翰‧史坦貝克	人鼠之間（台灣英文雜誌社）
18	賽珍珠	大地（旗品文化）
19	亞瑟‧密勒	推銷員之死（台灣英文雜誌社）

編號	作者	書名
20	喬治・歐威爾	動物農莊（晨星）
21	喬治・歐威爾	一九八四（科技圖書）
22	狄更斯	小氣財神（台灣商務印書館）
23	托爾斯泰	人為什麼而活（志文）
24	吉米・哈利	大地之歌（皇冠）
25	雷馬克	西線無戰事（麥田）
26	威廉・高汀	蒼蠅王（科技圖書）
27	高爾基	高爾基短篇傑作選（志文）
28	葛蘭姆・葛林	權力與榮耀（科技圖書）
29	遠藤周作	深河（立緒）
30	賽門・溫契斯特	瘋子・教授・大字典（時報）
31	米奇・艾爾邦	最後14堂星期二的課
32	施耐庵	水滸傳
33	羅貫中	三國演義
34	林海音	城南舊事（爾雅）
35	黃春明	兒子的大玩偶（皇冠）
36	白先勇	台北人（爾雅）
37	鍾阿城	棋王・樹王・孩子王
38	余秋雨	山居筆記（爾雅）
39	張文亮	電學之父——法拉第的故事（文經社）
40	周夢蝶	十三朵白菊花（洪範）

- 精神上的缺陷可以透過閱讀來改善，正如身體上的缺陷可以透過適當的運動來改善一樣。（英）法蘭西斯·培根

（三）近十年來（1992～2001）行政院新聞局推薦優良中學生課外讀物書目

一、民國八十一年（西元1992年）

(1) 一言九鼎／正中書局

(2) 七十九年詩選／爾雅出版社

(3) 七十九年短篇小說選／爾雅出版社

(4) 小小演說家／華淋出版社

(5) 大地之頌——黎蘭詩畫集／漢光文化事業股份有限公司

(6) 小草和大樹——詩文故事／漢藝色研文化事業有限公司

(7) 天下文化、財經、企管／天下文化出版股份有限公司

(8) 心海微瀾／正中書局

(9) 正中散文系統——親愛的冤家／正中書局

(10) 正中散文系統——行人，看刀／正中書局

(11) 正中散文系統——人在異鄉／正中書局

(12) 正中散文系統——戀人之都／正中書局

(13) 正中散文系統——在暖暖的冬日裡／正中書局

(14) 正中散文系統——西風的故鄉／正中書局

(15) 生活大學心理叢書——生活中不可錯失的享受 90／世茂出版社

(16) 生活大學心理叢書——創造奇蹟的潛能開發訓練法 92／世茂出版社

(17) 生活大學心理叢書——不可思議的人際心理學 93

／世茂出版社

(18) 生活大學心理叢書——追求卓越的技巧 94／世茂出版社

(19) 生活大學心理叢書——腦力規劃 95／世茂出版社

(20) 生活誌青春ＦＡＸ 23／躍昇文化事業有限公司

(21) 生活誌名人談家教 24／躍昇文化事業有限公司

(22) 平常話／躍昇文化事業有限公司

(23) 成人童話系列——小王子 1／漢藝色研文化事業有限公司

(24) 成人童話系列——賽伯寓言 2／漢藝色研文化事業有限公司

(25) 自由女神下的天空／正中書局

(26) 成長之書——書房的窗子／正中書局

(27) 成長之書——呼叫器的陷阱／正中書局

(28) 成長之書——站在巨人的肩膀／正中書局

(29) 成長之書——越野車的誘惑／正中書局

(30) 成長之書——在歲月裡成長／正中書局

(31) 成長之書——驢背上的歌者——新世紀新生活／正中書局

(32) 成長之書——愛無悔——愛的學習／正中書局

(33) 成語出迷宮　第五輯／中央日報出版部

(34) 成語出迷宮　第六輯／中央日報出版部

(35) 自然的沉思——張冠豪攝影作品集／淑馨出版社

(36) 西湖七月半／正中書局

(37) 如何讓小學生學好數學／世茂出版社

(38) 花卉害蟲彩色圖說／財團法人豐年社

(39) 冥想改變您一生／銀禾文化事業有限公司

(40) 皇冠叢書——人有二十難 1940／皇冠文學出版有限公司

(41) 科學化時間活用法／世茂出版社

(42) 高中人作文讀析建中作文精選／中央日報出版部

(43) 秘密花園／漢藝色研文化事業有限公司

(44) 乾坤雙璧——男人／正中書局

(45) 乾坤雙璧——女人／正中書局

(46) 揚州瘦馬／正中書局

(47) 菜根譚／漢藝色研文化事業有限公司

(48) 創意向左轉／世茂出版社

(49) 智慧三品——物趣／正中書局

(50) 智慧三品——禪思／正中書局

(51) 智慧三品——書香／正中書局

(52) 新世紀宇宙大爆炸／銀禾文化事業有限公司

(53) 新世紀微中子天文學的誕生 118／銀禾文化事業有限公司

(54) 新世紀相對論與現代物理 119／銀禾文化事業有限公司

(55) 新世紀分離科學 120／銀禾文化事業有限公司

(56) 新世紀生物學的樂趣／銀禾文化事業有限公司

(57) 愛與生活小品異國情調 4／漢光文化事業股份有限公司

(58) 詩畫書勵志集物華篇／淑馨出版社

(59) 詩畫書勵志集山水篇／淑馨出版社

(60) 歲月的筆／中華日報出版部

(61) 爾雅叢書——書房夜戲／爾雅出版社

(62) 爾雅叢書——十句話 189／爾雅出版社

(63) 爾雅叢書——當風吹過想像的平原 219／爾雅出版社

(64) 爾雅叢書——爾雅集短篇 250／爾雅出版社

(65) 爾雅叢書——白先勇論 251／爾雅出版社

(66) 爾雅叢書——來我家喝杯茶 254／爾雅出版社

(67) 爾雅叢書——十二樓憑窗情事 255／爾雅出版社

(68) 爾雅叢書——現代詩創作演練 256／爾雅出版社

(69) 爾雅叢書——一襲青衫萬縷情 257／爾雅出版社

(70) 爾雅叢書——愛情的花樣 258／爾雅出版社

(71) 爾雅叢書——十句話 259／爾雅出版社

(72) 爾雅叢書——衣若芬極短篇 301／爾雅出版社

(73) 漢光人文系列——行走人間的腳步 007／漢光文化事業股份有限公司

(74) 漢光人文系列——生命的大智慧 008／漢光文化事業股份有限公司

(75) 漢光文庫——寂靜的河堤 33／漢光文化事業股份有限公司

(76) 漢光文庫——生命與愛 34／漢光文化事業股份有限公司

(77) 熱帶魚／正中書局

(78) 慧言智語 1／漢藝色研文化事業有限公司

(79) 學成語寫作文指導研究篇 6／百年文化圖書有限公司

(80) 戰地春夢／聯廣圖書股份有限公司

(81) 勵志坊　草根嚼／頂淵文化事業有限公司

(82) 勵志坊　如何說，如何聽／頂淵文化事業有限公司

(83) 勵志坊　千古情懷／頂淵文化事業有限公司

(84) 勵志坊　托爾斯泰的智慧／頂淵文化事業有限公司

(85) 勵志坊　時光中的遺跡／頂淵文化事業有限公司

(86) 勵志坊　如何使考試順利／頂淵文化事業有限公司

(87) 勵志坊　自我認識，自我負責／頂淵文化事業有限公司

(88) 餐飲禮儀／淑馨出版社

(89) 爆發創意力／世茂出版社

(90) 九歌文庫——我的兩個太太 301／九歌出版社

(91) 九歌文庫——我以為有愛 302／九歌出版社

(92) 九歌文庫——鳥不單飛 303／九歌出版社

(93) 九歌文庫——七十九年散文集 305／九歌出版社

(94) 九歌文庫——成長中的痛苦 310／九歌出版社

(95) 九歌文庫——與溫柔相約 311／九歌出版社

(96) 九歌文庫——生活方程式 312／九歌出版社

(97) 九歌文庫——隨喜菩提 313／九歌出版社

(98) 九歌文庫——異鄉人，異鄉情 317／九歌出版社

(99) 九歌文庫——變奏的戀曲 319／九歌出版社

(100) 九歌文庫——聖嚴法師法鼓集 21／九歌出版社

(101) 九歌文庫——會心不遠 22／九歌出版社

(102) 大地之頌──黎蘭詩畫集／漢光文化事業股份有限公司

(103) 三民叢刊14時代邊緣之聲／三民書局股份有限公司

(104) 三民叢刊17對不起，借過一下／三民書局股份有限公司

(105) 三民叢刊21浮生四，雲林回憶錄／三民書局股份有限公司

(106) 三民叢刊22海天集／三民書局股份有限公司

(107) 三民叢刊23日本式心靈／三民書局股份有限公司

(108) 三民叢刊26作家與作品／三民書局股份有限公司

(109) 三民叢刊27冰瑩書信／三民書局股份有限公司

(110) 三民叢刊28冰瑩遊記／三民書局股份有限公司

(111) 三民叢刊29冰瑩憶往／三民書局股份有限公司

(112) 三民叢刊30冰瑩懷舊／三民書局股份有限公司

(113) 三民叢刊31與世界文壇對話／三民書局股份有限公司

(114) 三民叢刊33猶記風吹水上鱗／三民書局股份有限公司

(115) 三民叢刊黃昏過客／三民書局股份有限公司

(116) 三民叢刊38帶詩蹺課去／三民書局股份有限公司

(117) 小草和大樹──詩文故事／漢藝色研文化事業有限公司

(118) 大眾心理學全集152如何克服溝通障礙／遠流出版事業股份有限公司

(119) 大眾心理學全集155溝通恐懼／遠流出版事業股份有限公司

(120) 大眾心理學全集157成長在夏山／遠流出版事業股份有限公司

(121) 大眾心理學全集160心理輔導的藝術／遠流出版事業股份有限公司

(122) 大眾心理學全集161快樂訣／遠流出版事業股份有限公司

(123) 小說館49朱天文電影小說集／遠流出版事業股份有限公司

(124) 小說館55恆河的鼻環／遠流出版事業股份有限公司

(125) 小說館57妹妹背著／遠流出版事業股份有限公司

(126) 小說館59西藏，隱密歲月／遠流出版事業股份有限公司

(127) 中國文學名人傳記1燦若繁星／業強出版社

(128) 中國文學名人傳記2浪跡人生／業強出版社

(129) 中國文學名人傳記4愛路跋涉／業強出版社

(130) 文學風情24四書小品／業強出版社

(131) 文學風情25小龍新主張／業強出版社

(132) 文學風情28古韻／業強出版社

(133) 文學風情29情願讓雨淋著／業強出版社

(134) 文學風情33大陸抒情散文選／業強出版社

(135) 文學叢書218耳目書／洪範書店

(136) 文學叢書219一生中的一週時光／洪範書店

(137) 文學叢書221江山有待／洪範書店

(138) 文學叢書223橘子紅了／洪範書店

(139) 文學叢書224象是笨蛋／洪範書店

(140) 文學叢書225候鳥／洪範書店

(141) 文學叢書226溫州街的故事／洪範書店

(142) 文學叢書227浮世／洪範書店

(143) 生活白皮書──擺脫寂寞1／聯經出版事業公司

(144) 生活白皮書──解除壓力2／聯經出版事業公司

(145) 生活白皮書──增強信心3／聯經出版事業公司

(146) 生活白皮書　表現自己4／聯經出版事業公司

(147) 世界短篇文學名著欣賞／東大圖書股份有限公司

(148) 外國文化名人傳記1莎士比亞傳／業強出版社

(149) 外國文化名人傳記2尼采傳／業強出版社

(150) 外國文化名人傳記3狄更斯傳／業強出版社

(151) 至公至誠的中國國民黨／近代中國出版社

(152) 蔣夢麟文仔三談學問／致良出版社

(153) 勵志坊19風鳥皮諾查／頂淵文化事業有限公司

(154) 勵志坊20慈濟心燈／頂淵文化事業有限公司

(155) 蘇俄帝國興亡錄／聯經出版事業公司

(156) 聯合文學53鼠咀集／聯合文學出版社

(157) 聯合文學54心情兩紀年／聯合文學出版社

(158) 聯合文學55京都會館內褲失竊事件／聯合文學出版社

(159) 聯經文學──愛玉的人98／聯經出版事業公司

(160) 聯經文學──春雷春雨99／聯經出版事業公司

• 實在說來，沒有知識的人總愛議論別人的無知，知識豐富的人卻時時發現自己的無知。（法）笛卡爾

(161) 聯經文學——小說潮100／聯經出版事業公司

二、民國八十二年（西元1993年）

(1) 人生必讀／世峰出版社

(2) 人生的自我追尋／遠流出版事業股份有限公司

(3) 八分鐘啓示／文經出版社有限公司

(4) 小武士——成人童話3／漢藝色研文化事業有限公司

(5) 少年偵探團3／長鴻出版社股份有限公司

(6) 巴黎聖母院／業強出版社

(7) 心情故事2／皇冠文學出版有限公司

(8) 心罪罣礙／法喜出版社

(9) 世紀末的華麗／遠流出版事業股份有限公司

(10) 古文古人古事欣賞（一）／河畔出版社

(11) 名人的成長／國語日報社

(12) 如何與人交往2／張老師出版社

(13) 如何與家人溝通3／張老師出版社

(14) 如何認識自己1／張老師出版社

(15) 宇宙怪人8／長鴻出版社股份有限公司

(16) 年少情懷／皇冠文學出版有限公司

(17) 成功之旅——人生的允諾與挑戰／張老師出版社

(18) 有效的學習方法4／張老師出版社

(19) 朱子治家格言／世峰出版社

(20) 百家姓／世峰出版社

(21) 兩性心理小品／頂淵文化事業有限公司

(22) 呼喊與細雨／遠流出版事業股份有限公司

(23) 夜泊秦淮／遠流出版事業股份有限公司

(24) 奇面城的秘密9／長鴻出版社股份有限公司

(25) 怪人二十面相1／長鴻出版社股份有限公司

(26) 怪奇四十面相6／長鴻出版社股份有限公司

(27) 知音的故事／皇冠文學出版有限公司

(28) 青少年巴金讀本／業強出版社

(29) 青少年老舍讀本／業強出版社

(30) 青少年沈從文讀本／業強出版社

(31) 青少年許地山讀本／業強出版社

(32) 青銅魔人4／長鴻出版社股份有限公司

(33) 姚碧漪的故事（上）國一篇／業強出版社

(34) 姚碧漪的故事（中）國二篇／業強出版社

(35) 眉批新編浮生六記／河畔出版社

(36) 風的斷想／漢藝色研文化事業有限公司

(37) 恐龍星座／大地出版社

(38) 張大春的文學意見／遠流出版事業股份有限公司

(39) 淘氣故事集／皇冠文學出版有限公司

(40) 陪在你左右／皇冠文學出版有限公司

(41) 短詩‧短語‧短歌（一）／河畔出版社

(42) 黃色太平洋／正中書局

(43) 黃金豹10／長鴻出版社股份有限公司

(44) 慈母心‧豆腐心／皇冠文學出版有限公司

(45) 慈濟因緣／頂淵文化事業有限公司

(46) 搭船的鳥／業強出版社

(47) 新譯三字經／三民書局股份有限公司

(48) 新譯孝經讀本／三民書局股份有限公司

(49) 溫暖的心／皇冠文學出版有限公司

(50) 電人M7／長鴻出版社股份有限公司

(51) 瑪迪達——成人童話4／漢藝色研文化事業有限公司

(52) 綠衣人／大地出版社

三、民國八十三年（西元1994年）

(1) 增廣昔時賢文／世峰出版社

(2) 錦繡的天地／青少年叢書故宮文物寶藏續編編輯委員

(3) 誰與我同行／業強出版社

(4) 親情似海——新時代的孝思／正中書局

(5) 駱汶淇傳奇／高雄市文化院聖書出版社

(6) 藍裙子上的星星／皇冠文學出版有限公司

(7) 懸河集——朗讀演說術／漢風出版社

(8) 一心璀璨／知青頻道出版有限公司

(9) 一首詩的誕生／九歌出版社

(10) 一滴水到海洋／九歌出版社

(11) 一鳴驚人——無限量的潛能開發／頂淵文化事業股份有限公司

(12) 人生取向／九歌出版社

(13) 人性的治療者——沈從文傳／業強出版社

(14) 八十年散文選／九歌出版社

(15) 三字經讀本／世峰出版社

(16) 土地與靈魂／九歌出版社

(17) 大地之愛／業強出版社

(18) 小說奇才——張恨水傳／業強出版社

(19) 不信青春喚不回／正中書局

(20) 內在革命／正中書局

(21) 天天天晴／正中書局

(22) 尺素寸心——中國歷代書信選／業強出版社

(23) 心理學的奧秘／正中書局

(24) 文學大師的處女作／業強出版社

(25) 文學女人的情關／九歌出版社

(26) 文學中的男人／九歌出版社

(27) 且慢相思／漢藝色研义化事業有限公司

(28) 以生命為心——愛生哲學與理想村／張老師出版社

(29) 卡夫卡傳／業強出版社

(30) 母親的情人是女兒的情人／遠流出版事業股份有限
公司

(31) 民主思潮的興盛 (5)／光復書局企業股份有限公司

(32) 民族主義的覺醒 (6)／光復書局企業股份有限公司

(33) 生命旅途中／九歌出版社

(34) 生氣的藝術：運用憤怒改善女性的親密關係／遠流
出版事業股份有限公司

(35) 回首成春——寬恕／張老師出版社

(36) 在亂世中做人——我讀荀子／漢藝色研文化事業有
限公司

(37) 字斟句酌／正中書局

(38) 守夜人／九歌出版社

(39) 收視率的三角習題——傳播線上的省思／正中書局

• 青春是有限的，智慧是無窮的，趁短暫的青春去學無窮的知識。（俄）高爾基

(40) 有情菩提／九歌出版社

(41) 汗水處處／三民書局股份有限公司

(42) 自己就是命運的建築師／遠流出版事業股份有限公司

(43) 自我期許與成功／九歌出版社

(44) 作伴／皇冠文學出版有限公司

(45) 兵學的智慧——我讀孫子兵法／漢藝色研文化事業有限公司

(46) 希臘與羅馬的盛衰 (2)／光復書局企業股份有限公司

(47) 忘憂草／九歌出版社

(48) 快樂人生／九歌出版社

(49) 我在旅行中想你／正中書局

(50) 我的水車哲學——許水德六十自述／正中書局

(51) 我家有個渾小子／九歌出版社

(52) 亞洲的民族主義時代 (7)／光復書局企業股份有限公司

(53) 亞洲諸國的發展 (3)／光復書局企業股份有限公司

(54) 和自己相遇／正中書局

(55) 性靈・思想與人生／頂淵文化事業股份有限公司

(56) 放洋的孩子／張老師出版社

(57) 河岸上的艷陽天／九歌出版社

(58) 法律與生活／正中書局

(59) 直現真情／漢藝色研文化事業有限公司

(60) 雨果傳／業強出版社

(61) 南方的墮落／遠流出版事業股份有限公司

(62) 垂釣今天的魚／正中書局

(63) 怎樣學好數學／九鼎出版社

(64) 活出快樂的味道／正中書局

(65) 紅塵心語／知青頻道出版公司

(66) 紅塵孤旅──蘇曼殊傳／業強出版社

(67) 扇子與中國文化／東大圖書股份有限公司

(68) 氣吞萬里如虎／業強出版社

(69) 浮生紀事／九歌出版社

(70) 站在彩虹上──劉墉・趙少康⋯⋯的青少年歲月／
正中書局

(71) 逆風而上／九歌出版社

(72) 寂靈書靜思語錄／頂淵文化事業有限公司

(73) 曹景雲小說自選集／皇冠文學出版有限公司

(74) 欲語還休／漢藝色研文化事業有限公司

(75) 笛音壺／業強出版社

(76) 野渡／正中書局

(77) 陶杯秋色／正中書局

(78) 創新的生涯契機／頂淵文化事業有限公司

(79) 智慧就是太陽／九歌出版社

(80) 棒球新樂園／張老師出版社

(81) 無法直面的人生──魯迅傳／業強出版社

(82) 雲水故鄉／派色文化出版社

(83) 黃河的水天上來／業強出版社

(84) 黑暗之狼／遠流出版事業股份有限公司

- 少小而學，及壯有為；壯年而學，及老不衰；老年而學，及死不朽。（日）佐騰一齋

(85) 傾聽他們的聲音／正中書局

四、民國八十四年（西元1995年）

(1) 小暢文學名作　小婦人（第一部）／小暢書房

(2) 小暢文學名作　小婦人（第二部）／小暢書房

(3) 小暢文學名作　小婦人（第三部）／小暢書房

(4) 小暢文學名作　小婦人（第四部）／小暢書房

(5) 三個夏天／幼獅文化事業公司

(6) 小說之旅／幼獅文化事業公司

(7) 交一顆心／幼獅文化事業公司

(8) 坐看一彎采采流水／幼獅文化事業公司

(9) 青春廣播電台／幼獅文化事業公司

(10) 尋找智慧的活水／幼獅文化事業公司

(11) 一步一腳印／正中書局

(12) 人生三十喻／正中書局

(13) 人生四季　春／正中書局

(14) 人生四季　夏／正中書局

(15) 三分天下／正中書局

(16) 白宮的主人／正中書局

(17) 成長之書　飛越快樂窩／正中書局

(18) 成長之書　祝春天快樂／正中書局

(19) 我是這樣活過來的／正中書局

(20) 美好人生的摯愛與告別／正中書局

(21) 記者・主播・螢光幕／正中書局

(22) 聖嚴法師學思歷程／正中書局

(23) 像清泉一般／正中書局

(24) 頑皮故事集／健行文化出版事業有限公司

(25) 閃亮的少年作家／國語日報社

(26) 孩子青春期面面觀／頂淵文化事業有限公司

(27) 心情轉播／圓神出版公司

(28) 如果有來生／圓神出版公司

(29) 改變一生的一句話／圓神出版公司

(30) 美的感動／圓神出版公司

(31) 深情故事／圓神出版公司

(32) 深情看世界／圓神出版公司

(33) 媽咪小太陽／圓神出版公司

(34) 自修成功法／新雨出版社

(35) 顯微鏡下的植物世界／台灣省立博物館

(36) 證嚴法師　慧語流泉／中華日報出版部

(37) 人間有真情／文經出版社有限公司

(38) 巴黎出幽默／文經出版社有限公司

(39) 何不幽上一默！／文經出版社有限公司

(40) 怎樣成為受歡迎的人／文經出版社有限公司

(41) 怎樣作文──寫出好文章的技巧／文經出版社有限公司

(42) 珍妮，莫斯科好嗎？／文經出版社有限公司

(43) 尋夢園 1／文經出版社有限公司

(44) 尋夢園 2／文經出版社有限公司

(45) 圓人生大夢／文經出版社有限公司

(46) 克難苦學記／正中書局

(47) 耕耘歲月／正中書局

(48) 強國之路／正中書局

(49) 猶有溫婉／正中書局

(50) 再見天人菊／自立晚報社文化出版部

(51) 順風耳的新香爐／自立晚報社文化出版部

(52) 燕心果／自立晚報社文化出版部

(53) 一代英宗唐太宗／國家出版社

(54) 生命的喜悅／國家出版社

(55) 晚唐詩人韓偓／國家出版社

(56) 樂壇軼事／國家出版社

(57) 古詩文導讀上冊／淑馨出版社

(58) 古詩文導讀中冊／淑馨出版社

(59) 古詩文導讀下冊／淑馨出版社

(60) 西史導讀／淑馨出版社

(61) 詩詞曲導讀／淑馨出版社

(62) 人間筆記／業強出版社

(63) 小龍新主張2／業強出版社

(64) 末代公主／業強出版社

(65) 吃出活力來　保健飲食法／業強出版社

(66) 叔本華傳／業強出版社

(67) 林良和子敏／業強出版社

(68) 耕耘者的果樹園／業強出版社

(69) 黑潮／業強出版社

(70) 詩情與詩想／業強出版社

(71) 與青少年談愛滋病／業強出版社

(72) 儒風化雨／業強出版社

(73) 楓紅／當代文學研究社中國文學研究組

(74) 用生命寫故事／聯合文學出版社

(75) 英雄少年／聯合文學出版社

(76) 陳松勇訐譙／聯合文學出版社

(77) 聯合文學　大車拚／聯合文學出版社

(78) 聯合文學　我妹妹／聯合文學出版社

(79) 聯合文學　秋天的婚禮／聯合文學出版社

(80) 聯合文學　紅字團／聯合文學出版社

(81) 聯合文學　紅塵裡的黑尊／聯合文學出版社

(82) 聯合文學　原稿紙／聯合文學出版社

(83) 聯合文學　高陽小說研究／聯合文學出版社

(84) 聯合文學　森林／聯合文學出版社

(85) 聯合文學　維多利亞俱樂部／聯合文學出版社

(86) 我怎樣考上台大／三思堂文化事業有限公司

(87) 人間道上系列　夫妻／大人物文化事業有限公司

(88) 人間道上系列　生活／大人物文化事業有限公司

(89) 人間道上系列　男女／大人物文化事業有限公司

(90) 人間道上系列　相貌／大人物文化事業有限公司

(91) 人間道上系列　食衣住行／大人物文化事業有限公司

(92) 人間道上系列　家庭／大人物文化事業有限公司

(93) 人間道上系列　財富／大人物文化事業有限公司

(94) 人間道上系列　愛情／大人物文化事業有限公司

(95) 人間道上系列　養生／大人物文化事業有限公司

(96) 自我的改造／中華日報出版部

(97) 府城藝文（精選集）／中華日報出版部

(98) 祝你天天生日快樂／中華日報出版部

(99) 假如阿Q還活著／中華日報出版部

(100) 別鬧了，費曼先生／天下文化出版股份有限公司

(101) 吳舜文傳／天下文化出版股份有限公司

(102) 活出自己／文經出版社有限公司

(103) 與成功同行／文經出版社有限公司

(104) 年輕人的六個大夢／方智出版公司

(105) 成功的5步驟／方智出版公司

(106) 勇敢去做／方智出版公司

(107) 讀三國識人才／方智出版公司

(108) 巴黎來的私生子／世茂出版社

(109) 成功的人際關係／世茂出版社

(110) 諾貝爾文學獎得主小說選集／世茂出版社

(111) 靈與慾／世茂出版社

(112) 美國文學選集　富蘭克林自傳／台灣英文雜誌社有限公司

(113) 王國維　新史學的開山祖／幼獅文化事業公司

(114) 不盡長江滾滾來　中國新詩選注／幼獅文化事業公司

(115) 活出自己的風格／幼獅文化事業公司

(116) 作個自在的人／幼獅文化事業公司

(117) 揚雄　從模擬到創新的典範／幼獅文化事業公司

(118) 我們需要一個夢／宇宙光出版社

(119) 畫家畫話／宇宙光出版社

(120) 你不可缺少的智慧／帕米爾書店

(121) 鄭板橋傳／帕米爾書店

(122) 我喜愛的一首詩（一）／河畔出版社

(123) 我喜愛的一首詩（二）／河畔出版社

(124) 眉批新編　幽夢影／河畔出版社

(125) 文學叢書　香魂女／洪範書店有限公司

(126) 文學叢書　疑神／洪範書店有限公司

(127) 文學叢書　擬古／洪範書店有限公司

(128) 日本映象／健行文化出版事業有限公司

(129) 生日禮物／健行文化出版事業有限公司

(130) 活的漂亮而瀟灑／健行文化出版事業有限公司

(131) 透視日本／健行文化出版事業有限公司

(132) 媽媽鐘／健行文化出版事業有限公司

(133) 愛要及時／健行文化出版事業有限公司

(134) 熱汽球上升／健行文化出版事業有限公司

(135) 讓心有所屬／健行文化出版事業有限公司

(136) 中國絲綢／淑馨出版社

(137) 水耕蕃茄的秘密／淑馨出版社

(138) 古玉簡史第一冊史前篇／淑馨出版社

(139) 生命之樹／淑馨出版社

(140) 在俯仰之間／淑馨出版社

(141) 屈賦新讀／淑馨出版社

(142) 華夏木材文化／淑馨出版社

(143) 台灣高山植物圖鑑／淑馨出版社

(144) 勵志書系　校外有藍天／圓神出版社

(145) 勵志書系　智慧的精靈／圓神出版社

(146) 人生汗淚情／新雨出版社

(147) 人生是一連串的說服／新雨出版社

(148) 成敗一念間／新雨出版社

(149) 怎樣作個真正成功的人／新雨出版社

(150) 開發人生／新雨出版社

(151) 導引人生／新雨出版社

(152) 一代才華　鄭振鐸傳／業強出版社

(153) 夜鶯與新月　徐志摩傳／業強出版社

(154) 三國演義簡說／萬卷樓圖書有限公司

(155) 孔尚任和桃花扇／萬卷樓圖書有限公司

(156) 王國維與人間詞話／萬卷樓圖書有限公司

(157) 吳承恩和西遊記／萬卷樓圖書有限公司

(158) 辛棄疾／萬卷樓圖書有限公司

(159) 姑蘇園林與中國文化／萬卷樓圖書有限公司

(160) 洪昇和長生殿／萬卷樓圖書有限公司

(161) 袁枚和隨園詩話／萬卷樓圖書有限公司

(162) 高則誠和琵琶記／萬卷樓圖書有限公司

(163) 陸游／萬卷樓圖書有限公司

(164) 黃遵憲／萬卷樓圖書有限公司

(165) 董西廂和王西廂／萬卷樓圖書有限公司

(166) 關漢卿／萬卷樓圖書有限公司

(167) 蘇軾／萬卷樓圖書有限公司

(168) 顧炎武／萬卷樓圖書有限公司

(169) 大家來猜謎／漢風出版社

(170) 八十一年短篇小說選／爾雅出版社有限公司

(171) 三相逢／爾雅出版社有限公司

(172) 在夢裡告別／爾雅出版社有限公司

(173) 好一個年輕的下午／爾雅出版社有限公司

(174) 到綠光咖啡屋，聽巴哈讀余秋雨／爾雅出版社有限公司

(175) 當代世界極短篇／爾雅出版社有限公司

(176) 大眾心理學　與年輕談心／遠流出版事業股份有限公司

(177) 用心去活／遠流出版事業股份有限公司

(178) 蔡子說／遠流出版事業股份有限公司

(179) 新世紀科學百科全書／貓頭鷹出版社有限公司

(180) 微言集／躍昇文化事業有限公司

五、民國八十五年（西元1996年）

(1) 快樂童年／正傳公司

(2) 荒唐先生／智茂文化事業公司

(3) 大海來了／智茂文化事業公司

(4) 巨龍與芒果／信誼基金出版社

(5) 巧連環／信誼基金出版社

(6) 我長大了／信誼基金出版社

(7) 我真想看一下／智茂文化事業公司

(8) 我漂亮嗎？／智茂文化事業公司

(9) 夜晚合唱團／智茂文化事業公司

(10) 兩個好朋友／智茂文化事業公司

(11) 指甲花／信誼基金出版社

(12) 孩子的內心世界╱信誼基金出版社

(13) 膽小獅特魯魯╱信誼基金出版社

(14) 剪剪貼貼╱信誼基金出版社

(15) 排骨鼠和肥肥鼠╱信誼基金出版社

(16) 寶寶的第一本動物圖畫書╱上誼文化實業公司

(17) 台英世界親子圖畫書第一輯╱台灣英文雜誌

(18) 台英世界親子圖畫書第四輯╱台灣英文雜誌

(19) 快樂的小路╱信誼基金出版社

(20) 黑白村莊╱信誼基金出版社

(21) 世界繪本五大獎精選╱格林文化事業公司

(22) 好熱好熱犬日記╱大樹文化事業公司

(23) 美國國家地理雜誌兒童立體動動書╱迪茂國際出版
公司

(24) 流浪狗之歌╱大樹文化事業公司

(25) 心中的信╱國語日報社

(26) 現代寓言╱九歌出版社

(27) 了凡叔叔說故事╱和裕出版社

(28) 人生列車╱正中書局

(29) 爸爸的贈言╱正中書局

(30) 與孩子分享自然╱張老師文化事業公司

(31) 大畫家的小秘密╱青林國際出版公司

(32) 世界上最偉大的禮物╱漢藝色研文化事業公司

(33) 青少年的四個大夢╱爾雅出版社

(34) 與智慧有約╱正中書局

(35) 青春少年╱仁林文化出版企業公司

(36) 毒海無涯，戒是岸／聖書出版社

(37) 三十三天天外天／佛光出版社

(38) 山徑之旅／智庫文化公司

(39) 中外名人治學的故事／業強出版社

(40) 父母恩重難報經／和裕出版社

(41) 生涯設計師／張老師文化事業公司

(42) 生活資訊站／長圓圖書出版公司

(43) 台語詩詞選讀本／安可出版社

(44) 台灣三字經／安可出版社

(45) 台灣先住民腳印——十族文化傳奇／時報文化出版
公司

(46) 再生緣／慈濟文化出版社

(47) 百喻經〈上〉／和裕出版社

(48) 百戰英雄／幼獅文化事業公司

(49) 你知道嗎？／台灣先智公司

(50) 我為什麼要到美國讀書／大同資訊圖書出版社

(51) 告別毒品——嗑藥的孩子沒有明天／新苗文化事業
公司

(52) 青翠的福田／慈濟文化出版社

(53) 活出快樂／躍昇文化事業公司

(54) 體壇風雲人物／正中書局

(55) 方濟神父／光啟出版社

(56) 甘迺迪傳〈上〉〈下〉／月旦出版社

(57) 天無絕人之路／智庫文化公司

(58) 中國文化對談錄／書林出版公司

(59) 中國歷代偉人家訓集／世潮出版公司

(60) 西方不敗──一個打不倒的人／智庫文化公司

(61) 西點軍校領導魂／智庫文化公司

(62) 如何克服壓力／世茂出版社

(63) 如何活用幽默的技巧／世茂出版社

(64) 如何激勵自己／世茂出版社世茂出版社

(65) 如何擺平你的頭號敵人／世茂出版社

(66) 改造自己從心起／中央日報出版部

(67) 其實你真的聰明／天下文化出版公司

(68) 東方藝術欣賞／書林出版公司

(69) 易經人生哲理／頂淵文化事業公司

(70) 叔本華箴言錄／智慧大學出版社

(71) 相信就會實現／遠流出版公司

(72) 信心是什麼？／生命潛能文化事業公司

(73) 柴契爾夫人回憶錄（上）（下）／月旦出版社

(74) 個性與成才／新雨出版社

六、民國八十六年（西元1997年）

(1) 培根誓言錄／智慧大學出版社

(2) 教師的大愛／遠流出版公司

(3) 情緒與成才／新雨出版社

(4) 情歸故鄉　壹：總篇台灣地名探索／時報文化出版公司

(5) 動機與成才／新雨出版社

(6) 意志與成才／新雨出版社

(7) 興趣與成才／新雨出版社

(8) 衝出逆境／新雨出版社

(9) 邁向人生的坦途／新雨出版社

(10) 作個會說話的人／世茂出版社

(11) 棒呆了！老天疼我／光啓出版社

(12) 電腦叛客／天下文化出版公司

(13) 聖嚴法師心靈環保／正中書局

(14) 語言藝術妙趣百題／智慧大學出版社

(15) 輕鬆自我潛能開發法／世茂出版社

(16) 夢想，改造一生／天下文化出版公司

(17) 慧語流泉（二）／中華日報出版部

(18) 隨手小事立大功／生命潛能文化事業公司

(19) 聰訓齋語／中央日報出版部

(20) 二年仔孫悟空／小兵出版社

(21) 天才妹妹吃金魚／凱信出版事業公司

(22) 老榕樹／台灣省政府教育廳兒童讀物出版部

(23) 池塘媽媽／台灣省政府教育廳兒童讀物出版部

(24) 爬山樂／台灣省政府教育廳兒童讀物出版部

(25) 美的小精靈／台灣省政府教育廳兒童讀物出版部

(26) 積木馬戲團／台灣省政府教育廳兒童讀物出版部

(27) 中國傳家故事寶庫／迪茂國際出版公司

(28) 外星來的怪石／大千文化出版社

(29) 神仙學校／大千文化出版社

(30) 5月35日／天衛文化圖書公司

(31) 好兵帥克奇遇記／天衛文化圖書公司

(32) 辛巴達太空浪遊記／天衛文化圖書公司

(33) 兩朵玫瑰花／天衛文化圖書公司

(34) 爸爸菸城歷險記／天衛文化圖書公司

(35) 恐龍醜八怪／天衛文化圖書公司

(36) 俠盜與軍官／天衛文化圖書公司

(37) 小響馬／天衛文化圖書公司

(38) 九歌兒童書房第十五集／九歌出版社

(39) 九歌兒童書房第十六集／九歌出版社

(40) 大森林的小木屋／志文出版社

(41) 見晴山／國語日報社

(42) 作文的鳳頭與豹尾／國語日報社

(43) 城南舊事／迪茂國際出版公司

(44) 飛天小魔女／志文出版社

(45) 孤兒賴思慕流浪記／志文出版社

(46) 聰明的小狐狸／志文出版社

(47) 冒牌妹妹／智茂文化事業公司

(48) 怎樣修改作文／萬卷樓圖書公司

(49) 科學童話／愛智圖書公司

(50) 包公趕驢／民生報社

(51) 西班牙萬歲／民生報社

(52) 奶奶的傻瓜相機／民生報社

(53) 長著翅膀遊英國／民生報社

(54) 狗洞／民生報社

(55) 狼王夢／民生報社

(56) 第七條獵狗／民生報社

(57) 懲罰／民生報社

(58) 逆風飛翔——一個少女勇者的畫像／中唐志業公司

(59) 啊！荷葉上的露珠／爾雅出版社

(60) 每天的新太陽／張老師文化事業公司

七、民國八十七年（西元1998年）

(1) 做個飛翔的美夢／水雲齋文化事業公司

(2) 飛越雲端——衝破親情的迷霧／智庫文化公司

(3) 望鄉天使／號角出版社

(4) 被遺棄的星星／中唐志業公司

(5) 覓知音／爾雅出版社

(6) 溫馨故事／張老師文化事業公司

(7) 尋找自己／水雲齋文化事業公司

(8) 莎拉塔的圍城日記／智庫文化公司

(9) 與上帝合作的人／皇冠文學出版公司

(10) 寫生者／洪範書店

(11) 人間愉快／正中書局

(12) 下午茶／洪範書店

(13) 心靈的故鄉——與青少年談詩／業強出版社

(14) 心靈是一棵會開花的樹／幼獅文化事業公司

(15) 不可接受的證據／台灣中華書局

(16) 不信青春喚不回／新苗文化事業公司

(17) 不信溫柔喚不回／九歌出版社

(18) 找回快樂的心／張老師文化事業股份有限公司

(19) 男女方程式／幼獅文化事業公司

(20) 紀曉嵐傳奇／遠流出版事業股份有限公司

(21) 探索大地之心／張老師文化事業股份有限公司

(22) 期待一個城市／天下文化出版股份有限公司

(23) 鯨魚不快樂時／玉山社出版事業股份有限公司

(24) 鯤島探源／稻田出版有限公司

(25) 歡樂二十／幼獅文化事業公司

(26) 字之差／世一文化事業股份有限公司

(27) 燈塔 (11)／文經出版社有限公司

八、民國八十八年（西元1999年）

(1) 邊城／台灣商務印書館股份有限公司

(2) 金銀島／台灣商務印書館股份有限公司

(3) 海蒂／台灣商務印書館股份有限公司

(4) 湯姆歷險記／台灣商務印書館股份有限公司

(5) 野性的呼喚／台灣商務印書館股份有限公司

(6) 聖經故事／林鬱文化事業有限公司

(7) 新父女關係／寂天文化事業有限公司

(8) 少年H（上）（下）／小知堂文化事業有限公司

(9) 攀上心中的顛峰／水雲齋文化事業有限公司

(10) 對錯都是為了愛／水雲齋文化事業有限公司

(11) 風景／躍昇文化事業有限公司

(12) 活的單純　活的豐富／躍昇文化事業有限公司

(13) 活的輕鬆　活的精采／躍昇文化事業有限公司

(14) 神話小學／漢藝色研文化事業有限公司

(15) 他不笨，他是我朋友／正中書局股份有限公司

(16) 安徒生童話集〈中英對照〉／三久出版社

(17) 莎士比亞故事集I〈中英對照〉／三久出版社

(18) 莎士比亞故事集II〈中英對照〉／三久出版社

(19) 永是有情人／九歌出版社有限公司

(20) 人間有味是清歡／九歌出版社有限公司

(21) 不安的居住／九歌出版社有限公司

(22) 被一隻狗撿到／九歌出版社有限公司

(23) 霧漸漸散的時候／九歌出版社有限公司

(24) 五行無阻／九歌出版社有限公司

九、民國八十九年（西元2000年）

(1) 日不落家／九歌出版社有限公司

(2) 藍房子／九歌出版社有限公司

(3) 好度有度／九歌山版社有限公司

(4) 不能在教室問的問題／健行文化出版事業有限公司

(5) 古田足日著／健行文化出版事業有限公司

(6) 深情記事／健行文化出版事業有限公司

(7) 前進老台灣——郁永河採硫傳奇／河畔出版社

(8) 林肯大郡——一場刻骨銘心悲劇／富春文化事業股份有限公司

(9) 大自然的探索／富春文化事業股份有限公司

(10) 逛‧書／幼獅文化事業股份有限公司

(11) 安妮的故事／遠流出版事業股份有限公司

(12) 我與眾不同，創造不同／遠流出版事業股份有限公司

(13) 戰地靈光／遠流出版事業股份有限公司

(14) 生命是一場豐富之旅／遠流出版事業股份有限公司

(15) 寫出生命的彩虹／禹臨圖書股份有限公司

(16) 少年易經／漢藝色研文化事業有限公司

(17) 證嚴法師衲履足跡一九九九年秋之卷／慈濟文化出版社

(18) 證嚴法師衲履足跡二○○○年春之卷／慈濟文化出版社

(19) 心靈拼圖——看見生命的日出／商流文化事業有限公司

(20) 預約成功／商流文化事業有限公司

(21) 老師沒教的事／幼獅文化事業股份有限公司

(22) 好想交個朋友／幼獅文化事業股份有限公司

(23) 什麼樣的愛？——未婚懷孕少女的私密日記／幼獅文化事業股份有限公司

(24) 新戀愛世代／幼獅文化事業股份有限公司

(25) 星星屋／幼獅文化事業股份有限公司

(26) 東京鮮旅奇緣／青新出版社公司

(27) 東京日和／青新出版社公司

(28) 哈啦英語珮璉SHOW／青新出版社公司

(29) 永遠的北淡線／玉山社出版事業股份有限公司

(30) 福爾摩沙大旅行／玉山社出版事業股份有限公司

(31) 台灣歷史故事／玉山社出版事業股份有限公司

(32) 台灣民間故事／玉山社出版事業股份有限公司

(33) 導讀三國演義〈全八冊〉／養正堂文化事業股份有限公司

(34) 你不可不知的人性／水雲齋文化事業有限公司

(35) 我獨自走過中國／超越出版社

(36) 中國影戲與民俗／淑馨出版社

(37) 心情溫泉／博揚文化事業有限公司

(38) 生命書／多識界圖書文化有限公司

(39) 入侵台灣──烽火家國四百年／麥田出版股份有限公司

(40) 高僧小說系列（全四十冊）／法鼓文化事業股份有限公司

(41) 台灣姓氏源由／世峰出版社

(42) 賈德談人生──二十篇有關生命的故事／智庫股份有限公司

(43) 西西莉亞的世界／智庫股份有限公司

(44) 青蛙城堡／智庫股份有限公司

(45) 沒有肚臍的小孩／智庫股份有限公司

(46) 寫給青少年的──獨木舟／常民文化事業股份有限公司

(47) 寫給青少年的飛魚／常民文化事業股份有限公司

(48) 給女孩們──一生受用的話／新苗文化事業有限公司

(49) 邊陲東部／大地地理出版事業股份有限公司

(50) 守護家園／大地地理出版事業股份有限公司

(51) 台灣土地故事／大地地理出版事業股份有限公司

(52) 上天下地看家園（含探索手冊）／大地地理出版事業股份有限公司

(53) 攀峰／天下遠見出版股份有限公司

(54) 瑞秋‧卡森傳／天下遠見出版股份有限公司

(55) 情書──愛因斯坦與米列娃／天下遠見出版股份有

　　限公司

(56) 一頭栽進婆羅洲／天下遠見出版股份有限公司

(57) 土地倫理與九二一／前衛出版社

(58) 台灣歌謠追想曲／前衛出版社

(59) 台灣山林與文化反思／前衛出版社

(60) 躍昇的城市台北／前衛出版社

(61) 活著真好　輪椅巨人祈六新／天下遠見出版股份有限公司

(62) 美國課堂叢林戰　一位台灣老師的異國教學經驗／天下遠見出版股份有限公司

(63) 世說新語／國際少年村圖書出版社

(64) 官場現形記／國際少年村圖書出版社

(65) 台灣心女人／遠流出版事業股份有限公司

十、民國九十年（西元2001年）

(1) 在野台灣人／遠流出版事業股份有限公司

(2) 台灣史小事典／遠流出版事業股份有限公司

(3) 兄弟／遠流出版事業股份有限公司

(4) 人間天堂／遠流出版事業股份有限公司

(5) 白袍‧白杖／遠流出版事業股份有限公司

(6) 台北老地圖散步／大地地理文化科技事業股份有限公司

(7) 裨海紀遊新注／大地地理文化科技事業股份有限公司

(8) 凱旋瞬間古羅馬文明讚嘆／世潮出版有限公司

(9) 永恆涅槃古印度文明朝聖／世潮出版有限公司

(10) 把對手變成幫手！12項消弭衝突的技巧／世茂出版社

(11) 陳進興的故事／文經出版社有限公司

(12) 寧毀不銹──馬偕博士的故事／文經出版社有限公司

(13) 網路情人夢／宇宙光出版社

(14) 日子像首歌／宇宙光出版社

(15) 大人物小特寫／宇宙光出版社

(16) 北歐神話故事／星光出版社

(17) 希伯來神話故事／星光出版社

(18) 波斯神話故事／星光出版社

(19) 林麗琪的秘密花園／大樹文化事業股份有限公司

(20) 想通了就快樂／高寶國際集團

(21) 爵士樂／青林國際出版股份有限公司

(22) 巴赫／青林國際出版股份有限公司

(23) 貝多芬／青林國際出版股份有限公司

(24) 莫札特／青林國際出版股份有限公司

(25) 永遠的漂亮寶貝小巨人羅特列克／三民書局股份有限公司

(26) 思想與歌謠克利和他的畫／三民書局股份有限公司

(27) 蓮鄉白河步道／貓頭鷹出版社

(28) 用愛彌補──青少年法律常識／幼獅文化事業股份有限公司

(29) 現代方舟25年／大書文化事業股份有限公司

(30) 發明之母／允晨文化實業股份有限公司

(31) 數學奇觀／九章出版社

(32) 環境與生態漫談／業強出版社

(33) 聽，水在說話／書泉出版社

(34) 少年的煩惱／幼獅文化事業股份有限公司

(35) 成功人生／業強出版社

(36) 如何參觀美術館／雄獅圖書股份有限公司

(37) 吸血鬼／時報文化出版企業股份有限公司

(38) 快樂走過成長路／幼獅文化事業股份有限公司

(39) 佛洛伊德／時報文化出版企業股份有限公司

(40) 認識自己／幼獅文化事業股份有限公司

(41) 維京人／時報文化出版企業股份有限公司

(42) 點燈／萬象圖書股份有限公司

(43) 龐貝／時報文化出版企業股份有限公司

（四）1991年明道文藝雜誌社編訂中學生必讀書目及推薦書目

1. 必讀好書

類別	書　　　名	作　　　者	出　版　社
小說	張愛玲小說集	張愛玲	皇冠
	城南舊事	林海音	爾雅、純文學
	荒原	司馬中原	皇冠
	鐵漿	朱西寧	三三書坊
	台北人	白先勇	爾雅
	鑼	黃春明	皇冠
	遊子魂組曲	張系國	洪範書店
	未央歌	鹿橋	商務印書館
	千江有水千江月	蕭麗紅	聯經
	停車暫借問	鍾曉陽	三三書坊
	油麻菜籽	廖輝英	皇冠
	少年阿辛	蕭颯	九歌
	圍城	錢鍾書	書林
	邊城	沈從文	金楓
	芙蓉鎮	古華	遠流
	棋王、樹王、孩子王	阿城	新地
	公寓導遊	張大春	時報
	慈悲的滋味	黃凡	聯經

• 書籍是老年人的益友，也是青年人的良師。 （英）斯邁爾斯

類別	書　　　　名	作　　　　者	出　版　社
小說（無標題）	蛹之生	小野	遠流
	特別的一天	吳念真	遠流
	我記得……	朱天心	遠流
	森林三部曲	保真	遠流
	滾滾遼河	紀剛	純文學
	年度小說選		爾雅
散文	朱自清全集	朱自清	船塢書坊
	徐志摩全集	徐志摩	文化圖書公司
	雅舍小品	梁實秋	正中書局
	三更有夢書當枕	琦君	爾雅
	碎琉璃	王鼎鈞	作者自印
	左心房漩渦	王鼎鈞	爾雅
	小太陽	子敏	純文學
	陳之藩散文集	陳之藩	遠東
	記憶像鐵軌一樣長	余光中	洪範書店
	葉珊散文集	楊牧	洪範書店
	撒哈拉的故事	三毛	皇冠
	我在	張曉風	爾雅
	今宵酒醒何處	蔣勳	爾雅
	農婦	吳晟	洪範書店
	蝴蝶樹	喻麗清	爾雅

類別	書　名	作　者	出　版　社
	杏林小記	劉俠	九歌
	把愛還諸天地	陳幸蕙	九歌
	緣起不滅	張曼娟	皇冠
	花木蘭	西西	洪範書店
	在溫暖的土地上	陳義芝	洪範書店
	黑色的部落	古蒙仁	時報
	寶瓶菩提	林清玄	九歌
新詩	晚景	紀弦	爾雅
	鄭愁予詩集	鄭愁予	洪範書店
	白玉苦瓜	余光中	大地
	無怨的青春	席慕蓉	大地
	因為風的緣故	洛夫	九歌
	剪成碧玉葉層層	張默	爾雅
	青少年詩國之旅	蓉子	業強
	我存在　因為歌　因為愛	鄧禹平	純文學
	向孩子說	吳晟	洪範書店
	驚心散文詩	蘇紹連	爾雅
	歷史的騷味	簡政珍	尚書
	1990	林耀德	尚書
	單身日記	林彧	希代
	年度詩選		爾雅

- 書籍是橫渡時間大海的航船。（英）法蘭西斯‧培根

類別	書　　　名	作　　　者	出　版　社
翻譯	莎士比亞全集	梁實秋譯	遠東
	傲慢與偏見	珍‧奧斯汀	志文
	美麗新世界	赫胥黎	志文
	湖濱散記	梭羅	台灣英文
	白鯨記	梅爾維爾	志文
	鹿苑長春	勞玲絲	書華
	老人與海	海明威	志文
	頑童流浪記	馬克吐溫	台灣英文
	人鼠之間	史坦貝克	台灣英文
	推銷員之死	阿瑟密勒	台灣英文
	莫泊桑短篇全集	莫泊桑	志文
	約翰‧克利斯朵夫	羅曼羅蘭	書華
	人性枷鎖	毛姆	志文
	小王子	聖德修伯里	水牛
	罪與罰	杜思妥也夫斯基	志文
	戰爭與和平	托爾斯泰	志文
	齊瓦哥醫生	巴斯特納克	志文
	唐吉訶德	塞萬提斯	書華
	天地一沙鷗	李查‧巴哈	晨星
	希臘羅馬神話	愛笛絲‧赫米爾敦	志文

類別	書　名	作　者	出　版　社
心理、勵志、傳記	青年的四個大夢	吳靜吉	遠流
	青年的煩惱與出路	張春興	台灣東華
	新人生觀	羅家倫	業強
	朱光潛修養三書	朱光潛	晨星
	開放的人生	王鼎鈞	爾雅
	苦澀的成長	朱炎	爾雅
	緣與命	王邦雄	漢光文化公司
	人生書簡	曾昭旭	漢光文化公司
	走向成功人生	傅佩榮	業強
	超越自己	劉墉	作者自印
	人生之旅	王逢吉	業強
	閃亮的生命	蔡文甫	九歌
	青春筆記	黃明堅	爾雅
	窗邊的小荳荳	黑柳徹子	小暢書房
	我的第一步	梁實秋等	時報
	我們走過的路	梅新主編	中央日報
	四十自述	胡適	遠東
	林語堂傳	林太乙	聯經
	孫運璿傳	楊艾俐	天下雜誌社
	蘇東坡新傳	李一冰	聯經
	勞生自述	劉真	中華書局

• 書籍是屹立在時間汪洋大海中的燈塔。（美）惠普爾

類別	書　　名	作　　者	出　版　社
	居禮夫人傳	伊芙・居禮	志文
	梵谷傳	伊爾文・史東	大地
	史懷哲傳	哈格頓等	志文
歷史、地理、遊記	從價值系統看中國文化的現代意義	余英時	時報
	歷史的藥鋤	羅龍治	時報
	赫遜河畔談中國歷史	黃仁宇	時報
	古人今談	龔弘	九歌
	西洋歷史一百講	李永熾	國語日報
	尋找老台灣	馬以工	時報
	台灣土地傳	劉還月	台原
	自然之美	馬以工	行政院文建會
	有情山水無窮遊	光華編輯部	光華畫報雜誌社
	在我們的土地上	韓韓	自立晚報
	回首大地	心岱	躍昇文化公司
	台灣特殊地理景觀	王鑫	文建會
	天空最後的英雄	劉克襄	時報
	走過中國大地	梁丹丰	聯經
	南京	鄧天德	幼獅文化公司
	我的家在高原上	席慕蓉	圓神
	青藏高原的誘惑	陳若曦	聯經

類別	書　　名	作　　者	出　版　社
	天涯若比鄰	美國國家地理協會	桂冠圖書公司
	馬中欣天涯歷險	馬中欣	駿馬
	古文觀止	謝冰瑩等編	三民書局
古籍、詩詞、戲曲	唐詩三百首	辛農重編	地球
	先秦文學導讀	吳宏一編著	桂冠
	東萊博議	呂祖謙	星光
	中國古典文學賞析精選	鄭騫	時報
	中國歷代詩人選集	劉逸生主編	遠流
	世說新語	劉義慶	頂淵
	菜根譚	洪自誠	頂淵
	浮生六記	沈復	漢風
	幽夢影	張潮	河畔
	西廂記	王實甫	華正書局
	不朽的家書	奚敏芳編著	台視文化公司
	詩林散步	黃永武	九歌
	詞人之舟	琦君	純文學
	晚鳴軒愛讀詞	葉慶炳	九歌
	歷代詩詞名句析賞探源	呂自揚編	河畔
	唐宋詞名作析評	陳弘治	文津
	元人散曲選詳註	曾永義、王安祈	學海

類別	書 名	作 者	出 版 社
古典小說	三國演義	羅貫中	聯經
	水滸傳	施耐庵	三民書局
	西遊記	吳承恩	三民書局
	紅樓夢	曹雪芹	三民書局
	聊齋	蒲松齡	桂冠
	儒林外史	吳敬梓	聯經
	鏡花緣	李汝珍	聯經
	七俠五義	石玉崑	三民書局
	官場現形記	李寶嘉	文化
	老殘遊記	劉鶚	桂冠
文學論述	人間詞話	王國維	金楓
	經典常談	朱自清	大夏
	文心雕龍語譯	孟瑤　語譯	明道文藝社
	文學常談	吳宏一	聯經
	古今名人讀書法	張明仁編	台灣商務印書館
	與青年朋友談治學	繆鉞等著	國文天地雜誌社
	西洋文學導讀	朱立民、顏元叔	巨流
	苦悶的象徵	廚川白村	晨星
	隱地看小說	隱地	爾雅

類別	書　　名	作　　者	出　版　社
創作方法	小說經驗	黃武忠	富春
	從莎士比亞到上田秋成	張錯	聯經
	從徐志摩到余光中	羅青	爾雅
	現代中國繆司	鍾玲	聯經
	有趣的中國字	楊振良	國文天地
	字句鍛鍊法	黃永武	洪範書店
	成語出迷宮	梅新　主編	中央日報
	文學種籽	王鼎鈞	明道文藝社
	講理	王鼎鈞	大地
	馳騁在思路上	郭麗華	中央日報
	中學生當場作文四十問	上海教師	國文天地
藝術	巨匠之足跡	賴傳鑑	雄獅圖書公司
	天才之悲劇	賴傳鑑	雄獅圖書公司
	羅丹藝術論	羅丹　口述	雄獅圖書公司
	美的歷程	李澤厚	金楓
	中國美術之旅	莊伯和	雄獅圖書公司
	民間美術巡禮	莊伯和	雄獅圖書公司
	藝林書畫趣談	劉暢　編著	星光
	為建築看相	漢寶德	明道文藝社
	書道藝術	莊伯和　編譯	藝術圖書公司
	篆刻藝術	王北岳	漢光文化公司

• 優秀書籍是一個民族最可寶貴的財富。（美）惠普爾

類別	書　名	作　者	出　版　社
	根源之美	莊申　編著	東大圖書公司
	中國畫人傳	橫川毅一郎	雄獅圖書公司
	藝術欣賞與人生	李霖燦	雄獅圖書公司
	從電影看人生	曾昭旭	漢光文化公司
	說舞	林懷民	遠流
	天籟的傳釋者	晨曦　編著	駿馬
科　學	中國古代科學的探索	劉昭民　等	光復書局
	基礎科學	竹內均	牛頓
	物理學的進化	郭沂　譯註	水牛
	物理定律集	王國銓	銀禾
	基本粒子的對話		凡異
	鉅觀與微觀	豬木正文	長堤
	愛因斯坦的時空觀念	游漢輝	台灣商務印書館
	我能，你也能	王贛駿	聯經
	神奇的大自然	大衛‧艾登堡	桂冠
	地球生態史	大衛‧艾登堡	桂冠
	所羅門王的指環	康樂‧勞倫茲	台灣東方
	寂靜的春天	溫繼榮、李文蓉　合譯	大中國
	吃的科學觀	安德爾‧戴維絲	世界文物
	圖解科學大辭典	陳國成編	華文圖書

類別	書　　　名	作　　　者	出　版　社
	現代科技大百科		牛頓
	大英科技百科全書		光復書局

2.推薦書目

類別	書　　　名	作　　　者	出　版　社
小 說	蓮漪表妹	潘人木	純文學
	貓臉的歲月	顧肇森	九歌
	寒夜三部曲	李喬	遠景
	朱門	林語堂	遠景
	笠山農場	鍾理和	遠景
	送報伕	楊逵	遠景
	蓬萊誌異	宋澤萊	遠景
	秋葉	歐陽子	爾雅
	昨日之怒	張系國	洪範書店
	魯迅	魯迅	光復書局
	香格里拉	王禎和	洪範書店
	人子	鹿橋	遠景
	黑面慶仔	洪醒夫	爾雅
	試管蜘蛛	小野	遠流
	秧歌	張愛玲	皇冠

- 書籍是偉大天才留給人類的遺產。 （美）愛迪生

類別	書　　　名	作　　　者	出　版　社
	異域	鄧克保	星光
	曾經	愛亞	爾雅
	等待春天	楊小雲	九歌
	有緣千里	蘇偉貞	洪範書店
	姻緣路	蔣曉雲	聯經
	家變	天文興	洪範書店
散 文	空山雲影	粟耘	林白
	白雪少年	林清玄	九歌
	交會時互放的光亮	陳幸蕙	爾雅
	江湖人物	亮軒	漢藝色研文化公司
	玉想	張曉風	九歌
	青青子衿	陳曉林	時報
	北大荒	梅濟民	星光
	歲月就像一個球	劉靜娟	爾雅
	文學中的女人	謝鵬雄	九歌
	成長的痕跡	席慕蓉	爾雅
	螢窗隨筆	劉墉	星光
	遙遠	林文月	洪範書店
	永遠	黃武忠	文經
	凡夫俗子	袁則難	爾雅
	喜歡	愛亞	爾雅

120

類別	書名	作者	出版社
	海水天涯中國人	王鼎鈞	爾雅
	太陽神的女兒	蕭蕭	九歌
	燈景舊情懷	琦君	洪範書店
	代馬輸卒手記	張拓蕪	爾雅
	世緣瑣記	言曦	爾雅
	柏克萊精神	楊牧	洪範書店
	含淚的微笑	許達然	遠景
	百年相思	張曼娟	皇冠
	關於溫柔的消息	沈花末	圓神
新詩	余光中詩選	余光中	洪範書店
	有人	楊牧	洪範書店
	怎樣讀新詩	黃維樑	五四書店
	中國新詩賞析（四冊）	李豐楙、林明德 等著	長安
	白萩詩選	白萩	三民
	小詩三百首（二冊）	羅青 編	爾雅
	有一條永遠的路	羅門	尚書
	豹	辛鬱	漢光文化公司
	大陸當代詩選	洛夫・李元洛 編	爾雅
	小詩選讀	張默 編	爾雅
	瘂弦詩集	瘂弦	洪範書店

- 書籍使我們從死寂的空虛世界，看到一個生氣勃勃的世界的一線光明。（俄）高爾基

類別	書　　　名	作　　者	出　版　社
	吃西瓜的方法	羅青	幼獅文化公司
翻譯	伊利亞圍城記	荷馬	聯經
	奧德修返國記	荷馬	聯經
	源氏物語	紫式部	遠景
	羅生門	芥川龍之介	遠景
	麥田捕手	沙林傑	水牛
	蒼蠅王	威廉·高汀	志文
	異鄉人	卡繆	志文
	野性的呼喚	傑克·倫敦	台灣英文
	印度之旅	佛斯特	書華
	織工馬南傳	喬治·哀利奧特	大地
	雪鄉、千羽鶴、古都	川端康成	志文
	契訶夫短篇小說選	契訶夫	志文
	忘憂谷	雨涵	文經社
心理、勵志、傳記	人生點線面	陳火泉	九歌
	人生光明面	皮爾博士	純文學
	愛、生活與學習	利奧·巴士卡力	晨星
	羅蘭小語（四冊）	羅蘭	作者自印
	反敗為勝	艾科卡·諾華克	經濟與生活
	善用一點情	顏元叔	九歌
	弘一大師傳	陳慧劍	東大

類別	書　　名	作　　者	出　版　社
	給女孩的信	孟瑤	晨星
	年輕人的感情世界	張春興　主編	桂冠
	生活的藝術	林語堂	遠景
	認識自己	子敏	幼獅文化公司
	富蘭克林傳	尹雪曼	中華日報
	人生試金石	王鼎鈞	作者自印
	我們現代人	王鼎鈞	作者自印
	和諧人生	子敏	純文學
	螢窗小語（全七冊）	劉墉	作者自印
	點一盞心燈	劉墉	作者自印
	人生問卷	傅佩榮	洪健全文化基金會
	開拓心靈的世界	傅佩榮	業強
	改變一生的一句話	林清玄	圓神
	寫給青年朋友	梁實秋	正中書局
	叫太陽起床的人	王永慶等	正中書局
	克難苦學記	沈宗翰	正中書局
	狂飆英雄的悲劇	羅龍治	時報

• 最珍惜書籍的人，本身就是最聰明的人。（美）愛默生

類別	書　名	作　者	出　版　社
歷史、地理、遊記	雍正的第一滴血	張大春	時報
	老台灣	陳冠學	東大
	河殤	蘇曉康、王魯湘	金楓
	中國史學名著	錢穆	三民
	萬曆十五年	黃仁宇	食貨
	菊花與劍	潘乃德	桂冠
	吾國與吾民	林語堂	遠景
	中國歷史精神	錢穆	東大
	中國人的故事	夏雨人	東大
	史學與傳統	余英時	時報
	國史大綱	錢穆	商務印書館
	回首看台灣	劉還月	漢光文化
	台灣河流湖泊瀑布	石再添　主編	交通部觀光局
	大地反撲	心岱	時報
	西行采風誌	楊允達	幼獅文化
	非洲獵奇	吳炫三	時報
	三峽	賴君勝等	遠流
	淡水	王智平	遠流
	台北歷史散步	莊展鵬等	遠流
	台灣特殊地形景觀	王鑫　主編	交通部觀光局
	幾番踏出阡陌路	馬以工	時報

類別	書　　名	作　　者	出　版　社
	台灣鳥類研究	劉克襄	聯經
	孔子家語	王肅　注	中華書局
	幼學故事瓊林	程允升	北一
	中國兵法上下冊	姜亦青　校訂	聯亞
古籍、詩詞、戲曲	不朽的座右銘	奚敏芳　編注	台視文化公司
	國學精粹		哲志
	晚鳴軒愛讀詩	葉慶炳	九歌
	喜怒哀樂	顏崑陽	故鄉
	春夏秋冬	龔鵬程	故鄉
	青紅皂白	蕭水順	故鄉
	愛恨生死	蔡英俊	故鄉
	落日照大旗	何寄澎	故鄉
	花落又關情	陳啓佑	故鄉
	中國歷代經典寶庫	高上秦　編著	時報
	中國詩學	黃永武	巨流
	詩經欣賞與研究	糜文開、裴普賢	三民
	芳草長亭路	呂正惠	故鄉
	詩話・話詩	謝霏霏	業強
	長生殿	洪昇	華正
	牡丹亭	湯顯祖	華正
	抒情詩葉	黃永武	九歌

類別	書　　名	作　　者	出　版　社
	月是故鄉明	顏崑陽	故鄉
古典小說	中國小說史（四冊）	孟瑤	傳記文學
	閱微草堂筆記	紀昀	大中國
	兒女英雄傳	文康	三民
	今古奇觀	抱甕老人	聯廣文化公司
	二十年目睹之怪現狀	吳沃堯	桂冠
	東周列國志	馮夢龍	三民
	孽海花	曾樸	廣雅
	搜神記	干寶	世界
	笑談西遊記	姚詠蕚	時報
	珊瑚撐月	鄭明娳	漢光文化
	石頭渡海	康來新	漢光文化
	水滸傳的來歷、心態與藝術	孫述宇	時報
文學論述、寫作方法	古典文藝美學論稿	張少康	淑馨
	文學心理學	魯樞元　等編	新學識
	文學的源流	楊牧	洪範書店
	文學的前途	夏志清	純文學
	文學因緣	梁實秋	時報
	戲劇與文學	姚一葦	聯經
	詩與美	黃永武	洪範書店
	文藝心理學	朱光潛	開明書店

類別	書　　名	作　　者	出　版　社
文學論述、寫作方法	現代詩入門	蕭蕭	故鄉
	文學與修養	吳宏一	聯經
	讀書與賞詩	黃光武	洪範書店
	中國三大詩人新論	黃國彬	洪範書店
	中國新詩研究	瘂弦	洪範書店
	文學經驗	顏元叔	學生書局
	寫作方法一百例	劉勵操	國文天地
	中學生作文例話	張定遠、程漢杰	國文天地
	掌上雨	余光中	時報
	迦陵談詞	葉嘉瑩	純文學
	文彩風流今尚存	鄭圓鈴	光復書局
	案頭山水之勝景	沈謙	尚友
	現代學人散記	胡有瑞	爾雅
	黃秋芳隨訪錄	黃秋芳	希代
藝術	亨利摩爾藝術全集	藝術家雜誌主編	藝術圖書公司
	雕刻	高玉珍	國立歷史博物館
	藝術的興味	吳道文	東大
	青少年音樂入門	邵義強　譯	全音樂譜
	認識電影	焦雄屏　譯	遠流
	世界電影史	陳衛平　譯	中華民國電影圖書館

類別	書　　　名	作　　者	出　版　社
	日本電影名片手冊	洪美華　編	故鄉
	台灣新電影	焦雄屏　編著	時報
	台灣出土人物誌	謝里法	台灣文雜誌社
	美學的散步	宗白華	洪範書店
	傳統建築手冊	林會承	藝術圖書公司
	美感與造形	郭繼生　主編	聯經
	中國古代服飾研究	沈從文　編著	南天
	華夏之美（四冊）	何寄澎　主編	幼獅文化公司
	書院教育與建築	王鎮華	故鄉
	風情與文物	漢寶德	九歌
	談建築說空間	黃湘娟	雄獅
	國畫進階	周千秋、梁粲纓	藝術圖書
	現代攝影	鄭國裕　編著	藝風堂
	當代攝影大師	阮義忠	雄獅
	審美生活	楚戈	爾雅
	馬森戲劇論集	馬森	爾雅
	曼紐因談藝錄	羅賓·丹尼斯	大呂
	大悲與大愛	林清玄	駿馬

類別	書　　　名	作　　　者	出　版　社
科 學	物理定律的特性	Richard Feynman	台灣中華書局
	相對論趣談	王國銓	銀禾文化
	光芒萬丈	翁武忠	徐氏基金會
	偶然與必然	傑克・莫諾	鴻文
	科學與聖經衝突嗎？	P. T. Pan	校園書房
	達爾文物種原始精義	孫克勤　譯	台灣省立博物館
	生命的誕生	朱耀沂　校審	南天
	看漫畫學遺傳	陳文盛、曹碧如　譯	華香園
	雙螺旋線	James D. Watson	今白世界社
	化學趣談100則	黃經良	牛頓
	科學家列傳		牛頓
	一百分媽媽	馬以工	十竹書屋

資料來源：明道文藝雜誌社。1991年5月編訂

（五）中國大陸教育部規定初中與高中必讀書目

1. 初中必讀名著十部：

　　(1) 施耐庵——水滸傳

　　(2) 吳承恩——西遊記

　　(3) 魯迅——朝花夕拾

　　(4) 老舍——駱駝祥子

　　(5) 冰心——繁星、春水

　　(6) 狄福（英國）——魯賓遜漂流記

　　(7) 喬納森‧斯威夫特（英國）——格列佛遊記

　　(8) 羅曼‧羅蘭（法國）——名人傳

　　(9) 馬克西姆‧高爾基（俄國）——童年

　　(10) 尼‧奧斯特洛夫斯基（俄國）——鋼鐵是怎樣煉成
　　　　 的

2. 高中必讀名著二十部：

　　(1) 論語

　　(2) 羅貫中——三國演義

　　(3) 曹雪芹——紅樓夢

　　(4) 魯迅——吶喊

　　(5) 郭沫若——女神

　　(6) 茅盾——子夜

　　(7) 巴金——家

　　(8) 曹禺——雷雨

　　(9) 錢鍾書——圍城

　　(10) 朱光潛——談美

(11)莎士比亞（英國）──哈姆雷特

(12)塞萬提斯（西班牙）──唐吉軻德

(13)愛克曼（德國）──歌德談話錄

(14)雨果（法國）──巴黎聖母院

(15)巴爾札克（法國）──歐也妮‧葛朗台

(16)狄更斯（英國）──匹克威克外傳

(17)托爾斯泰（俄國）──復活

(18)普希金（俄國）──普希金詩選

(19)海明威（美國）──老人與海

(20)泰戈爾（印度）──泰戈爾詩選

資料來源：宋裕《提升語文能力的途徑》

（六）中學生閱讀排行榜

《最後十四堂星期二的課》最紅

　　鼓勵學生閱讀的教育部「中學生網站」去年九月五日開站以來，瀏覽人次超過130萬，昨天舉辦活動成果發表，並公布中學生最愛的中文作家是侯文詠、最愛的外國作家是米奇‧艾爾邦，最愛閱讀的書是《最後十四堂星期二的課》（米奇‧艾爾邦著）。

　　為提升中學生閱讀風氣，教育部去年九月和「博客來網路書店」合作開設新版「中學生網站」，並與38家雜誌社合作，辦理過期雜誌贈送計畫，去年十一月至今，已送出23萬本雜誌到全台1萬多個班級，受惠學生約45萬名。

　　「中學生網站」是全國70萬名中學生「閱讀與研究活動」的入口網站，開站迄今，已有29087人註冊、13萬9千

餘人瀏覽，平均每天約6297人次。為培養學生閱讀及寫作習慣，還舉辦跨校網路讀書會、讀書心得和小論文寫作比賽活動，去年十一月到目前為止，讀書心得投稿9582篇，小論文3576篇。

　　在跨校網路讀書會方面，教育部根據中學生網站統計資料分析出中學生最愛的TOP 10中文作家，依序是侯文詠、曹雪芹、賴東進、余秋雨、李家同、戴晨志、劉墉、吳淡如、蘇絢慧、張愛玲。最愛的TOP 10外國作家，排名第一的是米奇‧艾爾邦（作品《最後十四堂星期二的課》，《哈利波特》作者J.K羅琳排名第六，《達文西密碼》作者丹‧布朗排名第七。

　　中學生最愛閱讀排行榜中，排名第一是《最後十四堂星期二的課》，其次是《少年小樹之歌》、《紅樓夢》、《乞丐囝仔》、《在天堂遇見的五個人》、《危險心靈》等。

（資料來源：95.03.30《中國時報》）

閱讀與寫作的連結

一、閱讀心得寫作

◎老師指導閱讀心得寫作

1. 書名：　　　　　　　　　　報告人：

2. 作者：

3. 出版者：

4. 出版時間：

5. 摘要：

6. 佳句：

7. 心得：

◎學生分享閱讀心得作品

1. **書名**：臺北人　　　報告人：劉奕麟
2. **作者**：白先勇
3. **出版者**：爾雅出版社
4. **出版時間**：2002年2月20日　典藏版初版
5. **摘要**：（因本書爲短篇小說集，故擇一篇撰寫摘要）

　〈一把青〉

　　偉成爲空軍十一大隊的大隊長，他有一個得意門生名叫郭軫，是個到過美國受訓的英俊少年。時常到老師家作客的他，有一天突然說他愛上了一位中學生，並答應下次要帶來給老師、師母瞧瞧。這個女生名叫朱青，是位單瘦的黃花閨女，性情靦腆。沒想到後來郭軫追求的手段越來越誇張，甚至連小隊長的職務都弄丟了，偉成也就乾脆促成他們的婚事了。但好景不常，新婚後不久戰事爆發，偉成和郭軫被派去東北。朱青難以接受這個事實，日日茶不思飯不想，期盼郭軫的身影出現在家門，然而事與願違，不久竟傳來郭軫爲國捐軀的噩耗。師母雖然很想幫助朱青，但她卻自我放棄，不久朱青的父母便把她接走了。

　　幾年後師母遷來台北，有一天在一個眷村的聯歡晚會上聽著一個打扮入時、身材妖嬈的女人唱著〈東山一把青〉，沒想到這個人唱完歌後下台叫了她聲：師娘！她是朱青。因在空軍康樂隊待過一陣子所以會唱歌，而她豐圓了的身材和充滿風情的雙眼自然吸引了好幾個軍中小夥子圍在身邊，其中一個叫小顧，和朱青很親近，他們都是朱青的牌友。從那之後她常常找師母和那幾個小夥子到家中

打牌、吃飯，打打鬧鬧的大家也頗開心。沒想到不久後師母聽到小顧出事的消息，急急忙忙招了三輪車往朱青家去，沒想到朱青仍和平常一樣準備著飯菜，師母本想探探她的心情，朱青卻先開了口：「小顧出事了，他在台灣沒家人，我幫他處理好後事了！」「師娘您來嚐嚐看這道菜可夠味了沒有？」師母雖自認人生閱歷比較豐富，但此時也想不出什麼話可以安慰朱青了。

6. 佳句：

第56頁：「宋家阿姊，『人無千日好，花無百日紅』，誰又能保得住一輩子享榮華、受富貴呢？」

第152頁：當我走到園子裡的時候，卻赫然看見那百多株杜鵑花，一毬堆著一毬，一片捲起一片，全都爆放開了。好像一腔按捺不住的鮮血，猛地噴了出來，灑的一園子斑斑點點都是血紅血紅的，我從來沒看見杜鵑花開的那樣放肆、那樣憤怒過。

第273頁：竇夫人回轉身，便向那露台走了上來，錢夫人看見塊白披肩，在月光下像朵雲似的簇擁著她。一陣風掠過去，周遭的椰樹都沙沙的鳴了起來，把竇夫人身上那塊大披肩吹得姍姍揚起，錢夫人趕忙用手把大衣領子鎖了起來，連連打了兩個寒噤，剛才滾熱的面腮，吃這陣涼風一逼，汗毛都張開了。

7. 心得：

《臺北人》讀來沒有很強烈、激動的情緒，有些清淡

卻令人印象深刻。我雖然沒有活在那個年代，但可以讀出那年代人們的心情；一種很特別的心情，因為戰亂而產生的心情。其中大部分的人都難以忘懷從前的狀態，和平的年代、富足又幸福，這群人不分社會地位、不管行為還是心態都無比渴望回到過去，有〈永遠的尹雪艷〉中的尹雪艷，〈梁父吟〉中的樸公。一部分的人雖懷念過去也能接受現實，雖常常提起故鄉、無法完全忘懷去世的親人，或過去風光的日子，但還得在這新城市好好活下去，有〈花橋榮記〉中的老闆娘，〈一把青〉的師娘，〈金大班的最後一夜〉之金大班。少許的人可以斬斷過去，這些人不是沒有過去，但理性迫使他們忘卻過去完全接受現實，有〈冬夜〉中的邵子奇，還有一些人沒有過去，因為在台灣長大。

　　我能夠感受到這些角色間的不同，是因為作者對於描寫人物很用心，舉手頭足間、言語交談中都在在透露了這個角色的心境和個性，例如令我印象深刻的金大班，其中有一段描述：「娘個冬采！金大班走進化妝室把手皮包豁啷一聲摔到了化妝檯上，一屁股便坐在一面大化妝鏡前，狠狠的啐了一口。好個沒見過世面的赤佬！左一個夜巴黎，右一個夜巴黎。說起來不好聽，百樂門裡那間廁所只怕比夜巴黎的舞池寬敞些呢，童德懷那副嘴臉在百樂門裡掏糞坑未必有他的份。」這段話生動的寫出金大班那副自傲的嘴臉、潑辣的神情，還有那份對百樂門的懷念，就這樣幾個字讓我認識了金大班。其他各具特色的角色也不例外。另外值得一提的是：許多角色來自不同省城，作者使

用不同口音的描寫使一形象讓我不得不注意，也讓他們在我心中的影像鮮活起來。

　　梁啟超曾說過「小說不是雕蟲小技！小說不是茶餘飯後的風花雪月！小說是國民之魂！」的確！我在《臺北人》中感受到了國民之魂，那個時代的國民之魂，他們勇敢度過朝代間的接縫，雖然他們苦悶、矛盾、眷戀，仍和歷代的人們一樣努力度過了，因為不管什麼時代，舊時王謝堂前燕，總會飛入尋常百姓家。

◎我的閱讀心得

最近我才看完了一本書，我的閱讀心得如下：

我的閱讀心得

二、由閱讀而產生寫作靈感

（一）無私無我的人生觀

　　時代的轉變越快，被人們忽略的史實越多，正當環境保護、生態平衡唱得高入雲霄，大家提倡生活教育、人文教育，人們迷惘不知何去何從的時候，我們不妨回過頭看看過去劃破歷史夜空，璀璨輝煌的哲人生命光輝，讓我們從他們的話語當中找尋我們需要的答案。

　　因此，今天我特別要向大家介紹張載的生平和人生觀，爲的是要讓這一位先儒的人格道德、高瞻遠矚，能夠以一種更鮮明、更深刻的影像留存在每個人的心裡。更希望能夠轉變爲大家生活中生命上的力量。

　　根據史實的記載，張載字子厚，世爲太梁人，生於宋真宗景德年間，死於宋神宗熙寧十年，享年五十八歲。

　　他早年喪父，兄弟都很幼小，不能返太梁，於是就僑居在鳳翔橫渠鎮。因此，後世尊稱他爲「橫渠先生」。

　　成長於貧困的家庭，風霜雨雪的洗禮陶鑄了他堅強的人生信念。少年時候的他，才志縱橫，抱負遠大，喜歡談論兵事。十八歲，慷慨激昂地以功名自許，上書謁見范仲淹。范仲淹看他年輕氣盛，就送給他《中庸》，要他好好地讀。

　　橫渠先生深受影響，竟然棄兵而志於道，讀完《中庸》，覺得不夠，於是努力鑽研「六經」，頗有心得，就開始在京師講受《易經》。聽講的人很多。有一天晚上，當

他跟二程論學後，自嘆不如，於是收起攤子，不敢再講授。

三十七歲，他考上進士，派爲雲巖縣令。五十歲被推薦到崇文院說書，論王安石的新法，不合而去。閉門隱居在南山下，整天埋頭書案，在浩瀚無涯的學海裡，苦讀深思，遇有所得就記下來，常常在夜深人靜時仍然秉燭而讀，因此得了肺病。五十七歲因呂汲公的推薦，奉詔爲同知太常禮院，隔年，因其道不行，就遞上了辭呈返回家鄉。半途上病發，抵達潼關沐浴更衣後就寢，隔天早上門人發現他已死於床上。一代哲人就此長眠於涪州。

橫渠先生氣質剛毅，容貌莊肅，跟人相處，平易近人。他的著作有〈東銘〉、〈西銘〉、〈正蒙〉、〈經學理窟〉、〈易說〉、〈語錄抄〉、〈文集抄〉、〈性理拾遺〉等，全部收於《張子全書》。

綜觀他的學說，在於尊禮貴德、樂天安命，以易爲宗，以中庸爲體，以孔孟爲法，罷黜怪妄，明辨鬼神，有「宇宙天體良能論」、「氣體性用的性情論」。其中尤以〈西銘〉一文最受學者推崇，是橫渠先生有關人生觀的代表作。

〈西銘〉全文只有二百五十三字，然而寓意深遠，筆力萬鈞，先花妙筆，波瀾壯闊。橫渠先生篤志好禮，是關中讀書人的宗師。他曾經在學堂牆上的窗戶兩邊，左邊書寫一文爲「砭愚」，右邊也書寫一文名「訂頑」。後來程伊川先生改「訂頑」爲「西銘」，「砭愚」爲「東銘」。這兩銘雖然都是同一時期所作，然而兩銘的詞義、氣象、淺

深、廣狹，判然不同。「西銘」，推理存義，擴前聖所未發，和孟子的性善、養氣之論具有同樣的價值。

「西銘」的大意是以天地為一大家庭，人類是一個大家族，天地之間不管是動物或是植物，有情或是無情，沒有不休戚相關的，實在是仁愛的極致，讀後使人有天下為一家，中國為一人的氣象。

從這篇文字裡，我們可以很清楚地看出橫渠的人生觀，是以「氣為萬物的本體」，也就是說，天地之間，理只有一個，後來有乾道成男，坤道成女，這兩氣相激相盪，交相感應，然後由個而十，由十而百，由百而千，由千而後化生萬物，雖然有大小的分別，有親疏的差等，但事實上是同為一源，休戚相關的。他所講的修養方法，是注重除去我與非我的界限，從小我的象牙塔裡走出，讓個體跟宇宙天地合而為一。

關於「生死問題」，橫渠先生有其獨到的見解，他說：「人的生死，只是現象形態的變化，不是真有生滅。」又說：「譬如水凝結為冰，冰溶化為水，雖有一凝一化，但本質仍然是水。」

這使我想起了《聖經》裡的一句話：「假如一粒麥子不死，永遠是一粒。」麥子不脫離母株，不掉落地上，不埋於土裡，永遠是一粒，它必須脫離母株，犧牲自己，埋於土裡，然後纔會萌芽、茁壯、開花、結果。然而它並沒有死，它只是改變原來的生存形態。它的生命，它的精神，永遠綿延，永遠存在。

青少年朋友，生在這個風雨飄搖的年代，我們原本都

- 這裡有一本書，我便可以用它哺乳五千人、十萬人、百萬人甚至全人類。（法）雨果

是休戚相關、生死榮辱與共的，讓我們吸取橫渠先生的慧語靈丹，打破小我的自私觀念，人人抱定「一粒麥子不死，永遠是一粒」的信念，不要說與天地合一，只要與社會人群合一，我們就可恢宏光大橫渠先生的不朽名言「爲天地立心，爲生民立命，爲往聖繼絕學，爲萬世開太平」，開創一個和諧、嶄新的大時代，登上金碧輝煌、萬民膜拜的歷史殿堂，讓我們共同勉勵。

（原載《國語日報》75.10.04）

（二）找回率真——探索胡適先生的感情世界

　　連日來與學生們在課堂上，共同研討胡適先生於民國四十八年戒嚴時期撰寫的文章〈容忍與自由〉（翰林版高中國文第六冊第六課），對他的睿智與勇氣，齊聲讚佩！但到底是什麼力量，使他敢於挺身而出，大聲疾呼：「要容忍異己才有自由。」則同感好奇。

　　夜晚回到家裡，順手抽出書架上塵封的舊書《寂寞的獅子——胡適先生的感情世界》（民國六十六年香草山出版公司出版）隨意翻閱，希望能找到答案。被書中的幾幀照片，數幅詩字深深吸引住了，一股「哲人已遠，典型猶存」的震撼，使我一口氣讀完了它。闔上書本，走出屋外，此時皓月當空，清輝滿地，但聞蟲聲唧唧，「山風吹亂了窗紙上的松痕，吹不散我心頭的人影」，的確，胡適先生的「影像」已深映我的心湖！

1.至性眞率得令人嚮往

　　他的影像是鮮活的：顯得熱情洋溢、至性眞率得令人嚮往。作者何索先生以流暢之文筆娓娓道來，雖是片片斷斷的描述了他的治學、處事、待人等種種風範，但終能給讀者以完整的全貌。以胡適從小到大的生活爲經，而以「人子之孝」、「夫妻之情」、「朋友之義」、「治學之嚴」、「義利之辨」、「書生風骨」、「政治節操」爲緯，貫串編織，經緯縱橫，而後呈現出這一位哲人的情操，親切近人！

　　「胡適先生開風氣之先，包括當年反對白話文的人在內，大家都被他的思想所影響。他自靈魂深處所迸發的光輝，卻爲學術文字所掩蔽。」作者在本書中所要表現的也就是他被學術文字所掩蔽的「靈魂深處所迸發的光輝」，這是本書與其他有關胡適紀念文集不同之處。蓋一位偉人的成功，一種哲智影響近代中國如此深遠，推究其根源，原來是建築在最大的鞭策之上，其心志與眾不同，其氣宇軒昂不凡，其待人、處世又是眞誠感人，有如松風朗月，而這些才是人們所急欲探索的，因爲離棄這些，則一切的一切皆是海市蜃樓。

　　我個人認爲胡適所留給我們的，在他的感情世界中，最重要的乃是「眞」：待人一眞，推心置腹，和樂融融；處世一眞，驚濤駭浪，履險如夷；爲學一眞，讀書破萬卷，下筆乃有神；而人心一眞，便霜可飛、雪可融、長城可隕、金石可貫！

2. 文字不可輕作

　　舉目斯世，現代人是太現實太虛僞了些、巧言令色，夤緣攀附，甚至逢迎奔說，一以「利」爲歸趨、「名」爲鵠的。爲學不眞，但求近功；處世不眞，敷衍塞責；待人不眞，利害是繫；人心不眞，沽名釣譽！

　　「做學問要在不疑處有疑，待人要在有疑處不疑。」在羅爾綱的《師門五年記》一書中，對胡適先生的爲學之眞，描繪盡致。

　　「爾綱，我看見你的『清代大夫好利風氣的由來』，很想寫幾句話給你。這種文章是做不得的。這個題目根本就不能成立。管同、郭嵩燾諸人可以隨口亂道，他們是舊式文人，可以『西漢務利，東漢務名，唐人務利，宋人務名』一類的胡說。我們做新式史學的人，切不可這樣胡亂作概括論斷。西漢務利，有何根據？東漢務名，有何根據？前人但見東漢有黨錮清議等風氣，就妄下斷語以爲東漢重氣節。然賣官鬻爵之制，東漢何嘗沒有？『銅臭』之故事，豈就忘之？名利之求，何代無之？後世無人作貨殖傳，然豈可就說後代無陶朱猗頓了嗎？西漢無太學清議，唐與元亦無太學黨錮，然豈可謂西漢唐元之人不務名耶？……」

　　「你常作文字，固是好訓練，但文字不可輕作，太輕易了，就流爲『滑』，流爲『苟且』。」

　　「我近年教人，只有一句話：『有幾分證據，說幾分話。』有一分證據，只可說一分話。有三分證據，然後可說三分話。……」

　　近來，教育話題甚囂塵上，我們倘再深究青年學子的
為學態度，真可為國家的未來捏一把汗，擔幾分憂。正如
報紙評論所說：「現在的學生約略可以分為兩類：一為死
讀書的『書蟲』，另一則為混文憑的『混混蟲』（大意如此）」
果真如此，此時此地重讀胡適治學之真，誠屬暮鼓晨鐘，
發人深省！

　　此外，胡適先生的心地、待人、處世，有許多可以歌
頌、可以仿效的地方，亦都源於其赤子之真。

　　現代理論物理文學家陳之藩說：「……他看到別人的
成功，他能高興得手舞足蹈。他看到旁人的失敗，他就援
救不遑。日子長了，他的心胸，山高水長，已不足以形
容，完全變成了天無私覆，地無私載，日月無私照的朗朗
襟懷了。」

3. 對小販關切和幫助

　　而當我讀到〈博士與小販〉（胡適與袁瓞）的故事
時，心中感慨萬千，無怪乎他是一個令人景仰的哲人了！
這個年頭，權勢高官攀援唯恐不及，卑微販夫去之又恐不
速，看！對「上」畢恭畢敬，腰彎得比誰都低；對「下」
吆喝睥睨臉揚得比誰都高！這些人比比皆是，難得我看到
了霽月光風的一面：

　　「我很高興見你……胡適接過芝麻餅，先拿一個來，
吃得吱咯吱咯的響，他高興極了。然後，他們開始長談。
……後來，兩人把話題轉到各人幼年生活的情形。胡適談
到他小時最愛游泳，後來因鼻腔長了小瘤，在水中呼吸不

便，才停止了這一運動。胡適說完，袁瓞想到自己鼻內也
同樣長了小瘤。他懷疑是鼻瘤，頗感不安。他聽說臺大醫
院新到一批鈷六十，可是太貴，他不敢去。胡適一聽，立
刻寫信給當時的臺大醫院院長高天成，交袁親自攜訪。信
上說：『這是我的朋友袁瓞，一切治療費用由我負擔。』
其後，袁瓞經檢查並非癌症，但是胡適對他的關切和幫
忙，卻是他永遠忘不了的。」

胡適在〈四十自述〉中曾說：「大嫂是個最無能又最
不懂事的人，……二嫂生氣時，臉色變青，更是怕人。……
我漸漸明白，世間最可厭惡的事莫如有一張生氣的臉，世
間最下流的事莫如把生氣的臉擺給別人看。這比打罵還難
受。」爲此，胡適待人處事，總是一臉和氣。

然而，看到不平，便要講話，並不考慮會有什麼後
果，胡適似乎一生沒學到一種乖巧。

4.不取萬古之淒涼

「章士釗是反對白話文的，有一次在上海新聞報發表
了『評新文化運動』一文。那時胡適在煙霞洞養病，有一
個朋友去看他，問他是否該寫文章駁章。胡適說：請你轉
告章，這個題目我只有交白卷了，因爲那篇文章不值得一
駁！」

朋友問：「『不值一駁』這四個字，可以老實告訴他
嗎？」

胡適說：「請務必轉達。」

如今，緬懷哲人，俯拾今朝，令人不勝唏噓。我們找

到了所迫切需要的「眞」。朋友！脫掉你陰翳的假面具，展露出你澄明的白日青天！老鄉！「一念慈祥，可以醞釀兩間和氣。寸心潔白，可以昭垂百代清芬！」

昔者子路，唯恐有聞，今有胡適赫然大名，天命率性，肫肫其仁。「棲守道德者，寂寞一時；依阿權勢者，淒涼萬古。」胡適是「寂寞的獅子」嗎？不，胡適並不寂寞，他是「觀物外之物，思身後之身。寧受一時之寂寞，不取萬古之淒涼。」我說胡適的「眞」，自有千秋！不知學生們以爲然否？

（原載《中央日報》91.10.26）

（三）我的習作

最近我才看完了一本書，閱讀後我產生了寫作靈感：

我的習作

寫作篇

　　所謂「寫作」就是「寫文章」。它是用文字以表情達意，抒發見解的歷程，是國語文能力的重要指標。寫作能力強的中學生在學校裡考試得意，出了校門後進入職場也較如意，它是一輩子帶著走的隨身財產，我們自己身在何處，它就跟著我們在何處。

　　然而根據台北市政府教育局委託台北市立大直高中，為了解台北市中等學校國語文教育實施現況，以及中學生國語文能力（閱讀及寫作能力）所作的調查研究報告結論中指出：

　　中學生在寫作方面，面臨了「看不懂題目」、「不知如何下筆」、「找不到適當的辭彙」等窘境。需要老師指導寫作的方法，更需要老師鼓勵經常練習寫作，才能有效提升中學生的寫作能力。

　　因此，本篇先講述文章的基本架構：審題、立意、選材、布局、修辭。接著解析各種文體的內涵及寫法：什麼是描寫文，描寫文的寫法；什麼是記敘文，記敘文的寫法；什麼是抒情文，抒情文的寫法；什麼是論說文，議論文的認識與寫法，說明文的認識與寫法等。

　　每篇講述解析都有例文，希望用淺近的例子，把艱澀的理論講述清楚、解析透闢，以幫助中學生建構寫作的基本概念，奠定寫作的深厚基礎，讓中學生「看得懂題目」、「知道如何下筆」、「懂得怎麼樣用字遣詞」，使每個中學生都擁有一輩子帶著走的能力。

文章的基本架構

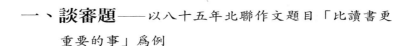

一、談審題——以八十五年北聯作文題目「比讀書更重要的事」爲例

　　所謂審題就是審辨題目的意義、範圍、重心與所用文體的意思。

　　以八十五年北聯的作文題目「比讀書更重要的事」爲例，它是比較性的問題，先要肯定讀書的重要（有些考生完全否定讀書，認爲不必讀書，人生還有比讀書更重要的事，這樣的論點欠圓融，言之不能成理，也難以叫人信服。）。其次要比較讀書和讀書以外（後）的事，明確的提出主張，哪些事比讀書更重要呢？換言之，考生要先問幾個「爲什麼」，眾人盡知讀書是重要的事，爲什麼還有比讀書更重要的事呢？爲什麼它比讀書更重要？理由何在？證據何在？再其次，「比讀書更重要的事」是屬於議論、說理的文章，以論說文的體裁寫作較爲妥適。

　　看到題目之後的審辨工作是作文的第一步，稍一疏忽，差之毫釐，失之千里，就成爲不折不扣的「文不對題」了，考生一定要抱著「戒愼恐懼」的態度小心因應。要怎

樣審題呢？

（一）明辨題目的意義

1.字面

要就題文逐字逐詞地分析它們的意義。如「比讀書更重要的事」這一個題目，要分析「讀書」與「比它更重要」的意義，其中，「讀書」是指求學提高學歷，得到更高文憑，或是指純粹做學問皆可；而「比它更重要」的事才合宜。只談讀書的重要，或單論讀書不重要，還有比讀書更重要的事，這都是字面的意義審辨得不夠仔細所引起的缺失。

2.內涵

是指題目蘊含的意義。眾人皆知讀書是重要的事，為什麼還有比讀書更重要的事呢？如果考生認為「求才謀職，賺錢打工」是比讀書更重要的事，固然不是離題，但比起「充實生活經驗，服務人群社會」，顯然較不容易使人信服，文章的價值也不高。畢竟人生不只是為了就業等實用目的而活，人生還有更重要的自我價值須追求，還有更崇高的自我理想要實踐。所以弄清楚題目的字面意義之後，還要深究題目的內涵。

（二）認清題目的範圍

明辨題目的意義之後，其次要認清題目的範圍，依照它的範圍去取材，才不致漫無邊際，背離題目的要求。以

「比讀書更重要的事」為例，如果單就「讀書」以外的事來說，可談的很多，但就題目的要求所言要以「更重要」作範圍；又如果只談「更重要」，可談的也很廣，但是它的範圍，卻必須限制在「讀書」之上。所以從頭到尾，只是強調「讀書」，而不做「更重要」的比較；或一路舉出「更重要」的事，而否定「讀書」，都超越了題目的範圍。

（三）把握題目的重心

認清了題目的範圍之後，就要把握題目的重心，才能針對題目的重心加以發揮，也才不會使內容無所依倚，而偏離了題目。如「比讀書更重要的事」，它的重心在「更重要」三字，也就是說，主要是要談論除了讀好書以外，要學做人、學做事，補讀書的不足，以彰顯它的重要性。

（四）決定寫作的體裁

把握了題目的重心之後，就要決定寫作的體裁。有的題目本身，或明或暗的已經提示該用什麼文體來寫，如「比讀書更重要的事」，一看就知道是論說體。遇到這類題目，必須用題目所提示的題裁來寫作，不能隨意更改，否則，論說體寫成記敘或抒情，是不合宜的。大概來說，凡是具體、有形、明示特定人、事、物的題目，可以寫成抒情文或記敘文；抽象、無形、範圍較大、或同時探討兩項、多項問題的題目，適合採用論說文體；中性的題目，或題目的範圍特大，經「加字」闡釋題意，分別重點後，寫成抒情、記敘或論說。當然，近代文章結構已打破傳統

框架，走向融合記敘、抒情、議論特色的綜合文體，使典重的文體日趨輕巧靈活，以吸引讀者的目光。運用之巧妙，存乎一心。

下面有八個題目：

談讀書、我的讀書方法、一本書的啓示、夏夜讀書記、我最喜歡的一本書、如何培養讀書風氣、讀書甘苦談、讀書的重要。請在下筆寫作以前，仔細審題，每個題目的意義、範圍、重心、合適的文體各是什麼？想好了，任選一題習作。

附錄 ••••• 比讀書更重要的事

讀書的重要是人盡皆知的道理。黃山谷說：「三日不讀書便覺面目可憎。」俗話說：「腹有詩書氣自華」。讀書可以變化氣質，是何等重要。　國父孫中山先生曾說：「革命的基礎在高深的學問。」故其生前雖在顛沛流離之中，經濟拮据之時，仍不忘讀書。西諺也說知識就是力量，讀書促進人類的文明發展。然而傳統的讀書人受到「萬般皆下品，唯有讀書高」的觀念影響，以讀書爲獵取功名的工具；現代人讀書則是爲了通過升學的窄門，以得到較高的學歷，便於日後求職謀生，成了「死讀書」、「讀死書」的書呆子，有高深的學問，但身體羸弱，弱不禁風；有傲人的學歷，但觀念偏差，自私自利，成了不折不扣的「二腳書櫥」。所以，我認爲人生還有比讀書更重要的事，那就是修養身心和樂業樂群。

● 書籍是青年人不可分離的生活伴侶、導師、忠告者、好友。（法）高爾基

古今中外成大功立大業的人莫不有健康的身心；至聖先師孔子除了具有淵博的學問，更有崇高的品德、強健的身體，故能著書立說，周遊列國，使孔子學說永為後人所尊崇；而三國蜀相諸葛孔明，滿腹經綸，品德高尚，可惜出師未捷，病死五丈原，長使英雄淚滿襟；此外，如宋代奸臣秦檜，學問非常好，卻自私自利，殘害忠臣出賣國家。因此可見修養身心比讀書重要得多。

國父曾說：「人生以服務為目的。」讀書固然重要，但比讀書更重要的是能經世濟人、樂業樂群。一個人成功與否，不在於智慧的高低或知識的多寡，而在於他能否理解自己、也理解他人的情緒；能否有同理心，對周遭的人事，有感同身受的真切感受，並能妥善的因應。EQ──情緒智商，目前已成為成功的新關鍵因素。因此，擁有健康的身心，能夠樂業樂群，比讀書更重要，乃是不爭的事實。

讀書可以使我們增長智慧；讀書能夠讓我們蓄積力量。然而，在讀書之時，擁有健康的身心，方能善用智慧，己立而立人，己達而達人；在讀書之後，懷抱樂業樂群的胸襟，才可活用力量，計利只計天下利，求名但求萬世名，如此才不忝所生。

（原載《中央日報》89.12.13）

二、談立意──以八十四年北聯作文題目「充實的一天」爲例

對作文題目有了明確的認識之後，接下來的第二部工作，就是決定主旨，也就是立意。

下筆之前先立意，才不會茫無頭緒，而能條理明暢，言之有物。「意」就是主旨，是文章的組織者。換言之，全文有一「主旨」，各段有其「段意」，各段意又統屬於主旨之下，受主旨所領導，如同樹木一樣，有幹身（全文主旨），有分枝（各段段意），有細條（每個句子），其他不必要，不適當的材料全部割捨，以免「雜亂無章」，這就是立意。

立意時首先要能切合命題的重心。以「充實的一天」爲例，命題的重心是屬於我的某個「充實」的一天，到底是怎樣的一天，當天的生活是怎麼樣的「充實」。可以廣泛的闡揚所謂「充實」的一天的抽象意涵（見附錄甲）；也可以具體的點出某一個「充實」的一天的生活（見附錄乙）。

其次，應該注意「充實」的意義是「內容豐富」，這一天過得很充實，主要在於心靈層次的充實，而非物質或數量上的豐盛。有些考生偏重於描寫早出晚歸的學校生活，或是臨陣磨槍的應考日子，生活過得十分緊湊，心裡仍是一片鬆散，毫無所獲，這並不是「充實」。也有考生所記敘的內容是忙於玩樂，卻覺得若有所失，把時間都耗

費掉了，那也不是真正的「充實」。還有些考生鋪陳緊張
尷尬，有趣難忘的事情，把一天的活動鉅細靡遺的報導出
來，看起來很充實，其實欠缺自己的感悟或心得，仍然不
是「充實」。考生必須從記敘一天的生活當中，點出「這
一天精神上充實」的感覺，才符合命題的旨意，立意也才
妥適。

　　最後還要留意命題的範圍，分辨「一天」和「日子」
的差異，前者是屬於特定的日子，後者的範圍則較大，
「日子」是由無數個「一天」組成的，兩者不同，考生絕
不能把它寫成「一段充實的日子」或是「充實的人生」。

　　總而言之，立意和審題有極為密切的關係，應視題目
的重心與範圍所留下的空白多寡，在主、客觀上作適切的
因應。以「充實的一天」為例，題目的重心與範圍所留下
的空白幾乎等於零，考生只能針對題目，談生命中某個充
實的一天。又如「比讀書更重要的事」這個題目，留下的
空白則較多，考生可以客觀的從數不盡的比讀書更重要的
事中，作主觀的決定，只要不否定讀書就可以了。

　　主旨一經確定（立意）之後，就可以把它安排在文章
中，安排的方式，比較常見的有三種：

（一）篇首立意

　　這是將主旨開門見山的安排在篇首，做個總括，後文
再針對它條分為若干部分，依次敘寫的一種形式。這種形
式，就整篇文章來說，方便文意的推展，相當常見。

　　以「充實的一天」為例（見附錄甲），考生如果以

「學習使我有了充實的一天」立意，首段便可以這樣敘寫：

　　雖然我們不能決定生命的長度，但我們可以控制生命的寬度；雖然我們無法留住時間的腳步，但我們能夠加深時間的軌跡。只要我們懂得把握時間，抓住每一個學習的機會，生命就會因為每一天的充實而散發光采。

　　中段再依據主旨，條分為三大部分：靜謐而充實的一天、美好而充實的一天、自得而充實的一天；以彰顯「充實的一天」的旨意。末段再點明題旨，並與首段的要旨相呼應，然後總結全文。

（二）篇末立意

　　這是先針對主旨條分為若干部分，依次敘寫，最後才將主旨點明於篇末的一種形式。這種形式，就整篇文章來說，有畫龍點睛的效果，也相當常見。

　　以「充實的一天」為例（見附錄乙），考生如果以「充實的一天，是心靈層次的充實」立意，寫作時可先針對主旨，條分為充實的一天是「獨自踏青的自由、自在、自然」；是「運動時的逍遙自在」；是「捧卷細讀的自得其樂」；是「與家人談心的天倫之樂」；是「體會了親人家國的愛」等幾部分來分別敘寫，末段才總結歸納主旨：

　　睡前，再回想一次踏青、運動時的逍遙自在；再品味一次捧卷細讀的自得其樂；再回味一次家人團聚的歡欣；再體會一次為國為民的心願。我學得了智慧的真實、情感的美善。我肯定，這一天是充實的一天。

• 學問是富貴者的裝飾，貧困者的避難所，老年人的糧食。（古希臘）亞里士多德

（三）篇中立意

　　這是在篇中借助具體的材料，把主旨反映出來的一種形式；或由描述的「人物」中，剖析其心靈上的感受；或在記敘的「事物」裡，肯定其價值上的意義；或從觀察的「景物」上，透露其所要表達的訊息。這種形式，就文章的寫作來說，有靈活多變、各有巧妙的作用，十分討好。

　　以「充實的一天」為例（見附錄丙），考生可以借助「家人」（人物）、「閱讀」（事物）、「踏青」（景物）……等，以反映「充實」的主旨，不必明說，而讀者自能心領神會。

　　今天的作文題目是「我愛○○」，請仔細審題，細心立意後，下筆習作。

附錄甲 ●●●●●充實的一天

　　雖然我們不能決定生命的長度，但我們可以控制生命的寬度；雖然我們無法留住時間的腳步，但我們能夠加深時間的軌跡。只要我們懂得把握時間，抓住每一個學習的機會，生命就會因為每一天的充實而散發光采。

　　找出閒置已久的好書；或與郭靖、黃蓉一起馳騁馬背，在大漠中和西毒歐陽鋒鬥智；走進劉墉的世界裡，分享他對兒子詼諧中不失嚴肅的教誨，或與比爾‧艾文這個盲人，一起走完阿帕拉契山徑，面對體力、意志力、心靈的挑戰；或同威爾森、羅爾斯共享如詩似畫的大地奇景，

　　學習對天地萬物的崇敬關懷之心，體會平實而不平凡的生活哲學。這是靜謐而充實的一天。

　　或是參與一場藝文盛會吧！閒步在美術館巍峨廣闊的空間中，欣賞瑰麗蒼勁的藝術作品；濃重的油畫、淡雅的水彩、飄逸的潑墨、充滿趣味的現代雕塑，各現風華，美不勝收。或是到國家音樂廳，聆聽知名交響樂團的演出，壯闊的管弦樂聲扣人心弦，而心弦也不自禁的應和，共譜動人的生命樂章。或是走進電影院，陶醉在戲中如夢似幻的世界，實現生活中的某些不可能。這是美好而充實的一天。

　　如果是投身大自然，那是最愜意不過了。走在山林小徑，聽蟲鳴鳥叫，讓和風輕拂，累了，找一方綠蔭小憩，仰視飄過藍天的悠悠白雲，俯瞰沉睡腳下的大地山川，那種心情真是無比閒適愉悅。倘若無暇爬山，路旁的行道樹，水泥縫隙中的小草，也都能帶來喜悅與啟示。而夜幕低垂後，大自然並不因此就吝惜施予。「最遠的星空是最近的大自然，抬頭舉目便可得。」和大自然期約相親，這是自得而充實的一天。

　　生命的價值維繫於內容的深度與廣度，而生命的內容決定於生活中的每一天是否充實。懂得抓住每一個學習的機會，我們就會擁有每一個充實的一天。

附錄乙 •••••充實的一天

　　大清早，我來到了一片美麗的綠地。看到山巒起伏，蒼翠欲滴，白鷺青天，不免有「悠然暢寄，書味滿胸」之感，大自然真是一本好書啊！有天任我徜徉，有雲任我遐想，心中滿是天地間的包容與寬恕。啊！這樣自由、這樣自在、這樣自然的生活，多美啊。

　　接下來我開始打棒球。舉起球棒，發揮「一定能」的精神，雖然力量不足，棒棒落空，惹來旁人的揶揄，但一切盡其在我，運動家的精神就寫在臉上，風度就表現在身上。的確，「賢的是他，愚的是我，爭什麼？」我領略了什麼是逍遙。

　　下午，我走進書店，讀古人的韻味、古人的風采，學了好多，也懂了好多，沉浸在書香中，一下子就渾然忘我。看劉墉教我活出自得；再看傅佩榮教我什麼是無愧天地的自持……難得浮生半日閒，有閒讀書，真好！

　　夜晚，回到家時撲鼻而來的是陣陣飯香，打開電視，新聞報導中，哪兒又有少年飆車、哪兒又發生天災、哪兒又發生戰亂。相形之下，在這一天，我是多麼幸福。我該謝天，給了我溫暖的家、給了我安定的社會，我也該有一分「數點梅花天地心」的懷抱。在懂得如此的天地心意時，我一方面也享受了親人家國的愛。

　　睡前，再回想一次踏青、運動時的逍遙自在；再品味一次捧卷細讀的自得其樂；再回味一次家人團聚的歡欣；

再體會一次爲國爲民的心願。我學得了智慧的眞實、情感的美善。我肯定,這一天是充實的一天。

附錄丙 •••••充實的一天

同附錄乙(但要刪去末段「睡前,再回想一次……」)

(原載《中央日報》90.01.08〜90.01.09)

三、談選材——以八十三年北聯作文題目「一場及時雨」爲例

認識了題目,主旨也確定了,作文的第三個步驟就是選用材料。原則上,題目範圍以內的材料都可以選用,這是指主旨還沒有決定的時候,一旦決定了主旨,爲了要確切的呈現主旨,選用的材料,便有了限制。換言之,越接近題目的重心,越能表達主旨的材料越好。選用的標準有四:

1. 要保持統一,刪去與主旨相互衝突的材料。
2. 要符合目的,刪去可能抵銷作品效果的材料。
3. 要顯出特色,刪去不能表現文章主旨的材料。
4. 要講求經濟,刪去不精彩的部分。

以「一場及時雨」爲例,題目的範圍是「雨」,題目的重心是「及時」,數量是「一場」,選用的材料要在「雨」的範圍之內,倘若越切合「及時」的意涵,材料就越恰

當。

　　所謂「及時」是指在最需要的時刻出現。考生在選材時，若只圍繞著「雨」的重要可貴，或「雨」的傾瀉而下打轉，沒有及時發揮「及時」的意涵，內容就較為空泛。此外，「及時雨」應當不只是有形的「雨」而已，人生中、客觀情境上，各種及時伸出援手的親情、友情、同胞愛等都是「及時雨」。選材時要從有形的及時雨，擴充到無形的及時雨，這樣一來選取的材料才豐富充實，也才能彰顯題目的意旨。

　　考場上要如何快速而準確的選材呢？

（一）廣思（橫向思考）

　　以「一場及時雨」為例，要先就「及時雨」的自然景象切入，在乾燥鬱悶的夏日中，忽然烏雲密布，雷聲響起，接著大雨傾盆，甘霖普降，使山林恢復了蓊鬱的綠意，大地得以復甦，再展生機。接著就橫向思考，除了破天而降的及時雨之外，人生中有了困厄時，親人、朋友的奧援也是一種「及時雨」，甚至有的人外號就叫「及時雨」（如《水滸傳》裡的宋江），對劉備而言，諸葛孔明就是他的「及時雨」，此外，球隊比賽時，臨門一腳，再見安打，都是「及時雨」……廣思時只要跟「及時雨」有關的材料都可以選用，越多越好。

（二）深究（縱向探究）

廣思之後，再針對選用的材料加以選擇，哪些要留用？哪些要捨棄？這是深究的工夫，目的在探求文章內容的邏輯規律。以「一場及時雨」爲例，大自然中的及時雨是有形的及時雨，也是題目字面的意義，材料一定要留用。其他無形的及時雨，是題目隱含的意義，到底要留用哪幾個？則必須依照文章內容的邏輯規律來決定。例如依序鋪陳古今中外史實上適時協助度過難關的「及時雨」；又如由小及大敘寫私人情誼的「及時雨」、家國之愛的「及時雨」、人類大愛的「及時雨」。選材時必須以文章內容排列組合上的邏輯規律爲依據，作縱向的思考，選用的材料才會切合題目的範圍與重心，材料的呈現也才會井然有序。

下面謹提供一個較易學習的選材模式，以供參考：

1.總括（篇首立意）：首段考生可以用簡潔有力的文句，直接點出及時雨的字面和隱含意義。如：「一場雨，無論傾盆大雨或是綿綿細雨，來得及時就好；一雙適時伸出的援手，不管物質糧糈或是精神鼓舞，只要是及時就好。」

2.其次，針對主旨分敘字面上的及時雨：用白描（摹寫）的方式，描述自然界中的及時雨景象。

3.再其次，針對主旨分敘隱含的意義：由有形的及時雨，引申出無形的友情、親情的「及時雨」、家國之愛的「及時雨」、人類大愛的「及時雨」。

　　4.最後以自勉呼籲收束全文，並與首段「只要及時就好」的主旨相互呼應：現在仍有許多人，亟需我們的一場「及時雨」，別吝惜我們的才力與精力。一場及時雨，非但幫助了他人；相對的，在誠心付出的同時，自己也將得到同等的回饋呢！枯萎的花朵，等待著甘霖的到來；沒有生機的寒冬，期盼著春天的降臨。雨，只要來得及時就好。

　　今天的作文題目是「無價之寶」，請在審題、立意之後小心選材，寫一篇出色的文章。

附錄 ····· 一場及時雨

　　一場雨，無論傾盆大雨或是綿綿細雨，來得及時就好；一雙適時伸出的援手，不管物質糧糒或是精神鼓舞，只要是及時就好。

　　炎熱的夏天，萬物難耐燠熱苦悶，沒有絲毫的生氣。突然烏雲密布，雷聲響起，大雨傾盆，甘霖普降，使山林恢復了翁鬱的綠意，萬物再展蓬勃的生機。

　　在我們的人生中亦有一場場的及時雨，而每次的及時雨，都帶給我們全新的體驗及啟示：在感激中體察人生的真諦。有如一股清流，緩緩注入心田。

　　我依稀記得，五月的班際籃球賽，每個人皆沉迷在加油的吶喊聲中，大家的心早已如脫韁野馬，直到六月初才驚覺聯考已迫在眉睫，奈何天氣炎熱，艷陽逼人，浮動的心始終靜不下來，這時候，耳邊響起了老師的叮嚀：「耐煩！」彷彿一場及時雨，澆熄了熊熊的火焰，帶來了冷靜

和理智,洗去了少年的愚昧和狂妄。這不也是人生中的一場及時雨嗎?

再如許多年前的山地鄉,正面臨著山胞教育的問題,在苦於找不到教師任職時,許多年輕的老師們紛紛自願前往任教。那兒沒有教具,教室也必須由老師自己搭蓋,但從此,山地鄉的學生就不必再涉險渡河上課了。一場及時雨,為山地鄉的教育帶來了生機。

又如史懷哲教授,放下了個人的名利,毅然決然的前往非洲醫治當地的土著。一場及時雨,也許不被處於多雨區的人所重視,但對於急迫需要的人而言,有如鑽石般珍貴,而日夜引領企盼!

現在仍有許多人,亟需我們的一場「及時雨」,別吝惜我們的才力與精力。一場及時雨,非但幫助了他人;相對的,在誠心付出的同時,自己也將得到同等的回饋呢!枯萎的花朵,等待著甘霖的到來;沒有生機的寒冬,期盼著春天的降臨。雨,只要來得及時就好。

(原載《中央日報》91.06.14)

四、談布局——以八十二年北聯作文題目「淚與笑」為例

布局是審題、立意、選材後,表現內容的重要步驟。

所謂「布局」是把作文比喻為「棋戰」,借指篇章結構的組織安排。

妥善的布局,文章才不會虎頭蛇尾,頭重腳輕,失去

平衡；也才不會斷而不續，文氣不接，文脈不貫；更不會前後矛盾，相互衝突，立意零亂。

要怎樣布局呢？

（一）要合乎事物本身的條理（秩序原則）

選用的材料本身的條理安排在文章中，就是文章的條理。以「淚與笑」為例，題目的文字，在詞性上並不很一致，就沒有條理，「淚」是名詞，而「笑」是動詞，因此，在寫作之前，最好在心裡先加一些字，使題意較為清楚明白，如改為「流淚與歡笑」（兩個並列動詞），或是「淚水與笑容」（兩個並列名詞）；或者乾脆具體呈現題旨，改為「生活中的苦澀與甜美」，如此一來，題目本身有了條理，下筆寫作時就比較穩當，不至於繞題打轉，而使文章的層次無法開展了。

其次，就是將各個材料作適當的安排，以使文章層次分明，條理井然；以空間而言，可「由近及遠」、「由遠及近」、「由小而大」、「由大而小」等；以時間而言，可「由昔及今」、「由今及昔」等；以事理而言，可「由本及末」、「由末及本」等。以「淚與笑」為例，命題的旨意在於敘議事理──歡笑之前必曾留淚、成功之前必有挫敗。因此布局時，「由本及末」（流淚播種者必歡笑收割）較符合秩序原則。

（二）要注意事物之間的聯絡（聯貫原則）

考生寫作時，除了掌握「秩序原則」外，也要注意全

篇文字的「聯貫原則」。一篇文章不管分成了幾段（幾部
分），所要表達的中心思想（主旨）永遠只有一個，也只
能有一個，用部分的段落來表達整體的主旨，它們之間就
不能不有密切的聯貫，這就是布局時的「聯貫原則」。文
章的聯絡照應有兩種：

1. 句與句之間的聯絡

　　是指同一段之中，前後句意的聯絡照應，與語氣情態
的順暢自然。以「淚與笑」為例，有一位考生在首段將淚
與笑並列設問：「當晶瑩剔透的淚水流淌在臉頰時，聰慧
如你，可曾想過那代表著什麼意義？又當美麗燦爛的笑容
綻放在臉面上時，伶俐如你，可曾想過那又表示著什麼心
境？」這是句與句之間良好的聯絡，值得參考。

　　而另外一位考生則是這樣寫的：「人的一生中，有歡
笑也有悲哀，人家說：這就是命運，我可不這麼認為，我
覺得可以創造命運，我認為英雄創造時代，而不是時代創
造英雄。」這段文字，不但前後句意不聯繫，語氣情態斷
而不續，與主旨也沒有密切關聯。考生要引以為戒。

2. 段與段之間的聯絡

(1) 有形的聯絡

　　①聯頭聯絡法。先提出準備說明的幾個要點，底下每
段依序鋪寫一個，就是聯頭聯絡法。以「淚與笑」為例，
考生可以在首段先說明「淚」與「笑」的兩個意涵，中段
分兩部分依序詳細鋪寫「淚」與「笑」，末段再總結全

文。（如附錄甲）

　　②接尾聯絡法。是在每一段開頭，使用一個連接詞，或是一個連接句以連貫文意。最常見的例子像是：首先、其次、然而、所以、從以上我們可以知道等。文意經由每段開頭的「橋樑」，很自然的和前一段聯絡上，有如一列火車，每節車廂的頭，和前一節車廂的尾，用掛鉤鉤上，很自然的形成一列火車。以「淚與笑」為例，考生可以在每段開頭，用一個連接詞（句）來連貫文意，首段：「生活中有苦澀也有甜美，是人之常情……。」第二段：「其中，淚是情感的抒發，……。」第三段：「然而，笑是歡欣的表徵……。」第四段：「從以上我們可以知道，只要含淚播種，必可歡呼收割！……」

(2) 無形的聯絡

　　指的是文意的自然銜接，最常見的是首尾呼應法，是先在開頭安排一個「伏筆」，結尾加以回應。以「淚與笑」為例，考生可以在首段埋下伏筆：「常言道：流淚播種者，必歡呼收割。……」末段以「朋友，成功絕非偶然，且讓我們胼手胝足，揮淚耕耘，相信必能度黑夜如白晝，歷萬劫而彌堅，因為含淚播種者，必將歡呼收割。」（如附錄乙）

（三）要留心立意構思的統一（統一原則）

　　考生在寫作時，從頭到尾維持一致的思想感情，就是布局的統一原則。因此，布局以前的立意十分重要，藉它

以貫穿全文，使所寫的文章連成一氣。

　　以「淚與笑」爲例，考生以「流淚耕耘者必歡笑收割」立意，從頭到尾就必須維持這一個中心思想，不可以在中段突然說：「大企業家們龐大的產業，都是祖先留下來的」（否定耕耘的必要性）更不可以在末段冒出下列的文句：「人生的流淚與歡笑，都是命運造成。」（否定後天人爲的努力）

　　總之，把握布局的秩序、聯貫和統一的原則，就可以寫一篇好文章。

　　今天的作文題目是「心動」，請在審題、立意、選材之後，用心布局。

附錄甲 •••••淚與笑

　　當晶瑩剔透的淚水，流淌在臉頰上時，聰慧如你，可曾想過那代表著什麼意義？又當美麗燦爛的笑容，綻放在臉面上時，伶俐如你，可曾想過那又表示著什麼心境？

　　人生不如意者十常八九，當人們遭遇困厄而灰心喪志時，淚水便會撲簌簌的落下。此時，淚水是一種宣洩，將心中所有委屈全都發洩出來。而在流淚之後，有誰可曾想過淚水不能白流，必須奮發上進，也許成功便在不遠的前方。倘能如此，則流淚之後，便會帶來歡笑。若持續灰心喪志，則今日的淚水，就換不來明日的笑顏。

　　而笑是内心喜樂的表徵。笑有微笑、大笑、狂笑等。其中最令人感到喜悦的笑，是克服困境獲得成功後的笑。

沒有黑雲籠罩，又怎能體會雨過天青的美好？此時可能也會流淚，但溫潤的淚水中包含了無盡的快樂。如此說來，在漫長的人生路上，淚水和歡笑密不可分。

今日，可能因橫逆險阻而痛苦流淚，但請嚥下淚水，在哪兒跌倒，從哪兒爬起，明日，就可能功成名就而展顏歡笑。

「不要為籠罩的黑雲煩惱，它裝載著滿溢的恩澤，四月的雲雨，帶來了五月的鮮花。」我相信，成功的笑容，永遠會綻放在殘留淚痕的臉上。

附錄乙 •••••淚與笑

常言：「含淚播種者，必歡呼收割。」一件事的成功，往往取決於一個人的努力與否，在努力的過程中，若能揮淚耕耘，堅持到底，那麼成功時的歡欣愉悅，將指日可待。

在生活周遭，我們經常可以聽到成功的事例，大家常注意的是成功者手中的鮮花，臉上的笑容，和旁人所給予的喝采，很少人想過，他們為成功所付出的代價有多大。例如發明《相對論》而集肯定、榮耀於一身的愛因斯坦，有誰知道，身為猶太人的他，在發明研究的過程中，遭遇到多少無情的打擊。

此外，我們現在能坐享甘食褕衣的幸福生活，都是前人流淚耕耘所換來的結果。在武昌起義，在八年抗戰，多少仁人志士，前仆後繼，用血用淚，換來了我們今日的溫

飽富足。因此，我們也應當勇於面對眼前的挑戰，爲自己、更爲別人付出淚水，以贏得歡笑。

　　朋友，成功絕非偶然，且讓我們胼手胝足、揮淚耕耘，相信必能度黑夜如白晝，歷萬劫而彌堅，因爲含淚播種者，必歡呼收割。

（原載《中央日報》90.01.04～90.01.05）

五、談修辭──以八十一年北聯作文題目「泥土」爲例

　　所謂修辭就是鍛字鍊句的工夫，它是審題、立意、選材、布局後，表現作品效果的方法手段。文章的精髓雖在情理，但文章的形貌必須依附在字句。修辭之於文章，如同繪畫離不開線條和色彩，音樂離不開節奏和旋律一樣。

　　在考場上，考生經由審題、立意，進行文章的運思構想，又通過選材、布局，完成文章的組織架構，最後則必須憑藉精當的用字、工巧的詞句，文章的神理氣味方得以表現，彪炳的篇章才能夠彰顯。適切的修辭，使語意明白、詞句貼切、文脈通貫；美好的修辭，使文句靈動有力，文采華美燦然、文辭變化緊湊，十分重要！

　　要怎樣修辭呢？

　　1. 要調整語文表意的方法。

　　2. 要設計語文優美的形式。

　　以「泥土」爲例，其字面意義明白易懂，但其所蘊涵的意義，卻有相當大的聯想空間，有的考生說：「泥土是岩石經長年風化逐漸形成。」也有的考生說：「泥土可以

種出花草，長出樹木，供給米穀及日常所需。」這樣的審題雖然不是離題，但「理性」、「知性」的成分太強，缺乏「感性」的內涵，讀來如同嚼蠟，畢竟「泥土」是相當「柔性」的題目，決定寫作體裁時，要以「敘述」、「描寫」的方式，融入「抒情」的成分，才容易動人。例如：脫下腳上的束縛，去感受一份泥土的味道，那是一種「踏實」、一種「自然」、一種「純眞」、一種無與倫比的「舒適」。

又如：陶淵明棄官歸田，是聽到來自泥土的呼喚。鄭思肖畫蘭不畫土，表達的是「國土淪亡，根著何處」的深沉痛楚。蕭邦在病逝他鄉時，吩咐親友在墳前撒下一把故鄉的泥土，他希望身後的靈魂得到寄託。而詩人則有「化作春泥更護花」的詩句。此外，慈濟月刊上也道：「一朵蓮花開在心田，萬朵蓮花開滿人間，人人心中都有一畝心田，我們要在心田的泥土裡，埋下慈悲喜捨的種子，期待它開出美麗的蓮花」。

考生決定以敘述、描寫、抒情的筆調爲內容的表達方式後，修辭就有了依歸，而材料的整理，結構的安排，表面上看起來不相連接，但無形中以「泥土有情」爲線眼貫串了全文，不至於支離破碎。

其次，要調整語文表意的方法，設計語文優美的形式。很多考生懂得運用「排比」修辭來抒情：「黃河畔的泥土，沖積出一片中國人的天地；尼羅河畔的泥土，造就了埃及文明耀眼的光輝；兩河流域的泥土，孕育著米索不達米亞平原的燦爛文化……泥土是人類文明的起源。」

「泥土的起源是生命的起源，是人類的起源，是文明的起源……離家的兒女，思念家鄉泥土的芬芳；亡國的子民，遙憶故國泥土的厚實，……泥土是懷念的起源——牽繫多少飄零的心，給予他們希望與夢想。」

這種排比的嚴整形式，很容易說得綿密詳實，曲盡其義，讀起來自然有勁健之感，辭情也十分周到融洽。

此外，有的考生則使用了「譬喻」修辭來描寫：「泥土就像慈祥的母親，對我們付出而不求回報，只希望子女們能在她的雙臂護衛下成長茁壯，大地萬物皆是泥土的子女，而人們卻甘願做那飄泊在外的遊子，離開大地的雙臂護衛去闖天下，充耳不聞母親一聲聲的呼喚，但母親仍然不發一聲怨言，默默等待遊子的歸來。」

譬喻的妙處，在能凸顯形象，使人明曉；能使微妙的感情，化作具體的事物，使人感同身受。

還有的考生擅長採用「摹寫」修辭來敘述：「植物抓緊泥土，冒出嫩綠的新芽，蚯蚓穿梭在泥土間，享受濕涼的愉悅，蝴蝶兒來了，枝芽兒壯了，土撥鼠、小兔子……也蹦蹦跳跳的來了，泥土是生命的起源。」

日常生活中我們常有「繪聲繪色」或「有聲有色」來表示文章之優美，「摹寫」正是一種「繪聲繪色」使文句形象化的修辭技巧。

考生在寫作時，如果於形式完備，內容充實之外，也能力求文辭生動優美，不但可以巧妙的表達豐沛的思想情意，也能提升文章的層次境界，讓人馬上分出優劣高下。

最後，考生還得留意書法：整潔的篇幅，工整的字

• 砥礪琢磨非金也，而可以利金；詩書辟立非我也，而可以勵心。（西漢）劉向

體，配合使用正確的標點符號，讓試卷的整齊美觀，與文章的優美辭采相互輝映，必能博得閱卷老師的青睞，而爭取高分。

今天的作文題目是「偶像」。

附錄 ••••• 泥土

一次一次的衝撞打擊，是琢磨，是化育，將昂然堅立的石層，點點滴滴，蘊成柔軟細緻的泥土，也構成了生生不息的溫暖育所。

植物抓緊著泥土，冒出嫩綠的新芽，蚯蚓穿梭在泥土間，享受濕涼的愉悅，蝴蝶兒來了，樹芽兒壯了，土撥鼠小兔子……也蹦蹦跳跳的跟著成長，泥土是生命的起源。

黃河畔的泥土，沖積出一片中國人的天地，尼羅河畔的泥土養出了埃及文明耀眼的光輝；兩河流域的泥土，孕育著米索不達米亞平原的燦爛文化……泥土是人類文明的起源。

中國人是最敬重泥土的民族；依著泥土的賜予，發展出一套相親於大地的哲學。遠從石器時代起，中國人抓起泥土，製造出陶瓷等用具，遙遠的黃土高原上，是窯洞，是黃河……泥土是中國人的食衣住行之所繫，是中國人難以忘懷的一片鄉土之情。泥土塑造出中國人，敬天地、拜后土，將大地尊為生命之母的感念信仰。

泥土的起源是生命的起源，是人類的起源，是文化的起源……離家的兒女，思念家鄉泥土的芬芳，亡國的子

民，遙憶故國泥土的豐碩……泥土，是懷念的起源──牽繫起多少飄零的心，給予他們希望與夢想的依據。

泥土孕育出這樣一片有情的天地！

當你拾起泥土，請珍惜它們奉獻給大地的心意，和維繫在它們之上的生生不息的世界，是每一顆充滿思念期盼的遊子之心！

（原載《中央日報》91.09.20）

各種文體的認識與寫法

一、什麼是描寫文

　　所謂描寫文，是用「描繪」和「刻劃」寫成的文章。前者偏重對人物、景物、物件的整體、粗略摹寫；後者側重局部、細緻的表現。由於少見通篇都是描寫的文章，大多是描寫中帶有記敘、抒情或論說的成分，因此有些人不把它列為一種文體，而實際上，它是重要的寫作方法，有其他文體所無法取代的地位。

（一）描寫文的特色

　　描寫文是描寫人物、景物和物件的文體，它具有「真實性」和「形象性」等兩大特色。

1.真實性

　　所謂「真實性」是要求作者必須親自觀察和體驗，才能對所見所聞作全面的摹寫。它必須與觀察的人物、景物、物件相互契合。

2.形象性

　　所謂「形象性」是期望讀者閱畢作品後如聞其聲，若

見其形，呈現一個個立體的畫面。寫作描寫文慣用摹寫、譬喻等方法，以凸顯其形象性。

（二）描寫文的種類

1. 人物的描寫

所謂「人物的描寫」是指對人物的面貌神態和思想性格的描寫，又可細分為：

(1) 肖象的描寫

包含對人物的身材體格、容貌表情、服飾打扮等的描寫。

例如魯迅的《故鄉》中對閏土的描寫，即是「肖象描寫」：

這來的便是閏土。雖然我一見便知道是閏土，但又不是我這記憶上的閏土了。他身材增加了一倍；先前的紫色圓臉，已經變作灰黃，而且加上了很深的皺紋；眼睛也像他父親一樣，周圍都腫得通紅，這我知道，在海邊種地的人，終日吹著海風，大抵是這樣的。他頭上是一頂破氈帽，身上只一件極薄的棉衣，渾身瑟索著；手裡提著一個紙包和一支長煙管，那手也不是我記得的紅活圓實的手，卻又粗又笨而且開裂，像是松樹皮了。

(2) 動作、語言的描寫

動作和語言是人物內心世界的「天窗」，透過這個

- 雖有佳肴，弗食，不知其旨也；雖有至道，弗學，不知其善也。（西漢）戴聖

「天窗」可以清楚的看到人物的思想、感情，因此，描寫人物的動作、表情，可以讓人物的描寫更爲逼真傳神。

　　例如魯迅的《阿Q正傳》中趙太爺對阿Q的質問，即是「動作、語言的描寫」：

　　哪知道第二天，地保便叫阿Q到趙太爺家裡去；太爺一見，滿臉濺朱，喝道：「阿Q，你這渾小子，你說我是你的本家嗎？」

　　阿Q不開口。

　　趙太爺愈看愈生氣了，搶進幾步說：「你敢胡說！我怎麼會有你這樣的本家？你姓趙嗎？」

　　阿Q又不開口，想往後退了，趙太爺跳過去，給了他一個嘴巴。

　　「你怎麼會姓趙！——你哪裡配姓趙！」

(3) 心理、性格的描寫

　　描寫人物除了描寫人物外顯的面貌神態、動作語言之外，還要深入刻劃人物內隱的心理性格，以剖視人物的心靈深處，揭示人物的精神世界，讓人物鮮活、立體的呈現在讀者眼前。而描寫心裡、性格的方法，最常見的是透過人物外貌神態、動作語言的具體描繪，以揭示人物的心靈奧祕。

　　例如吳敬梓的《儒林外史》中對嚴監生慳吝的描寫，即是「心理、性格的描寫」：

自此，嚴監生的病，一日重似一日，再不回頭。諸親六眷都來問候。五個侄子穿梭的過來陪郎中弄藥。到中秋以後，醫家都不下藥了。把管莊的家人都從鄉裡叫了上來。病重得一連三天不能說話。晚間擠了一屋的人，桌上點著一盞燈。嚴監生喉嚨裡痰響得一進一出，一聲不倒一聲的，總不得斷氣，還把手從被單裡拿出來，伸著兩個指頭。大侄子走上前來問道：「二叔，莫不是還有兩個親人不曾見面？」他就把頭搖了兩三搖。二侄子走上來問道：「二叔，莫不是還有兩筆銀子在哪裡，不曾吩咐明白？」他把兩眼睜得的的溜圓，把頭又狠狠搖了幾搖，越發指得緊了。奶媽抱著哥子插口道：「老爺想是因兩位舅爺不在跟前，故此記念。」他聽了此話，把眼閉著搖頭，那手只是指著不動。趙氏慌忙揩揩眼淚，走近上前道：「爺，別人都說得不相干，只有我曉得你的意思。你是為那盞燈裡點的是兩莖燈草，不放心，恐費了油。我如今挑掉一莖就就是了。」說罷，忙走上去挑掉一莖。眾人看嚴監生時，點一點頭，把手垂下，登時就沒了氣。

2. 景物的描寫

景物的描寫，主要的有兩種，一是取一個固定點，按照空間的邏輯規律（由遠及近，由上至下，由右到左），描繪眼前的景物；另一是不取固定點，而是隨著作者觀察角度的移動，描繪所觀察到的景物。

例如法國莫泊桑的《一生》中對海濱落日的描寫，即是「取一個固定點，按照空間的邏輯規律所作的描寫」：

・人之不學，猶穀未成粟，米未成飯也。（東漢）王充

　　落日像血一般的鮮紅，一道寬廣的耀眼的光波，在水上閃閃跳動，從海洋的邊際一直伸展到小艇的周圍。

　　風完全靜止了；水浪也平靜下去；帆葉在晚霞中染成通紅，無聲無息的飄著。無際的沉寂籠罩了整個空間，在大自然的交合中，一切都靜默了；這時候，大海在天空下挺露她光潤起伏的胸腹，等候那火一般熱烈的情郎投入到她的懷中。太陽被愛情的慾望燃燒著，急忙撲下身去。終於他們合併在一起，大海逐漸把太陽吞沒了。

　　這時天邊吹來一股涼氣，使海面激起一陣顫慄，彷彿那被吞沒了的太陽向天空舒出一口滿足後的嘆息。

　　又如劉白羽的《長江三日》中對江波的描寫，即是「不取固定點，而是隨著作者觀察角度的移動所作的描寫」：

　　你看那急速漂流的波濤一起一伏，真是「眾水會萬涪，瞿塘爭一門」。而兩三木船，卻齊整的搖動著兩排木槳，像鳥兒搧動著翅膀，正在逆流而上。我想到李白、杜甫在那遙遠的年代，以一葉扁舟，搏浪前進，該是多麼雄偉的搏鬥，會激發詩人多少瑰麗的詩思啊！……不久，江面更開朗遼闊了。兩條大江，驟然相見，歡騰擁抱，激起雲霧迷濛，波濤沸蕩，至此似乎稍微平定，水天極目之處，灰濛濛的遠山展開一卷清淡的水墨畫。

3. 物件的描寫

物件的描寫，又可分成「動」物和「靜」物兩方面的描寫，需要細心觀察，用簡潔的文字，精準、生動的表現出來。

例如美國海明威的《老人與海》中對鯊魚的描寫，即是「動」物的描寫：

鯊魚的出現不是偶然的。當一大股暗黑色的血沉在一英里深的海裡然後又散開的時候，牠就從下面水深的地方竄上來。牠游得那麼快，什麼也不放在眼裡，一衝出藍色的水面就湧現在太陽光下。然後牠又鑽進水裡去，嗅出了味道，開始順著船和魚所走的航線游來。

有時候牠也會迷失了味道，但牠很快就嗅出來，或者嗅出一點兒影子，於是牠就緊緊的順著這條航線游。這是一條巨大的鯖鯊，生來就跟海裡游速最快的魚一般快。牠周身的一切都美，只除了上下顎。牠的脊背藍藍的像是旗魚的脊背。肚子是銀白色，皮是光滑的、漂亮的。牠生得跟旗魚一樣，不同的是牠那巨大的兩顎，游得快的時候，牠的兩顎是緊閉起來的。牠在水面下游，高高的脊鰭像刀子似的一動也不動的插在水裡。在牠緊閉的雙嘴唇裡，牠的八排牙齒全部向內傾斜著。跟尋常大多數鯊魚不同，牠的牙齒不是角錐形的，像爪子一樣縮在一起的時候，形狀就如同人的手指頭。那些牙齒幾乎跟老頭兒手指頭一般長，兩邊都有剃刀似的鋒利的刃子。

又如巴金的《家》中對燈的描寫，即是「靜」物的描寫：

天已經黑了。在高家，堂屋裡除了一盞剛剛換上一百支燭光燈泡的電燈外，還有盞懸在中樑上的燃清油的長明頭，一盞煤油大掛燈，和四個繪上人物的玻璃宮燈。各樣顏色的燈光，不僅把壁上的畫屏和神龕上穿戴清代朝服的高家歷代祖先的畫像照得非常明亮，連方塊磚鋪砌的土地的接痕也看得很清楚。

今天的作文題目是「我的同學」、「夏天的早晨」、「我住的這條街道」任選一題習作。

二、描寫文的寫法

描寫文是用「描繪」和「刻劃」寫成的文章，具有「真實性」和「形象性」的特色，要寫好「描寫文」，寫作前仔細的觀察對象十分重要，其次是寫作時要遵循邏輯順序，再其次是掌握描寫技巧，最後才是借助修辭方法。

（一）仔細觀察對象

寫作「描寫文」時觀察對象要仔細入微，要如何仔細入微呢？

1.變換角度

　　所謂「變換角度」是觀察對象不變，只變換寫作者觀察的角度。

　　例如劉白羽的《崑崙山的太陽》中對崑崙山的描寫，即是「變換觀察的角度」，分別從下仰視、由上俯瞰或從右到左、由左到右來觀察描寫：

　　當我從飛機翹首仰望，就在這一剎那間，像有一道閃光一下震顫我的心靈。我看見的是何等雄偉、浩瀚、瑰麗、神奇、雲濃霧密、莽莽蒼蒼、巍巍然橫空出世的崑崙山了。拂御著颯颯天風，橫掃著茫茫雲海，我向下俯視，從崑崙山上沖瀉下來的兩條洶湧澎湃的巨流，東面一條是玉龍喀什河，又叫白玉河；西面一條是喀拉喀什河，又稱墨玉河。它們勢如奔馬，宛若游龍。它們發源於帕米爾原始森林之中，直衝崑崙山而下，水流湍急，轉眼飛逝，現在在灼熱陽光照耀之下，迂迴旋捲有如碧玉連環。

2.改變焦點

　　所謂「改變焦點」是觀察對象不變，觀察的角度也不變，只有改變觀察點。

　　例如姚雪垠的《李自成》中對笛子的描寫，即是「改變觀察點」，分別從笛身的上漆、圖畫、題字作觀察，使笛子產生了立體感，使讀者閱讀時彷彿真的握著那一支笛子：

　　小張鼐那時在孩兒兵中做小頭目，在皇陵得到一支笛子，是北京宮中一百七十年前的舊物，由一個鐘鼓司的太監帶到了鳳陽皇陵。笛身用名貴的建漆漆得紅明紅明，在月光下可以瞧見人影。上邊刻有刀法精細的春山牧牛圖，還有趙子昂體兩行娟秀的題字：上題宋人詩句「牧童歸來橫牛背，短笛無腔信口吹」；下題「成化元年製」。畫的線條嵌成石綠色，題字嵌成赤金色，雖然經歷一百數十年，色彩如新。笛尾是一段象牙，使這個笛子顯得十分典雅。

3. 調整焦距

　　所謂「調整焦距」是調整觀察的距離。由整體到局部，或由局部到整體。「焦距」遠，所觀察的現象是概略的輪廓，「焦距」近，所觀察的對象則細膩而清晰，觀察時遠近互相搭配，整體與部分的景物就能相映成趣。

　　例如：巴金的《滅亡》中對田疇落日的描寫，即是「調整焦距」，由近及遠，從局部擴大到整體，所作的觀察與描寫：

　　前面是一大片綠色的田疇，遠處有一帶青山，斗大的太陽向西邊慢慢地落下去，它那平時射得人睜不開眼睛的金色光芒已經漸漸失去了，變成了一面紅得像丹一樣的大圓鏡，愈走下去愈紅，而它所放出的紅光更擴大起來。藍天已被它染紅了一角，青山的頂也塗上了燦爛的紅光，離太陽不遠的幾片紫色和淡墨色的雲被日光烘托起，成了特

別的顏色，更鑲了一道寬的金邊，太陽只剩下一半了，卻是更大更紅，到後來終於完全落下去了。霎時間，萬道金色霞光浸染了半天，山、樹、雲都打成了金色一片。

（二）遵循邏輯順序

描寫文的寫作必須遵循邏輯順序，才能使人物、景物、物件的呈現井然有序。其邏輯順序包括：

1. 由局部到整體（或由整體到局部）
2. 由前到後（或由後到前）
3. 由左到右（或由右到左）
4. 由仰視到俯瞰（或由俯瞰到仰視）
5. 由朦朧到清晰（或由清晰到朦朧）

例如朱自清的《月朦朧鳥朦朧簾捲海棠紅》中對一幅畫的描寫，即是「遵循邏輯順序」的要領：

這是一張尺多寬的小小的橫幅，馬孟容君畫的。

上方的左角，斜著一卷綠色的簾子，稀疏而長；當紙的直處三分之一，橫處三分之二。簾子中央，著一黃色的茶壺嘴似的鉤兒，「鉤彎」垂著雙穗，石青色，絲縷微亂，若小曳於輕風中。

從簾的上端向右斜伸而下，是一枝交纏的海棠花，花葉扶疏，上下錯落著，共有五叢，或散或密，都玲瓏有致。葉嫩綠色，彷彿掐得出水似的；在月光中掩映著，微微有深淺之別。

簾下則是空空的，不著一些痕跡。

（三）掌握描寫技巧

　　描寫文的描寫效果，與作者表現的技巧具有密切的關係，描寫效果主要顯現在讀者的反應上，一般來說，讀者的反應可分為感覺效果、情緒效果和理性效果等三種，而此三種效果又決定在描寫文的三種作用上：說服力、煽動力與啟示力。換言之，作品的說服力決定了讀者的感覺效果、煽動力造成了讀者的情緒效果、啟示力帶來了讀者的理性效果。

　　先談作品的說服力決定了讀者的感覺效果。一篇描寫文能給予讀者真實的感覺，使讀者在閱讀的過程中，覺得作者呈現在他眼前的是真實的人物、景物與物件，就必須奠基於作品的說服力上。

　　其次談到作品的煽動力造成了讀者的情緒效果。讀者在閱讀一篇描寫文的過程中，情緒上產生波瀾起伏，這是作品的煽動性所造成的情緒效果。

　　最後談到作品的啟示力帶來了讀者的理性效果。讀者讀畢一篇描寫文後，或許增長了見聞，或許改變了想法，或許想通了道理，這就是作品的啟示力所帶來的理性效果。

　　寫作描寫文時，要掌握哪些技巧，才能具有說服力、煽動力與啟示力，進而使讀者產生真實感受、引起情緒反應，並改變了想法觀念呢？

1.要具體描寫

以描寫「一張桌子」為例：

如果只用「一張桌子」四個字來描寫，絕不能讓讀者在想像中喚起鮮明的形象來。因為「桌子」只是一個抽象的概念，到底是什麼樣的桌子呢？倘若用「一張餐桌」來描寫，就比較具體，然而在讀者的內心仍然一片模糊。假使用「一張油漆剝落的圓餐桌，上面爬滿了蒼蠅」來描寫，不僅讓讀者喚起了鮮明的意象，呈現在他眼前的是真真實實的一張餐桌，使讀者有身歷其境的真實感受，而且產生了情緒反應，彷彿看到了一張陳舊、齷齪、令人作嘔的桌子。

2.要把握特徵

作者對於人物、景物、物件的描寫，事實上難以面面俱到，也沒有必要面面俱到，必須選擇其具有特色或意義的部分加以描寫，亦即把握特徵。

再以上文「一張油漆剝落的圓餐桌，上頭爬滿了蒼蠅」為例，即是把握了特徵。讀者根據描寫的特徵，很自然的聯想放置餐桌的場所，一定是環境骯髒不講究衛生的人家，甚至可以依稀聞到那陣陣令人作嘔的油垢味呢！

3.要運用戲劇手法

運用「戲劇手法」是描寫人物時常用的技巧。

所謂「戲劇手法」是透過人物的表情動作、對話，表

演給讀者看，以加強作品的表現效果。

　　例如描寫「王小虎很髒」，如只一味的說明「王小虎很髒、眞的很髒，髒得無以復加。」帶給讀者的是模糊的印象，因爲王小虎怎麼髒？髒到什麼程度？讀者一點都感受不到。假使透過他的表情、動作表演給讀者看就不一樣了：

　　王小虎很髒，只見他擤把鼻涕，往牆壁上一抹，接著用手背對著鼻孔擦兩下，最後再伸出舌頭往上唇舔了舔。

　　王小虎的髒，這下子呈現出來的效果就大大不同了，讀者不但感受到王小虎的髒，也許還要對王小虎皺眉頭呢！

4.要力求創新

　　寫作描寫文最易犯的毛病是套用陳腔濫調。例如描寫漂亮的女人就說：「美如天仙。」把美女比喻爲天仙，不僅是濫調，也是贅詞，試問誰看過天仙？天仙是什麼面貌神態？完全無法喚起讀者鮮明的意象。假使改爲：

　　她長得很漂亮，白皙的臉頰像剛削過皮的梨子，飄散著梨香，睫毛是湖畔的蘆葦一閃一閃。

描寫的手法就新穎多了。

　　總之，要寫好描寫文，在描寫技巧上必須要「具體描

寫」、「把握特徵」、「運用戲劇手法」、「力求創新」。

（四）借助修辭

　　寫作「描寫文」必須借助修辭方法，使描寫的人物、景物、物件更具「形象性」，更生動逼真。常用的修辭手法有摹寫、誇飾、譬喻、轉化、象徵等。

1. 摹寫

　　所謂「摹寫」是對事物帶給人的各種感受，加以形容描述。又可分為：

(1) 視覺的摹寫

　　例如楊逵的〈水牛〉中對山腳的描寫，即是「視覺的摹寫」：

　　距離鎮上約莫五百多公尺的東邊山腳下，有口大池塘。朝裡去是一座長滿了相思樹的小山，這一邊的堤岸上，則爬滿了綠油油的青草。堤岸稍稍寬廣一點的地方，四株高大的芒果樹，給四周造出一片寬闊而涼快的蔭涼地。草原上，有幾隻水牛和黃牛，啃著草慢吞吞的走動著。不時有烏鴉停歇到水牛頭上來，山上的樹林裡則棲息著數百隻白鷺，遠遠的望過去，彷彿開滿了一樹樹的白花。那是一片靜謐而悠然自得的景色。

• 外物之味，久則可厭；讀書之味，愈久愈深。（北宋）程頤

(2) 聽覺的摹寫

例如謝冰瑩的〈雨港基隆〉中對雨景的描寫，即是「聽覺的摹寫」：

一陣傾盆大雨降下來，恰像飛機從天上撒下大大小小的雪亮的珠子在海裡，那些珠子在碧綠的海水裡沸騰、翻滾、沸騰。牠們在跳躍，牠們在怒吼，牠們在歌唱。這時候，也許你正躲在一株大樹下面避雨，雨點打在樹葉上的聲音，山洪爆發的聲音，小溪澗裡流水的聲音，這又是另一種天然的音樂在合奏著雄壯優雅的交響樂。

(3) 嗅覺的摹寫

例如羅曼·羅蘭的《約翰·克利斯朵夫》中，對異國之春的描寫，即是「嗅覺的摹寫」：

光明的盟友是甦醒的春天。新生命的夢在溫暖麻痺的空氣中醞釀。銀灰的橄欖樹有了綠意。古水道的暗紅窟窿之下，杏仁樹開滿了白花。初醒的羅馬郊野：春草如綠波，欣欣向榮的罌粟如火焰。赤色的葵衣，如茵如褥的紫蘿蘭，像溪水一般在別莊的草坪上流動。蔓藤繞著傘形的柏樹；城上吹過一陣清風，送來巴拉丁古園的薔薇的幽香。

(4) 觸覺的摹寫

例如徐志摩的〈西湖風光〉中，對夜裡泛舟西湖的描

寫即是「觸覺的摹寫」：

> 挈一支輕如秋葉的小舟，悄悄划上夜湖的柔胸。拿一支輕如蘆梗的小槳，幽幽的拍著她光潤、蜜糯的芳容，挑破她霧縠似的夢殼。扁著身子偷偷的挨了進去，也好分嘗她貪飲月光醉了的妙趣。

(5) 綜合的摹寫

例如蕭平的《海濱的孩子》中，對弄潮的描寫，即是「綜合的摹寫」：

> 二鎖喜歡在上潮的時候蹲在海灘上，望著從天邊滾來的潮水。海潮泛著白沫呼嘯著向他撲來，他向後一跳，浪頭只撲到他的腳跟就退回去了，泡沫飛濺了他一臉，涼颼颼的。浪頭接著又撲過來，他再向後跳一跳。這樣一直把海潮引到沙嶺下面。他站到沙嶺上，海潮卻不再跟他來了，慢慢地安靜下來。二鎖卻不高興起來，他滿想著能把海潮引到沙嶺上來呢。

2. 夸飾

所謂「夸飾」是文章中的誇張鋪飾，超過了客觀的事實。

例如馮夢龍、蔡元放的《東周列國志》中，對大力士的描寫，即是「夸飾」：

那杜回是秦國有名的力士，生得牙張銀鑿，眼突金睛，拳似銅錘，臉如鐵鉢，虯鬚鬈髮，身長一丈有餘。力舉千鈞，慣使一柄開山大斧，重一百二十斤。本白翟人氏。曾於青眉山，一日拳打五虎，皆剝其皮以歸。

3. 譬喻

所謂「譬喻」是寫作時「借彼喻此」的修辭方法，凡二件或二件以上的事物中有類似的地方，寫作時運用「彼」有類似點的事，以比方說明「此」件事物，就叫「譬喻」。

例如劉鶚的《老殘遊記》中，對王小玉說書的描寫，即是「譬喻」：

王小玉便啓朱唇，發皓齒，唱了幾句書兒。聲音初不甚大，只覺入耳有說不出的妙境：五臟六腑裡，像熨斗熨過，無一處不伏貼；三萬六千個毛孔，像吃了人參果，無一個毛孔不暢快。唱了十數句之後，漸漸的越唱越高，忽然拔了一個尖兒，像一線鋼絲拋入天際，不禁暗暗叫絕。那知他於那極高的地方，尚能迴環轉折；幾轉之後，又高一層，接連有三四疊，節節高起。恍如由傲來峰西面攀登泰山的景象：初看傲來峰削壁千仞，以為上與天通；及至翻到傲來峰頂，才見扇子崖更在傲來峰上；及至翻到扇子崖，又見南天門更在扇子崖上：愈翻愈險，愈險愈奇。

那王小玉唱到極高的三四疊後，陡然一落，又極力騁其千迴百折的精神，如一條飛蛇在黃山三十六峰半中腰裡

盤旋穿插，頃刻之間，周匝數遍。從此以後，愈唱愈低，愈低愈細，那聲音漸漸的就聽不見了。滿園子的人都屏氣凝神，不敢少動。約有兩三分鐘之久，彷彿有一點聲音從地底下發出。這一出之後，忽又揚起，像放那東洋煙火，一個彈子上天，隨化作千百道五色火光，縱橫散亂。這一聲飛起，即有無限聲音俱來並發。那彈弦子的亦全用輪指，忽大忽小，同他那聲音相和相合，有如花塢春曉，好鳥亂鳴。耳朵忙不過來，不曉得聽那一聲的為是。正在撩亂之際，忽聽霍然一聲，人弦俱寂。這時台下叫好之聲，轟然雷動。

4.轉化

所謂「轉化」是描述一件事物時，轉變其原來的性質，化成另一種與本質截然不同的事物，而加以形容描述，就叫「轉化」。

例如嚴文井的〈小溪流的歌〉中，對小溪流的描寫，即是「轉化」：

小溪流一邊奔流，一邊玩耍。他一會兒拍拍岸邊五顏六色的石卵，一會兒摸摸沙地上才伸出腦袋來的小草。他一會兒讓那漂浮著的小樹葉打個轉兒，一會兒撓撓那些追他的小蝌蚪的癢癢。小樹葉不害怕，輕輕地轉了兩個圈兒，就又往前漂。小蝌蚪可有些怕癢，就趕快向岸邊游，長了小腿的蝌蚪還學青蛙媽媽慌張地蹬開了腿。

5.象徵

所謂「象徵」是不直接講明抽象的觀念、情感與看不見的事物，而是藉由理性的關聯、社會的約定，從而透過某種意象的媒介，間接加以陳述的表達方式，就叫「象徵」。

例如朱自清的〈背影〉中，對父親的描寫，即是運用了「象徵」的修辭方法：

我說道，「爸爸，你走吧。」他望車外看了看，說：「我買幾個橘子去。你就在此地，不要走動。」我看那月台的柵欄外有幾個賣東西的等著顧客。走到那邊月台，須穿過鐵道，須跳下去又爬上去。父親是一個胖子，走過去自然要費事些。我本來要去的，他不肯，只好讓他去。我看見他戴著黑布小帽，穿著黑布大馬褂，深青布棉袍，蹣跚地走到鐵道邊，慢慢探身下去，尚不太難。可是他穿過鐵道，要爬上那邊月台，就不容易了。他用兩手攀著上面，兩腳再向上縮；他肥胖的身子向左微傾，顯出努力的樣子。這時我看見他的背影，我的淚很快地流下來了。我趕緊拭乾了淚，怕他看見，也怕別人看見。我再向外看時，他已抱了朱紅的橘子往回走了。過鐵道時，他先將橘子散放在地上，自己慢慢爬下，再抱起橘子走。到這邊時，我趕緊去攙他。他和我走到車上，將橘子一股腦兒放在我的皮大衣上。於是撲撲衣上的泥土，心裡很輕鬆似的，過一會說：「我走了；到那邊來信！」我望著他走出去。他走了幾步，回過頭看見我，說：「進去吧，裡邊沒

寫•作•篇 | *193*

人。」等他的背影混入來來往往的人裡，再找不著了，我便進來坐下，我的眼淚又來了。

文章中以「皮大衣」象徵「父愛的溫暖」；以「朱紅的橘子」象徵「父愛的光輝」；以「將朱紅橘子一股腦兒放在我的皮大衣上」象徵「父親給我的愛是完完整整，毫無保留。」

總括以上所述，要寫好描寫文，必須仔細觀察對象、遵循邏輯順序、掌握描寫技巧、借助修辭方法。

今天的作文題目是「醉鬼」、「颱風」、「牛群」、「花園」任選一題習作。

三、什麼是記敘文

我們平常寫人、敘事、繪景、狀物時，把其中的特徵、狀態、發展、變化寫出來就是記敘文。記敘文是將「記事文」和「敘述文」合併起來的總稱，前者是靜態的呈現，只記載人、時、事、地、物的特徵、狀態，沒有人、時、事、地、物的推移、擴展；後者則是動態的描寫，偏重敘述人物的心理狀態、事物的變化過程。實例上，純粹靜態的「記事文」或純粹動態的「敘述文」是少之又少，通常都是隨著時空的推移擴展，一邊「記事」一邊「敘述」，兩者兼而有之，我們統稱爲「記敘文」。

以〈籃球比賽〉一文爲例，它是純粹靜態的「記事文」（只記載人、時、事、地、物的特徵、狀態），全文如下：

　　十一月八日，我們班和二年乙班舉行籃球比賽。我們班上場的球員有陳冠滔、盧建元、王子威、連冠勳、陳奕廷等五個人；二年乙班有陳鉞、蘇威中、林辰育、高樹民、陳昱廷等五個人。

　　比賽的結果，我們班五十八分，二年乙班四十分，我們贏了。十一月十五日我們要和二年丙班比賽，如果再贏了，我們就是這次籃球大賽的冠軍了。

　　倘若是純粹動態的「敘述文」（只敘述人物的心理狀態、事物的變化過程）則如下：

　　球員們著裝時，我的心跳加速，呼吸急促，因為我太在意這場比賽的勝負了。如果我們贏了，就可以取得和二年丙班比賽的資格，爭奪冠軍；萬一不幸輸了，啊！希望不要有「萬一」，儘管老師常說不要把得失勝負看得太重，可是，在榮譽當前的時候，誰又能放鬆自己的心情呢！

　　球賽開始了，雙方的球員都盡力猛攻。只見球在空中不停的穿梭來往，球員們不停的來回奔馳，對方如果攻進一球，他們的啦啦隊就拚命大叫大跳；我方怎能示弱，所以也在得分時興奮的高呼，那聲音簡直像一陣陣的轟雷，雙方的啦啦隊在場外的戰況，也十分的激烈。

　　眼看著我們的得分漸漸增加，時間也快到了，心裡不由得盼著快點兒結束，不要讓對手有反攻的機會。果然，

槍聲一響,勝利已屬於我們,全班的歡呼聲震耳欲聾,我這顆心興奮得怦怦跳了。

　　這兩種或純粹記事或單純敘述的文章,在實例上並不多見,也不完整,因為當我們寫一件事情時,不會只單純的「記」或單純的「敘」,而會隨著事態的發展變化、時空的推移延續,一邊「記」一邊「敘」,這種把「記」和「敘」合併起來的文章,就稱為「記敘文」例如:

　　十一月八日,我們班和二年乙班舉行籃球比賽。我們班上場的球員有陳冠滔、盧建元、王子威、連冠勳、陳奕廷等五個人;二年乙班有陳鉞、蘇威中、林辰育、高樹民、陳昱廷等五個人。

　　球員們著裝時,我的心跳加速,呼吸急促,因為我太在意這場比賽的勝負了。如果我們贏了,就可以取得和二年丙班比賽的資格,爭奪冠軍;萬一不幸輸了,啊!希望不要有「萬一」,儘管老師常說不要把得失勝負看得太重,可是,在榮譽當前的時候,誰又能放鬆自己的心情呢!

　　球賽開始了,雙方的球員都盡力猛攻。只見球在空中不停的穿梭來往,球員們不停的來回奔馳,對方如果攻進一球,他們的啦啦隊就拚命大叫大跳;我方怎能示弱,所以也在得分時興奮的高呼,那聲音簡直像一陣陣的轟雷,雙方的啦啦隊在場外的戰況,也十分的激烈。

　　眼看著我們的得分漸漸增加,時間也快到了,心裡不

由得盼著快點兒結束，不要讓對手有反攻的機會。果然，槍聲一響，勝利已屬於我們，全班的歡呼聲震耳欲聾，我這顆心興奮得砰砰跳了。

　　比賽的結果，我們班五十八分，二年乙班四十分，我們贏了。十一月十五日我們要和二年丙班比賽，如果再贏了，我們就是這次籃球大賽的冠軍了。

　　又如陶淵明的〈桃花源記〉也是用記敘文體寫作的名篇，作者邊「記」邊「敘」，寫得十分流暢自然，周詳完備，全文如下：

　　晉太元中武陵人，捕魚為業，緣溪行，忘路之遠近。**忽逢桃花林**，夾岸數百步，中無雜樹，芳草鮮美，落英繽紛，漁人甚異之。復前行，欲窮其林。林盡水源，便得一山，山有小口，彷彿若有光。便舍船，從口入。

　　初極狹，才通人；復行數十步，豁然開朗。土地平曠，屋舍儼然。有良田、美池、桑、竹之屬，阡陌交通，雞犬相聞。其中往來種作，男女衣著，悉如外人；黃髮垂髫，並怡然自樂。見漁人，乃大驚，問所從來，具答之。便要還家，設酒、殺雞、作食。村中聞有此人，咸來問訊。自云：先世避秦時亂，率妻子邑人來此絕境，不復出焉，遂與外人間隔。問今是何世？乃不知有漢，無論魏、晉！此人一一為具言所聞，皆嘆惋。餘人各復延至其家，皆出酒食。停數日，辭去。此中人語云：「不足為外人道也。」

既出，得其船，便扶向路，處處誌之。及郡下，詣太守，說如此。太守即遣人隨其往，尋向所誌，遂迷不復得路。**南陽劉子驥，高尚士也，聞之，欣然規往，未果，尋病終。後遂無問津者。**

根據前文的定義來看，文章中粗體字的部分，只記載人、時、事、地、物的特徵、狀態，是「記事文」。而其餘的部分，則偏重敘述人物的心理狀態、事件的發展變化，是「敘述文」。兩者合併起來，才是完備生動的「記敘文」。

後附一篇文章，請大家看過之後想一想：

1. 這篇文章的哪一部分偏重記事？哪一部分偏重敘述？

2. 如果把記事的部分去掉，只留下敘述的部分，讀起來有什麼感覺？

3. 如果把敘述的部分刪掉，只留下記事的部分，又會有什麼缺點？

〈大明湖〉　　劉鶚

老殘告辭動身上車，一路秋山紅葉，老圃黃花，頗不寂寞。到了濟南府，進得城來，家家泉水，戶戶垂楊，比那江南風景覺得更為有趣。

到了小布政司街，覓了一家客店，名叫高陞店，將行李卸下，開發了車價酒錢，胡亂吃點晚飯，也就睡了。

次日清晨起來，吃點兒點心，便搖著串鈴滿街蹚了一

　趟，虛應一應故事。午後便步行至鵲華橋邊，雇了一隻小船，盪起雙槳；朝北不遠，便到歷下亭前，止船進去。入了大門，便是一個亭子，油漆已大半剝蝕。亭子上懸了一副對聯，寫的是：「歷下此亭古，濟南名士多」；上寫著「杜工部句」，下寫著「道州何紹基書」。亭子旁邊雖有幾間房屋，也沒有什麼意思。

　　復行下船，向西盪去，不甚遠，又到了鐵公祠畔。你道鐵公是誰？就是明初與燕王為難的那位鐵鉉。後人敬他的忠義，所以至今春秋時節，土人尚不斷的來此進香。到了鐵公祠前，朝南一望，只見對面千佛山上，梵宇僧樓，與那蒼松翠柏，高下相間，紅的火紅，白的雪白，青的靛青，綠的碧綠；更有一株半株的丹楓夾在裡面，彷彿宋人趙千里的一幅大畫，做了一架數十里長的屏風。

　　正在嘆賞不絕，忽聽一聲漁唱，低頭看去，誰知那明湖業已澄淨得同鏡子一般。那千佛山的倒影映在湖裡，顯得明明白白。那樓臺樹木格外光彩，覺得比上頭的一個千佛山還要好看，還要清楚。

　　這湖的南岸，上去便是街市，卻有一層蘆葦，密密遮住。現在正是開花的時候，一片白花映著帶水氣的斜陽，好似一條粉紅絨毯，做了上下兩個山的墊子，實在奇絕！

　　老殘心裡想道：「如此佳景，為何沒有什麼遊人？」看了一會兒，回轉身來，看那大門裡面楹柱上有副對聯，寫的是「四面荷花三面柳，一城山色半城湖。」暗暗點頭道：「真正不錯！」進了大門，正面便是鐵公享堂，朝東便是一個荷池。繞著曲折的迴廊，到了荷池東面，就是個

圓門。圓門東邊有三間舊房，有個破匾，上題「古水仙祠」四個字。祠前一副破舊對聯，寫的是「一盞寒泉薦秋菊，三更畫舫穿藕花。」

過了水仙祠，仍舊下了船，盪到歷下亭的後面。兩邊荷葉荷花將船夾住。那荷葉初枯，擦的船嗤嗤價響。那水鳥被人驚起，格格價飛。那已老的蓮蓬不斷的蹦到船窗裡面來。

老殘隨手摘了幾個蓮蓬，一面吃著，一面船已到了鵲華橋畔了。

今天的作文題目是「我的休閒生活」。

四、記敘文的寫法（一）

記敘是各種文體中最基本的寫作方法：「記事」的部分，必須掌握時空的延展，簡明扼要的交代人、時、事、地、物的特徵、狀態；「敘述」的部分，則要充分運用視覺、聽覺、嗅覺、味覺、觸覺……等感官的摹寫技巧，詳實而生動的敘述人物的心理狀態、事物的發展過程。

要怎樣寫好記敘文呢？

（一）掌握時空的延展，交織成完整篇章

寫作記敘文時，要讓時間的延續和空間的擴展相互結合，以前者為經線，後者為緯線，經緯交錯，構成篇章。

以陶淵明的〈桃花源記〉為例，作者用武陵人誤入桃

林的時間延續（過程）為主軸，透過武陵人的感官，逐步擴展空間視野，從遠而近、由大而小、從靜態到動態，由小溪、桃林、落英、山洞，到村中土地、屋舍、水池、桑竹、雞犬、老人、小孩……等。將桃源景致像圖畫般鋪陳開展出來。步步引人入勝，處處讓人驚嘆，最後以武陵人離開桃源，劉子驥計畫探訪未果而作結。

（二）運用感官的摹寫技巧

時空的延展只是記敘文寫作的篇章架構，並不能讓讀者一窺全貌、一探究竟。為了讓其中的人物、事件、景物生動活躍起來，必須善用感官的摹寫，使人讀罷，如見其人、如聞其聲、如臨其境。

以〈桃花源記〉為例，桃源之美有三：一是天然的景物優美；二是村中的人情淳美；三是政治的環境恬美。

作者首先摹寫桃源的天然景物優美，從洞外一直延伸擴展到洞內：武陵人「緣溪行，忘路之遠近，忽逢桃花林」，是怎麼樣的桃花林呢？作者以視覺摹寫，生動的描述出來：「夾岸數百步，中無雜樹，芳草鮮美，落英繽紛。」桃紅的落英繽紛飛舞在新綠的芳草之上，而後隨著武陵人的足跡，「得一山」，「從口入」，「初極狹，才通人；復行數十步，豁然開朗。」抬頭一望，眼前是大片的天地，「土地平曠，屋舍儼然。」武陵人在遊目騁懷之餘，繼續前行，「良田、美池、桑竹之屬、阡陌交通」一幕幕映入眼簾，此時，作者另以聽覺摹寫，帶出了雞鳴、犬吠、間雜著人聲，構成了立體空間的桃源美地。

　　其次，摹寫村中的人情淳美方面，則表現在「見武陵
人」之後，作者以視覺與聽覺摹寫，表現村中人的自然純
樸：「便要還家，設酒、殺雞、作食。」「村中聞有此
人，咸來問訊。」讀者可以想見村中人將此消息一傳十、
十傳百的盛況，村人好奇的簇擁著武陵人，七嘴八舌的詢
問外面的世界，而「餘人各復延至其家，皆出酒食」更把
村中人的熱情好客表露無遺。

　　此外，作者也描述了桃源政治環境的恬美：桃源中
「土地平曠，屋舍儼然」，而環繞著「良田美池」的是桑竹
迎風搖曳，村人悠遊自在，他們豐衣足食，樂天知命，作
者摹寫寧靜美好的環境，試圖反襯當時動亂不安的社會，
而老人小孩並怡然自樂，……自云先世避秦時亂，率妻子
邑人來此絕境，不復出焉，更反映當時被壓迫的百姓心
聲，此外「乃不知有漢，無論魏晉」則說明了村中人遠離
塵世的瀟灑自得。

　　綜合以上所說，掌握時空的延展，並配合感官的摹
寫，邊「記」邊「敘」，就能寫好一篇記敘文了。

　　下錄薛福成的〈觀巴黎油畫記〉，那是一篇講究章
法、擅長摹寫的好文章，請在閱畢之後，回答下列問題：

　　1.文章中的時空如何延續擴展？

　　2.作者如何運用摹寫的技巧引人入勝，並豐富了觀畫
所得？

〈觀巴黎油畫記〉　　薛福成

　　光緒十六年春閏二月甲子，余遊巴黎蠟人館。見所製

蠟人，悉仿生人，形體態度，髮膚顏色，長短豐瘠，無不畢肖。自王公卿相以至工藝雜流凡有名者，往往留像於館。或立或臥，或坐或俯，或笑或哭，或飲或博，驟視之，無不驚為生人者。余亟嘆其技之奇妙。譯者稱西人絕技，尤莫逾油畫，盍馳往油畫院，一觀普法交戰圖乎？

其法為一大圜室，以巨幅懸之四壁，由屋頂放光明入室。人在室中，極目四望，則見城堡，岡巒，溪澗，樹林，森然布列，兩軍人馬雜沓：馳者，伏者，奔者，追者，開槍者，燃砲者，搴大旗者，挽砲車者，絡繹相屬。每一巨彈墮地，則火光迸裂，煙焰迷漫；其被轟擊者，則斷壁危樓，或黔其廬，或赭其垣；而軍士之折臂斷足，血流殷地，偃仰僵仆者，令人目不忍睹。仰視天，則明月斜掛，雲霞掩映；俯視地，則綠草如茵，川原無際。幾自疑身外即戰場，而忘其在一室中者。迨以手捫之，始知其為壁也，畫也，皆幻也。

余聞法人好勝，何以自繪敗狀，令人喪氣若此？譯者曰，所以昭炯戒，激眾憤，圖報復也。則其意深長矣。

夫普法之戰，迄今雖為陳跡，而其事信而有徵。然者此畫果真邪，幻邪？幻者而同於真邪？真者而同於幻邪？斯二者蓋皆有之。

今天的作文題目是「一趟豐富之旅」。

五、記敘文的寫法（二）

記敘文雖是各種文體中最基本的寫作方法，但亦是最

難寫好的一種寫法。王鼎鈞先生在《作文七巧》中提到，要把記敘文寫得生動，最要緊的是文章要有：

> 起落
> 詳略
> 表裡

所謂「起落」是記敘的內容引起讀者情緒起落的狀態；「詳略」為記敘內容的詳略，與人物的心裡狀態、事物的發展變化相互配合的程度；而「表裡」則是記敘「表」面現象時，有足以引起讀者想像和推論的「裡」層意涵。司馬遷的〈張釋之執法〉即是具備「起落」、「詳略」、「表裡」等要件的名篇。全文如下：

> 釋之為廷尉。上行出中渭橋，有一人從橋下走出，乘輿馬驚。於是使騎捕，屬之廷尉。
> 釋之治問。曰：「縣人來，聞蹕，匿橋下。久之，以為行已過，即出，見乘輿車騎即走耳。」廷尉奏當，一人犯蹕，當罰金。
> 文帝怒曰：「此人親驚吾馬；吾馬賴柔和，令他馬，固不敗傷我乎？而廷尉乃當之罰金！」釋之曰：「法者，天子所與天下公共也。今法如此而更重之，是法不信於民也。且方其時，上使立誅之則已。今既下廷尉，廷尉，天下之平也，一傾而天下用法皆為輕重，民安所錯其手足？唯陛下察之。」良久，上曰：「廷尉當是也。」

先說「起落」。

文章開頭：「釋之爲廷尉。」內容很平淡，讀者的情緒沒有任何起伏變化。「上行出中渭橋」，讀者情緒稍稍有了變化，文章有了「起」勢。「有一人從橋下走出，乘輿馬驚。」「起」勢陡然上揚。「於是使騎捕」，「起」勢一直維持在高點。「屬之廷尉」，讀者高亢的情緒稍微「落」了下來。

中段：「釋之治問。……廷尉奏當，一人犯蹕，當罰金。」平和理性的訊問過程，並沒有使讀者的情緒產生「起落」。

末段：「文帝怒曰：『此人親驚吾馬；吾馬賴柔和，令他馬，固不敗傷我乎？』」文帝的怒責，使平緩的文勢再「起」，「釋之曰：『法者，天子所與天下公共也。今法如此而更重之，是法不信於民也。……唯陛下察之。』」釋之的陳述，氣勢磅礴，文章的「起」勢逼近最高點。「良久，上曰：『廷尉當是也。』」緊繃的情緒得到紓解。「起」勢急轉直「落」，像舞台的布幕急速落下，文章戛然而止。

「張釋之執法」之所以精彩，文勢的「起起」「落落」是關鍵所在，也是讀者想一口氣讀完的原因所在。

其次談到「詳略」。

記敘文的寫作最忌諱「記流水帳」。所謂「記流水帳」是指記載每天收支的帳簿，無論收支金額多寡，記帳格子大小沒有差異，統統一樣，帳冊翻閱起來索然無味。寫作

記敘文若是「記流水帳」，亦即不分「詳略」，沒有重點，就絲毫引不起讀者的閱讀興趣！

以〈張釋之執法〉爲例，執法過程是文章的重心，必須「詳」細記敘：「釋之治問。曰：縣人來，聞蹕，匿橋下。久之，以爲行已過，即出，見乘輿車騎即走耳。」將兩人的問答鉅細靡遺的鋪陳開來。而「執法理由」亦是重點所在：「法者，天子所與天下公共也。……願陛下察之。」作者從法理情三方面「詳」細剖析陳述，說得綿密詳實，使文帝「良久」無法回應，令人拍案叫絕。

至於其他部分則非本文重點，故簡「略」帶過。試想當時皇上出巡是何等大事，因非關「執法」，作者以「上行出中渭橋」六個字「略」過；此外，驚嚇了皇上也是非同小可，但亦因不是重點，只輕描淡寫交代了事：使騎捕，屬之廷尉。

總之，寫作記敘文時，要視題目的重心作適當的取捨：是重心，要「詳」；非重心，則「略」。

最後說明「表裡」。

好文章讓人咀嚼再三，回味無窮，是因它有「裡」層的義蘊。〈張釋之執法〉告訴我們：「法律人」要勇敢捍衛「司法尊嚴」、抗拒「政治壓力」、維護「司法獨立」，因爲，法律之前人人平等。這些「裡」層的義蘊值得人們深思。

總括來說，記敘文要寫得好，一定要把握「起落」、「詳略」、「表裡」的三大原則。

此外，陶淵明的〈桃花源記〉亦是記敘文的名篇，它

的「起落」、「詳略」、「表裡」如何設計安排？請逐一解析說明。

晉太元中武陵人，捕魚爲業，緣溪行，忘路之遠近。忽逢桃花林，夾岸數百步，中無雜樹，芳草鮮美，落英繽紛，漁人甚異之。復前行，欲窮其林。林盡水源，便得一山，山有小口，彷彿若有光。便舍船，從口入。

初極狹，才通人；復行數十步，豁然開朗。土地平曠，屋舍儼然。有良田、美池、桑、竹之屬，阡陌交通，雞犬相聞。其中往來種作，男女衣著，悉如外人；黃髮垂髫，並怡然自樂。見漁人，乃大驚，問所從來，具答之。便要還家，設酒、殺雞、作食。村中聞有此人，咸來問訊。自云：先世避秦時亂，率妻子邑人來此絕境，不復出焉，遂與外人間隔。問今是何世？乃不知有漢，無論魏、晉！此人一一爲具言所聞，皆嘆惋。餘人各復延至其家，皆出酒食。停數日，辭去。此中人語云：「不足爲外人道也。」

既出，得其船，便扶向路，處處誌之。及郡下，詣太守，說如此。太守即遣人隨其往，尋向所誌，遂迷不復得路。南陽劉子驥，高尚士也，聞之，欣然規往，未果，尋病終。後遂無問津者。

今天的作文題目是「第一次」。

六、什麼是抒情文

　　所謂「抒情文」是抒發情懷的文章。我們的感情原本平和穩定、隱藏內斂，因為人事景物的刺激，而產生了極大的反應，把它訴諸筆端，發乎文字，就是「抒情文」。例如：與好友分手而難過不捨，分手後懷念追憶；他鄉遇故知而喜悅興奮，捎來故鄉消息後感慨歎息；比賽勝利時鼓舞歡欣，做事失敗後沮喪難過；和風煦日時心曠神怡，陰風慘雨後鬱悶寡歡……等等，把這些感情懷想抒發出來，就是「抒情文」了。

　　是故抒情文就內容方面而言，要具備真摯的情感，從形式上面來說，要能充分抒發感情。其表達形式大致可分為兩種：一是述情類（直接抒情，直截了當的表達喜怒哀懼愛惡欲等感情），另一是物感類（間接抒情，借助寄託於人事景物來抒情）。

　　總括而言，抒情文的本質與記敘文的內涵，有極大的差異：從認識事物的角度來看，抒情文賦予一定的主觀色彩，而記敘文則是客觀的鋪陳。由兩種文體的性質看來，抒情文是抒發抽象的情感，而記敘文是記敘具體的事物。再從表達的重點來看，抒情文側重裡層的剖視，而記敘文偏重表象的描繪。

　　以曾培剛同學課堂上的習作〈憶〉為例，它就是一篇具備真摯情感，充分抒發感情的「抒情文」：

　　　　兩年前的春天，有一天下課後，接到兒時玩伴逝世的

噩耗，對當時的我來說，似乎來得太快而措手不及。媽媽告訴我晚上必須到他的靈前上香，我帶著忐忑不安的心情回到家中。

他是我從小到大的玩伴，年紀大我一歲，因為是爸爸生意上伙伴的長子（他還有兩個弟弟，年紀和我相仿），所以從小就認識，每逢假日兩家庭便相邀出遊，烤肉、爬山、露營……等等。我們四個人可說是最要好的朋友。

但就在那天，他激烈運動後直接用冷水往頭部沖洗，原本心臟不好的他當場倒地，緊急送醫急救，最後仍然回天乏術。他！我最要好的朋友，就這樣離我而去。

我拖著沉重的步伐，步入靈堂，看見遺照上的親切笑容，不禁令人鼻酸。旁邊擺放著他在世時的生活照，憶起大家出遊時的歡樂景象、金榜題名時大家為他慶祝的歡樂場面，小時候四個人在溪裡玩耍時光溜溜的模樣……一景一物歷歷如在目前，無限的悲傷，從心頭湧出；滾燙的淚珠，從臉頰滑落，我接過二弟遞來的香，看著他，竟然不知道要說什麼，端詳著他的遺照，呆呆的站了許久，或許此時的他也在某個角落哭泣吧！為他上了香，替他摺了許多蓮花，時間也晚了，我向叔叔、阿姨道別後便回家了。

告別式當天，由於上陽明山田園教學的關係，我……缺席了（那也是我最遺憾的事），那天陽明山上飄著濛濛細雨，雨滴從我的雨衣上滑落，老天似乎也想告訴我什麼，我抬頭望望天空，看著陰沉的雲朵，好像也在為他的逝世悲傷，雨滴隨著陽光的照射，緩緩的烘乾，我對他的懷念與哀傷，卻隨著時間化作永無止境的思念……他，

就此長眠，過去的歡樂時光，如今已成為難忘的回憶。

　　第一次練習抒情文的寫作，就能寫得這麼好，並不多見，有很多同學一不小心就寫成了記敘文，例如下文：

　　小時候，我有三個一起陪伴長大的玩伴，他們三人彼此也是兄弟關係。

　　我們的爸爸是生意上的伙伴，兩家庭常在假日相約出遊，無論是爬山踏青或郊遊烤肉，總會挑選附近的海產店共進晚餐，我們的友誼就這樣一天比一天增溫，變成要好的朋友。

　　三兄弟中排行老大的他，頭不大，圓臉，高挺的鼻子，兩道既短又粗的眉毛，頭髮永遠梳得發亮，映照著蒼白的臉色。每次爬山踏青時都是殿後，上氣不接下氣，氣喘如牛，我們為了等他經常少玩了好多地方。

　　兩年前的春天，有一天下課後，媽媽突然告訴我，他因激烈運動後，用冷水直接沖洗頭部，而休克倒地送醫不治，並得在晚上到他靈前為他上香。回到家我並沒有多想什麼，換了件樸素的衣服就快速前往他的靈堂，靈堂裡面傳來了誦經的聲音，四周貼滿了朋友製作的海報，桌上放著他生前和我們出遊的照片，以及大家為他摺的蓮花。

　　不久，他的大弟拿起臉盆和毛巾向他拜了拜，並以二枚十元硬幣代替杯筊，問他要不要洗澡，擲了兩次他才答應，大弟將臉盆放回地上，過了許久再擲一次杯筊，得知他已沐浴完畢，便將水往外傾倒，象徵著他再也不會回來

了。

　　沒錯，他不會回來了，我們四個人共遊的往事不會重現，只能追憶了。

　　拿後者與前者比較，很明顯的，後者少了抒情的筆調，只是客觀的鋪陳、具體的記敘事物，偏重表象的描繪。而前者在抒發抽象的情感時，處處寫出內心的感受，充滿主觀的色彩，側重裡層的剖視。換言之，引發作者追憶懷想的人事景物只是個引子，後者著墨太多，而前者簡單勾勒，重心不同，寫出來的作品是抒情文或是記敘文，就顯然立見了。

　　今天的作文題目是「我最難忘的一件事」、「冬夜懷故友」、「當晚霞滿天」、「玩偶」（或任何一件足以勾起感懷的物品）等任選一題。

　　記住，要抒「情」多於記「事」，才是抒情文。

七、抒情文的寫法

　　抒情文的內在本質必須具備真摯的感情，其表現方法則要充分抒發情感。趙二呆的〈第一次傷心痛哭〉（取自「生命中的第一次」，《中華日報社》出版）即是抒情文的佳構，全文如下：

　　在人的一生中總必然會傷心的痛哭過。

　　我傷心痛哭是在五歲的時候。

　　桃紅柳綠的江南，午後的春風吹得人如醉欲睡。我在靜寂的迴廊上正在發呆，門口忽然響起一陣嘈雜聲——那是賣小雞雛的引起的。

　　在大人腿縫間，當我蹲在一隻大籮筐邊，聽到的只是柔美的吱吱之音，看到的是一個個小絨球擁擠地動，我真的人都呆了。抬頭望，一團慈祥的雲籠罩著祖母。「你可選一隻屬於自己的小雞，」是春風的溫和，上蒼的慈愛揉合起的一種聲音，不但進入我的耳，也進入我的心。

　　在小心靈上，不是一陣欣喜，而是一陣興奮。我沉默著，沒有動手，只癡癡的在看，一心一意在選一隻屬於我的小雞。終於我伸出右手的食指，指向一隻黑絨球，上頭還有一個小黑絨球。

　　從賣雞人手中，我用雙顫動的小手，更是緊張激動的小心捧下那隻屬於我的小雞。不知為什麼，我不願將那小黑絨球放在地上，而放在迴廊的一張方桌上。跪在長凳上，看小雞啄著一粒粒的碎米，偶爾望著我，吱吱叫兩聲，那種喜悅溢滿整個小心靈。於是我想：晚上一定要帶牠睡在我床上，我想到我可能會壓倒牠，我必須用一個盒子，讓牠睡在我枕邊。

　　小雞大概已經吃飽，一堆稀爛的便溺落在桌上，大人命令：「雞只能養在地上，不能養在桌上。」

　　我小心翼翼地將小雞捧下桌子，放在地上，牠好像很緊張，還是抗議，直著小頸子吱吱的叫。這一叫，我可著了慌，趕緊爬上長凳到桌上取碎米，想或可安慰牠。當我由長凳上的跪式向後退下時，一隻腳才落地，只聽得一大

聲「吱」，是一悲聲的吱，出自我的腳底。我只覺得一陣
恐懼掠上心頭。定神一望：一堆壓扁了的小黑絨球，旁邊
還加了些殷紅。我直覺的知道這是一回什麼事，沒有思
索，沒有停頓，呀的一聲我大哭，哭得一口氣幾乎透不過
來。我大聲的喊叫：「我的雞呀……」震驚了全家的人。
有人在建議，明天再買一隻，買兩隻……「買十隻我也不
要！」我大聲哭、大聲喊。我的雞呀。眼淚、鼻涕，滿臉
滿手，拒絕大人幫我拭去。

在一生中，我認定最了解我的，是我的祖母。她終於
開口了：二呆子夠傷心的了，你們都走開，讓他痛痛快快
哭一場吧。

下午一直鬧到將是日暮了，我大概是累了吧，淚和涕
也乾了，靠著門框，有氣沒力地發出沙啞：我的雞呀……
我的雞呀。

老傭人到迴廊來上燈，看情況已經平靜，於是彎下身
子想撿走那小黑絨球。我站起來吼著啞聲：「你做什麼？」
「還不丟掉！」他似乎無可奈何，答得也很輕鬆。我卻不
知怎樣，心中一酸，又大哭起來。

在祖母的安慰和勸解下，我同意將小雞葬在菜園裡，
但堅持要用一小木盒為棺。由老傭人提著燈籠，我捧著小
木盒，用沙啞之聲輕輕呢喃著：我的小雞。老傭人看看天
上月亮，又看看我，搖搖那一頭銀絲白髮，深深地一聲嘆
息。我停下腳步，抬起頭望著他。他也停下，彎下腰，用
他那隻大手撫著我的頭：「二少爺，你……」有什麼哽著
他的喉，無法再說一個字。月光下，我看到他那深陷的眼

眶中閃動淚光。

在一棵大樹下安葬了我的小雞。一座小小土墳，四周用小石塊圍成個框。是個月明星稀的夜，是那麼空曠，是多麼的靜。

在以後的歲月裡，我遇到過千萬倍於此的傷心事故，但大都深藏在心裡，使得肝腸寸斷，心身俱瘁，卻未能像幼年那樣痛痛快快的一哭。這該是大人的悲哀，只能傷心，而不能痛哭！

從上文看來，作者抒發情感的方法，大致上有兩個途徑：

（一）直接抒情（述情類）

將直摯的感情，以樸實無華的手法抒發出來，就是「直接抒情」。這種抒情方法，不用「引子」，而它的難處也在此。要想把它抒發出來，必須做到情真意切，自然流露，可再細分為兩個步驟：

1.用「我」的觀點直接訴說

換言之，就是把對人事景物的態度和體驗直接訴說出來。以上文為例，作者開頭就用「我」的觀點直接訴說「我」的心情：

在人的一生中總必然會傷心的痛哭過。

我傷心痛哭是在五歲的時候。

……

在以後的歲月裡，我遇到過千萬倍於此的傷心事故，但大都深藏在心裡，使得肝腸寸斷，心身俱瘁，卻未能像幼年那樣痛痛快快的一哭。這該是大人的悲哀，只能傷心，而不能痛哭！

2. 加上「我」的動作、表情、聲音以抒發情感

直接訴說「我」的心情，表達的情感雖然明白，卻無法給人深刻的印象，如果加上「動作」、「表情」、「聲音」的描述，感情的表達一定會更豐富生動。以上文為例，作者加上「動作」、「表情」、「聲音」的描述後，情感的表達就深刻多了：

我直覺的知道這是一回什麼事，沒有思索，沒有停頓，呀的一聲我大哭，哭得一口氣幾乎透不過來。我大聲的喊叫：「我的雞呀……」震驚了全家的人。有人在建議，明天再買一隻，買兩隻……「買十隻我也不要！」我大聲哭、大聲喊。我的雞呀。眼淚、鼻涕，滿臉滿手，拒絕大人幫我拭去。

……

下午一直鬧到將是日暮了，我大概是累了吧，淚和涕也乾了，靠著門框，有氣沒力地發出沙啞：我的雞呀……我的雞呀。

（二）間接抒情（物感類）

　　如果說「直接抒情」是作者直接把「我」的感情抒發出來的方法，那麼「間接抒情」就是間接傳達「我」的情感的途徑。它必須借助寄託於人事景物來進行。

1. 借助寄託於人的抒情

　　寫作抒情文時，情和人的關係，應是以情爲主，以人爲客，寫人是爲了抒情。所以，寫人時要選擇能表達感情的「人」來寫。以上文爲例，人物的出現及鋪寫，都是爲了渲染傷心的情感：

　　老傭人看看天上月亮，又看看我，搖搖那一頭銀絲白髮，深深地一聲嘆息。我停下腳步，抬起頭望著他。他也停下，彎下腰，用他那隻大手撫著我的頭：「二少爺，你……」有什麼哽著他的喉，無法再說一個字。月光下，我看到他那深陷的眼眶中閃動淚光。

2. 依附寓藏於事的抒情

　　寫作抒情文時，若是依附寓藏於事以表達情感，其事包括現實生活中的事件、史實傳說、典故軼事等，都可用來抒情。而抒情文裡的事只是「引子」，必須略寫或概述，其目的仍是爲了抒情，切不可喧賓奪主。以上文爲例，作者傷心之情是依附寓藏於踩死小雞雛的事情上：

・沒有書籍的屋子，就像沒有靈魂的軀體。（古羅馬）西賽羅

午後……我在……迴廊上正在發呆，門口忽然響起一陣嘈雜聲——那是賣小雞雛的引起的。

在大人腿縫間，當我蹲在一隻大籮筐邊，……一心一意在選一隻屬於我的小雞。……小心翼翼地將小雞捧下桌子，放在地上，牠好像很緊張，還是抗議，直著小頸子吱吱的叫。這一叫，我可著了慌，趕緊爬上長凳到桌上取碎米，想或可安慰牠。當我由長凳上的跪式向後退下時，一隻腳才落地，只聽得一大聲「吱」，……定神一望：一堆壓扁了的小黑絨球，旁邊還加了些殷紅。

3. 依附寄寓於景的抒情

抒情文的寫作，情和景的關係，亦是以情為主，以景為客，寫景就是為了抒情，所謂情景相合即是此意。以上文為例，作者抒發傷心的情懷時，借助了景物的描繪，以達到情景交融的目的：

在祖母的安慰和勸解下，我同意將小雞葬在菜園裡，……在一棵大樹下安葬了我的小雞。一座小小土墳，四周用小石塊圍成個框。是個月明星稀的夜，是那麼空曠，是多麼的靜。

4. 依附寓藏於物的抒情

借物抒情時，所敘寫的物必須與所抒發的情，或有相似處，或有相切合處，或有譬喻、象徵的作用，並且要情不離物，情隨物轉。以上文為例，作者用「小絨球」來抒

發喜悅之情，物與情相切合，又有譬喻、象徵作用，十分傳神：

在大人腿縫間，當我蹲在一隻大籮筐邊，聽到的只是柔美的吱吱之音，看到的是一個個小絨球擁擠地動，我眞的人都呆了。

此外作者用「小木盒爲棺」來寓藏傷心之情，令人鼻酸：

在祖母的安慰和勸解下，……但堅持要用一小木盒爲棺。……

總括來說，抒情文的寫法有「直接抒情」及「間接抒情」兩種途徑。前者又可細分爲「直接訴說」、「加上動作、表情、聲音」來抒寫抽象的情感；後者則可借助寓藏於人事景物來表達細膩的情懷。

今天的作文題目是「喜上眉梢」、「別離」、「一張褪色的相片」、「第一次」等任選一題習作。

八、什麼是論說文

大體而言，把人事景物的特徵、狀態、發展、變化記敘下來的文章是「記敘文」；因人事景物的刺激而引發感情懷想的文章是「抒情文」；而面對某一件事情、某一個

• 知識是珍貴寶石的結晶，文化是寶石射出的光輝。（印度）泰戈爾

問題時，有主觀的見解看法，也有客觀的解釋說明，就稱爲「論說文」了。換言之，作者在面對事情或問題時，一邊「議論」，一邊「說明」，以使讀者充分明白並完全信服作者的論點、理由、證據、結論的文章，我們統稱爲「論說文」。

以蔣中正的〈我們的校訓〉一文爲例，它的首尾兩段是「作者對爲何要懂得我們的校訓，以及如何實踐我們的校訓的見解看法」，是「議論」：

我們在學校裡讀書，所學的各門功課、各種知識、都不過是次要的；最要緊的，還是要懂得做人的道理。如果不懂得做人的道理，其他學問無論學得怎樣好，都沒有用。所以我們求學，第一就是要懂得做人的道理。

我希望個個學生，在學校能夠敬師長，在家裡能夠孝父母；到處能夠有禮節，守規則。個個學生能夠愛清潔，尚整齊，身體強，精神好，這樣一定可以成爲一個健全的國民，做一番純正的事業，不要辜負教師的苦心教導和我深切的期望。

文章的中段是「作者對什麼是我們的校訓的解釋說明」，是「說明」：

所謂「做人的道理」是什麼呢？簡單地講，就是我們的校訓──禮、義、廉、恥──四個字。我們在學校裡，一定要尊敬師長，要聽先生的話，要守學校的規矩；對於

同學，要彼此相親相愛，不可吵鬧打架。在家裡，要孝敬
父母，兄弟姐妹要互相友愛。還有自己的生活，無論食、
衣、住、行，一切都要照著新生活的六項原則——整齊、
清潔、簡單、樸素、迅速、確實——切實做到，尤其是整
齊、清潔，格外要緊。什麼東西都要安置整齊，不要亂七
八糟，一切行動都要規規矩矩，不要苟且隨便；所有用
的、吃的、穿的東西，以及住的地方，都要弄得乾乾淨
淨，不可腌臢污穢。大家總要有禮節，尚義氣，講廉恥。
無論何時何地，大家都要拿這「禮、義、廉、恥」四個字
作為行為的標準，生活的準繩，互相砥礪，彼此勸勉。這
就是所謂做人的道理。

　　以整篇文章來說，作者一邊「議論」，一邊「說明」。
對「為何要懂得我們的校訓」、「如何實踐我們的校訓」
有主觀的見解看法；就「什麼是我們的校訓」則有客觀的
解釋說明。把兩者統合起來就是一篇「論說文」了：

〈我們的校訓〉　　　　　　　　　　　　　蔣中正
　　我們在學校裡讀書，所學的各門功課、各種知識、都
不過是次要的；最要緊的，還是要懂得做人的道理。如果
不懂得做人的道理，其他學問無論學得怎樣好，都沒有
用。所以我們求學，第一就是要懂得做人的道理。
　　所謂「做人的道理」是什麼呢？簡單地講，就是我們
的校訓——禮、義、廉、恥——四個字。我們在學校裡，
一定要尊敬師長，要聽先生的話，要守學校的規矩；對於

同學，要彼此相親相愛，不可吵鬧打架。在家裡，要孝敬父母，兄弟姐妹要互相友愛。還有自己的生活，無論食、衣、住、行，一切都要照著新生活的六項原則——整齊、清潔、簡單、樸素、迅速、確實——切實做到，尤其是整齊、清潔，格外要緊。什麼東西都要安置整齊，不要亂七八糟，一切行動都要規規矩矩，不要苟且隨便；所有用的、吃的、穿的東西，以及住的地方，都要弄得乾乾淨淨，不可腌臢污穢。大家總要有禮節，尚義氣，講廉恥。無論何時何地，大家都要拿這「禮、義、廉、恥」四個字作為行為的標準，生活的準繩，互相砥礪，彼此勸勉。這就是所謂做人的道理。

我希望個個學生，在學校能夠敬師長，在家裡能夠孝父母；到處能夠有禮節，守規則。個個學生能夠愛清潔，尚整齊，身體強，精神好，這樣一定可以成為一個健全的國民，做一番純正的事業，不要辜負教師的苦心教導和我深切的期望。

總上所述，「議論文」是「議論某一件事情或某一個問題時，提出自己獨到的見解看法，或駁斥別人錯誤的理論見解的文體」；「說明文」則是「說明事物的種類、用途、意義、作法、過程、性質、狀態……的文體」。前者強調「主觀」；後者則要避免「主觀」，要客觀的說明事情（或問題）的緣由與來龍去脈。倘若兩者兼而有之，就是「論說文」了。

今天的作文題目是「勤能補拙」（議論文）、「水」

（說明文）、「捨得」（論說文），請任選一題習作。

九、議論文的認識與寫法

所謂議論文是「議論某一件事情（或某一個問題）時，發表自己的見解主張，或駁斥別人的看法意見的文體」。對於同一件事情（或同一個問題），不同的人有不同的意見看法，俗話說「眾說紛紜，議論紛紛」即是此意，因此，要讓自己的主張見解站得住腳，同時要讓別人信服，必須要求自己提出的主張有道理，內容的呈現有條理，才容易辦到。概括而言，寫作議論文的步驟有三：

1. 提出論點（主張）：是什麼，不是什麼；要什麼，不要什麼。

2. 進行論證（說明理由、舉出證據）：為什麼；怎麼樣。

3. 作出結論：所以是什麼，不是什麼；所以要什麼，不要什麼。

彭端淑的〈為學一首示子姪〉即是運用這三個步驟寫成的名篇，全文如下：

天下事有難易乎？為之，則難者亦易矣；不為，則易者亦難矣。人之為學有難易乎？學之，則難者亦易矣；不學，則易者亦難矣。

吾資之昏，不逮人也：吾材之庸，不逮人也。旦旦而學之，久而不怠焉；迄乎成，而亦不知其昏與庸也。吾資

之聰，倍人也：吾材之敏，倍人也。屏棄而不用，其昏與庸無以異也。然則昏庸聰敏之用，豈有常哉？

蜀之鄙有二僧，其一貧，其一富。貧者語於富者曰：「吾欲之南海，何如？」富者曰：「子何恃而往？」曰：「吾一瓶一缽足矣。」富者曰：「吾數年來欲買舟而下，猶未能也。子何恃而往？」越明年，貧者自南海還，以告富者，富者有慚色。西蜀之去南海，不知幾千里也；僧之富者不能至，而貧者至焉。人之立志，顧不如蜀鄙之僧哉？

是故聰與敏，可恃而不可恃也；自恃其聰與敏而不學，自敗者也。昏與庸，可限而不可限也；不自限其昏與庸而力學不倦，自立者也。

1. 先說「提出論點（主張）：要什麼，不要什麼」：

作者在首段先點出為學沒有絕對的難易，只看人是否肯努力。這就是作者所提出的「論點（主張）」。

2. 其次談到「進行論證（說明理由、舉出證據）：為什麼；怎麼樣」：

作者接著在次段說明人雖有昏庸和聰敏的差別，但努力的程度卻可以改變其結果，以證明「為學沒有絕對的難易，只看人是否肯努力」的「論點（主張）」是站得住腳的。但光有「理由」還不夠，最好能佐以「證據」，常言道：「事實勝於雄辯。」，因此，作者緊接著在第三段又以蜀鄙二僧為例，證明「肯努力終能成功」並非沒有根據。

　　「進行論證」是議論文的重心，因為議論文是要讓別人對自己的「論點（主張）」折服，要讓人折服，空口說白話是沒有用的，必須有充分的理由，明確的證據，來證明自己的主張正確，自己的論點有道理。

　　一般而言，議論文的證據可分為下列五種：

　　⑴理證：是用道理來證明。議論文是講「道理」的文章，要針對事情（或問題）充分說明理由，才能「以理服人」，方可使人信服。

　　例如彭端淑的〈為學一首示子姪〉就是用道理來證明「勤學的重要」：吾資之昏，不逮人也；吾材之庸，不逮人也。旦旦而學之，久而不怠焉；迄乎成，而亦不知其昏與庸也。吾資之聰，倍人也；吾材之敏，倍人也。屏棄而不用，其昏與庸無以異也。然則昏庸聰敏之用，豈有常哉？

　　⑵事證：是用人世間的事例來證明。也就是引用古今中外的史實、故事、寓言或生活經驗，來支持自己的論點，使它具有說服力。

　　例如彭端淑的〈為學一首示子姪〉就是用蜀鄙二僧為例，證明「肯努力終能成功」的道理：

　　蜀之鄙有二僧，其一貧，其一富。貧者語於富者曰：「吾欲之南海，何如？」富者曰：「子何恃而往？」曰：「吾一瓶一缽足矣。」富者曰：「吾數年來欲買舟而下，猶未能也。子何恃而往？」越明年，貧者自南海還，以告富者，富者有慚色。西蜀之去南海，不知幾千里也；僧之

富者不能至,而貧者至焉。人之立志,顧不如蜀鄙之僧哉?

又如魯迅的〈天才觀〉也是用事例來證明「勤學重要」的道理:當魯迅成名後,一些人恭維他是「天才」,魯迅揮揮手否認:「哪裡有什麼天才,我是把別人喝咖啡的工夫,都用在工作上的。」

⑶物證:是用自然界的事物的常情常理來證明。也就是用自然界中的事物所隱含的道理,來證明自己的看法正確,使自己的論點站得住腳。

例如「滴水穿石」就是常用的物證,用它來證明「勤學的重要」,相當有說服力。

⑷語證:是用古聖先哲、時賢今人許多被公認的話語來加以證明。也就是引用權威的話語,使自己提出的論點具有公信力,足以讓眾人信服。

例如:杜甫說:「讀書破萬卷,下筆如有神。」又如陶淵明說:「勤學如春起之苗,不見其增,日有所長。」都可用來證明「勤學的重要」。

⑸譬喻證:是用譬喻的方式來證明。

例如:「不積跬步,無以至千里;不積小流,無以成江海。」又如:「學問如逆水行舟,不進則退。」都是用譬喻來證明「勤學的重要」。

以上數種論證,可任選一兩項或三項來闡發,以強化自己的主張論點。

3.最後說明「作出結論:所以要什麼,不要什麼」:

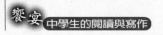

作者最後在末段爲全篇文字作出結論：子姪們不論資質高下，都應該力學不倦，力學不倦就能自立；不應該自恃聰敏，自恃聰敏將會失敗。

彭端淑的這一篇文章，不但提出的主張（論點）有道理，內容的呈現也很有條理，足可使初學者學會作議論文的重要方法。

今天的作文題目是「論虛心」、「談忍耐」。請任選一題習作。

十、說明文的認識與寫法

所謂說明文是解說事物、闡明事理的文章，強調「是什麼樣」、「爲什麼這樣」和「怎麼樣」。它不同於議論文，著重作者的主觀見解，而是強調客觀的剖析說明。它的特點有三：說明性、知識性和客觀性，而它的寫作要求也有三：

（一）熟悉與明晰

先要熟悉說明的對象，再把想要解說的事物、想要闡明的事理，用最淺近的文詞說個明白透徹，使人知其然，並且知其所以然。

（二）特徵與系統

寫作說明文，要抓住事物的特徵、事理的精髓，由淺入深、從具體到抽象，以漸進的方式說明物象、分析因

果、闡明眞義。

（三）準確與周密

　　解說事物、闡明事理時，作者本身的概念要準確，解說要周密，要能旁徵博引，從各個角度、採多種觀點來解釋分析，直到別人通透明白。

　　以林文月的〈蘿蔔糕〉爲例，文章中解說台式、潮州式蘿蔔糕，以及自己製作蘿蔔糕的過程，符合「熟悉與明晰」、「特徵與系統」、「準確與周密」的要求，就是屬於解說事物的「說明文」名篇：

　　　蘿蔔糕是家人團聚的年夜飯不可缺的，而農曆年終日，往往在二十九日，所以我們從小習慣跟著父母親稱除夕爲「二九暝」。製作蘿蔔糕的時間，最好在二九暝前兩天，以避免與烹調其他菜餚衝突而添加忙碌；太早製作，則又恐放置久而失去新鮮味。

　　　通常都須於前一天買好在來米及蘿蔔。如今在來米店或超級市場皆有已經研磨成粉狀裝袋的米粉，確實方便不少。以前我都是晚上淘洗好米，浸於水中。次日清晨，由阿婆把水瀝乾，送到附近的豆腐店，花一些工錢請他們磨成米漿；再把那變成稠濃的米漿放入麵粉袋中，上置重物，令多餘的水分擠壓出來，方可備用。今日的台北市高樓林立，街頭巷尾何處去尋找一間老式的豆腐店？所幸袋裝的米粉既省時又省力，委實可喜。只須將塑膠袋打開，加入清水，便可得到我從前從頭一天晚上到次日早晨大約

十個小時的效果。唯一須要注意的是水的分量，及加水的方法。水要徐徐注入，切忌太急。一面用筷子或湯匙將水與米粉攪拌均勻，至稍硬即可。因為太軟的米漿，無法再容納蘿蔔汁，而減卻蘿蔔的香味，所以調水之際，要把蘿蔔汁的水分考慮在內。這對於初次操作的人而言，或者不易掌握，不過，凡事累積經驗，總可以漸臻熟練。食單肴譜之類，可以供參考，親自動手以後，方能達到「冷暖自知」之境。

蘿蔔與在來米（或米粉）的比例，約在三比一之間。換言之，若用一斤米，則需三公斤蘿蔔，如此做出來的糕才有濃郁而香醇的蘿蔔味。白蘿蔔洗淨瀝乾水分後，以刨刀刨成絲，略灑些鹽，使蘿蔔汁自然滲出一部分，遂將那滲出的蘿蔔汁加入先前調和得稍硬的米漿之內。

往日母親教我們製作的台式蘿蔔糕，是先將蘿蔔絲在爆炒過紅蔥頭末的鍋中燜煮，使其軟化，再與調味料共同傾入米漿內。冷米漿遇炒熱的蘿蔔絲，即會成為糊狀半固體。但我婚後學得豫倫家鄉的潮州式蘿蔔糕，更受我們的兒女喜愛，所以與傳自母親的方法略異。現將其製作過程記述於後。

潮州式蘿蔔糕蒸出來，較諸台灣式或廣東式蘿蔔高稍硬而有嚼勁，其差別在於蘿蔔刨絲後不入鍋炒燜，直接把生蘿蔔絲與米漿混合蒸製。當然，調味與作料，仍是需要先行備妥。

作料方面，豬肉、香菇、蝦米、花生以及青蒜是必備的。豬肉要去皮，選擇稍帶肥脂的腿肉或眉頭肉，切成絲

狀。香菇與蝦米先浸泡後，前者亦需切絲。花生購買時即已除皮膜者，略洗後泡於大碗內。青蒜則洗淨瀝去水分，斜切爲寸許長。以上諸種材料的份量比例，以能點綴蘿蔔糕，使糕切片時得以見到各色屬雜期間爲準。但千萬要記住：糕爲主，作料爲賓，莫令喧賓奪主。

切絲的肉與香菇，最好先在醬油及少量糖中醃泡使入味。起由鍋時，油量要稍重，最先爆炒青蒜及香菇、蝦米，然後再炒肉絲。至於鹽、醬油、糖、胡椒、味精等調味料，亦應較一般炒菜用量爲多，否則調入米漿內便淡乎寡味了。已經浸泡過的花生，可以不必爆炒，瀝乾備用。

米漿、蘿蔔絲，與配料都準備妥當後，便要將這三部分混合調勻。如果是小家庭，製作一、二個蒸籠的糕，大約準備一個大型塑膠盆即可，如果人口稍眾，或準備多做一些送人，則須另覓更大的容器。有一段時間，母親年邁不堪勞動，我負責製贈娘家的年糕，曾經爲此特別購置一只巨大的金屬盆子，大小可容嬰兒沐浴。於今回想起來，真是一大壯舉！

首先，把米漿放入容器內；次加刨好的蘿蔔絲，一面用洗淨的手，憑著手指的觸覺，將米漿結成塊狀的部分搓開，使與蘿蔔絲均勻融合；最後撒入炒妥的配料及泡過水的花生粒。炒配料的湯汁及油分亦須全部傾入其中，唯配料有時過多，可以留取一部分供他用。即使配料不多不少恰好，也應預先留一些濾去湯汁的部分，以爲撒布糕面之用。

製作潮州式的蘿蔔糕，通常比較廣式、台式蘿蔔糕爲

稠濃一些。而且蘿蔔尚未經燜炒，蒸後仍會產生汁水，因此調勻後，如果仍嫌其不夠糊軟，是正常的現象。

起初，我依豫倫記憶口述試做，是將攪和蘿蔔絲後猶稍硬的米漿，用雙手舀取合掌大小之量，置於熱氣騰升的蒸籠布上。每一層蒸籠內約可放入三個，旁邊自然有空隙可以透氣。豫倫說，兒時他偶爾從上海回家鄉，親戚長輩便是以那種橢圓形的蘿蔔糕切成片狀，油煎後蘸辣醬油享食的。爾後，我認為既然食時都須切成片，原來是橢圓小糕或是整籠大糕都無甚關係，且捏成橢圓形狀既費工夫又佔空間，所以便逕自改以廣式、台式年糕的製作方法，將蘿蔔泥傾入鋪好糕巾的蒸籠內。

蒸蘿蔔糕的蒸鍋，宜選取稍大型者。通常鋁製蒸鍋有二層，底部有整齊的圓洞以利通氣，往時我完全依傳統方法，於其上鋪麵粉袋拼成的「粿巾」，將蘿蔔泥倒入，復於周邊插上竹筒助利熱氣暢通。自從阿婆告老退休以後，身邊少了一個得力幫手，便也自然想出較方便省事的變通方法，粿巾、竹筒等物的事後清理頗費神費時，遂改取坊間所賣製作西點用的鋁製或玻璃製較高的容器，形狀亦未必拘泥圓形；長方形狀的容器，蒸製後切成片，反而更為整齊合宜。可見隨時利用現代生活周邊的器物，仍然可以達到表現傳統之目的。

蒸蘿蔔糕時，一定要用大火，且慎防鍋蓋不緊而漏氣。於蒸鍋底層注入傾清水約七分滿，水燒開後，把盛著蘿蔔泥約八分滿的鋁製或玻璃容器每層蒸鍋內各放一具，隔火蒸之。倒入蘿蔔泥之前，容器內宜用鋁箔紙或玻璃紙

緊密鋪妥，蒸好以後的糕才不致黏著其上而易於取出。爲了美觀起見，盛好蘿蔔泥後，可將預先留存的肉絲、香菇、蝦米及花生等撒布於表面上。

蒸蘿蔔糕的時間，須視其大小厚度而定。一般而言，滿水大火蒸約一小時到一小時半，可取一枝筷子插入，不會黏沾，且聞到濃郁的蘿蔔香氣，便表示已經蒸熟了。

熄火後，得要趕快把蒸鍋移開爐上，並且把兩層分別擺開，挪出容器使冷卻，以免多餘的水氣殘留於糕上。蒸得成功的蘿蔔糕，呈乳白色且油亮亮，面上的配料點綴其間，更增添美觀。用手指輕按則有一種厚實的彈性可以感覺到。

等待完全冷卻之後，用一只扁平的大盤覆蓋於糕面上，用手按住，然後把裝著糕的容器輕快倒扣。糕冷卻之後，會稍稍收斂，所以微微搖動便能夠將容器抽出，使糕連同鋁箔紙或玻璃紙覆蓋於盤子上。於是剝除三面的薄紙，再將糕身倒翻過來，美味而且美觀的蘿蔔糕便出現於眼前了。

作者先在首段至第四段中，說明台式蘿蔔糕的製作要領；接著在第五至第十段中，解說潮州式蘿蔔糕的製作過程；最後在第十一至第十六段中，說明自己炊蒸蘿蔔糕的方法。文章中強調蘿蔔糕「是什麼樣」、「爲什麼這樣」和「怎麼樣」，完全是客觀的解釋說明，沒有主觀的見解看法，可供初學者參考。

另外，以梁啓超的〈最苦與最樂〉爲例，它則是屬於

闡明事理的「說明文」佳構：

　　人生什麼事最苦呢？貧嗎？不是。失意嗎？不是。老嗎？死嗎？都不是。我說人生最苦的事，莫苦於身上背著一種未了的責任。人若能知足，雖貧不苦；若能安分（不多作分外希望），雖失意不苦；老、死乃人生難免的事，達觀的人看得很平常，也不算什麼苦。獨是凡人生在世間一天，便有一天應該的事。該做的事沒有做完，便像是有幾千斤重擔子壓在肩頭，再苦是沒有的了。為什麼呢？因為受那良心責備不過，要逃躲也沒處逃躲呀！

　　答應人辦一件事沒有辦，欠了人的錢沒有還，受了人的恩惠沒有報答，得罪了人沒有賠禮，這就連這個人的面也幾乎不敢見他；縱然不見他的面，睡裡夢裡，都像有他的影子來纏著我。為什麼呢？因為覺得對不住他呀！因為自己對他的責任，還沒有解除呀！不獨是對於一個人如此，就是對於家庭、對於社會、對於國家，乃至對於自己，都是如此。凡屬我受過他好處的人，我對於他便有了責任。凡屬我應該做的事，而且力量能夠做得到的，我對於這件事便有了責任。凡屬我自己打主意要做一件事，便是現在的自己和將來的自己立了一種契約，便是自己對於自己加一層責任。有了這責任，那良心便時時刻刻監督在後頭，一日應盡的責任沒有盡，到夜裡頭便是過的苦痛日子；一生應盡的責任沒有盡，便死也帶著苦痛往墳墓裡去。這種苦痛卻比不得普通的貧困老死，可以達觀排解得來。所以我說人生沒有苦痛便罷，若有苦痛，當然沒有比

這個加重的了。

翻過來看，什麼事最快樂呢？自然責任完了，算是人生第一件樂事。古語說得好：「如釋重負」；俗語亦說是：「心上一塊石頭落了地」。人到這個時候，那種輕鬆愉快，直是不可以言語形容。責任越重大，負責的日子越久長，到責任完了時，海闊天空，心安理得，那快樂還要加幾倍哩！大抵天下事從苦中得來的樂才算眞樂。人生須知道有負責任的苦處，才能知道有盡責任的樂處。這種苦樂循環，便是這有活力的人間一種趣味。卻是不盡責任，受良心責備，這些苦都是自己找來的。一翻過來，處處盡責任，便處處快樂；時時盡責任，便時時快樂。快樂之權，操之在己。孔子所以說：「無入而不自得」，正是這種作用。

然則爲什麼孟子又說：「君子有終身之憂」呢？因爲越是聖賢豪傑，他負的責任越是重大；而且他常要把這種種責任來攬在身上，肩頭的擔子從沒有放下的時節。曾子還說哩：「任重而道遠」，「死而後已，不亦遠乎？」那仁人志士的憂民憂國，那諸聖諸佛的悲天憫人，雖說他是一輩子感受苦痛，也都可以。但是他日日在那裡盡責任，便日日在那裡得苦中眞樂，所以他到底還是樂，不是苦呀！

有人說：「既然這苦是從負責任而生的，我若是將責任卸卻，豈不是就永遠沒有苦了嗎？」這卻不然，責任是要解除了才沒有，並不是卸了就沒有。人生若能永遠像兩三歲小孩，本來沒有責任，那就本來沒有苦。到了長成，

寫·作·篇 | 233

責任自然壓在你的肩頭上，如何能躲？不過有大小的分別罷了。盡得大的責任，就得大快樂；盡得小的責任，就得小快樂。你若是要躲，倒是自投苦海，永遠不能解除了。

　　文章中作者先闡述「什麼樣是最苦與什麼樣是最樂」；其次解說「為什麼身上背負著未了的責任，是人生最苦的事，又為什麼盡了責任，是人生最樂的事」；最後說明「怎麼樣做才是最苦、怎麼樣做才是最樂」。也符合「熟悉與明晰」、「特徵與系統」、「準確與周詳」的寫作要求，足可使初學者學會作說明文的方法。

　　今天的作文題目是「水」、「我的人生觀」，請任選一題習作。

考場作文

◎以八十五年高中北聯作文題目「比讀書更重要的事」為例

　　我們常聽人說，某人學問不錯，但是辦事能力很差；某人學歷很高，但是做人道理不通，這些人只是為了得到文憑，以凸顯自己求職升遷時的身價，以抬高個人在社會大眾心目中的地位。現今整個社會所示範的與考試制度所呈現的現象，已嚴重誤導了青少年學子的讀書態度，扭曲了讀書的價值。因此八十五年台北區公立高中聯招國文科作文題目「比讀書更重要的事」可謂切中時弊，它逼使考生重新思考比讀書更重要的事，也提醒社會大眾冷靜反省為青少年所提供的示範，題目實在出得漂亮。

　　然而考生、家長、學校老師、以及社會大眾對此卻有不同的看法，而焦點都集中在評分的標準（客觀公正性）上。首先是題目的審辨。坊間補習班認為「讀書」兩字可以解釋為因求學而提高學歷，得到更高文憑、謀求更好工作。而聯招會的解釋，認為「讀書」就是純粹做學問，沒有其他涵義，考生可以就「天生我才必有用，行行出狀元」

加以申論，說明學歷不是成功的護身符；也可以吐露生命之中，除了讀書以外，還有哪些值得珍惜、關懷的事物。對兩個截然不同的「解題」說法，考生們都難掩心中的憂慮，深怕差之毫釐，失之千里，希望評審老師高抬貴手，只要勉強說得通就給予合理的分數，避免引起無謂的爭議。其次，究竟什麼是比讀書更重要的事，也是眾說紛紜，莫衷一是。有的說是修養身心，服務人群；也有的說是充實生活經驗，學得一技之長；更有的說是吃喝玩樂，打工賺錢。頓時之間街頭巷尾議論紛紛，教育局長鄭重其事的請求評審老師，不要加入主觀的價值評斷，只要言之成理就給分。

俗話說：文無定法。固然沒錯，但站在國文教學以及閱卷工作的立場，面對上述的情況，心中必須有一把尺，一則以引導作文的教學，二則給考生一個合理的交代，以維持作文評量的公平、公正性。筆者不揣淺陋，擬從立意構思與布局謀篇兩方面，談談作文要如何言之成理，使提出的主張有道理，內容的呈現有條理，以得到大家的信服。

一、立意構思

自古以來文學家及文評家就十分重視立意構思在文章寫作中的地位和作用，並特別強調「意在筆先」，用「意」統帥全文。莊子說：「語之所貴者，意也。」後來陸機在《文賦》中也明確指出：「或文繁理當，而文不指適。立

片言而居要，乃一篇之警策。」到了唐宋以至明清文論中更有「以意為主，以氣為輔」的說法，「以意為主，則其旨必見；以文傳意，則其詞不流。」總上所述概括來說，「意」就是我們現在所說的「主題」，而主題就是寫作者在描述生活現象、闡述事物特質及發表對某事物的看法或主張時，通過文章的具體內容所表現出來的基本論點或中心思想。

劉禹錫在〈陋室銘〉一文中提到：「山不在高，有仙則名；水不在深，有龍則靈。」如果把它借用為文章寫作的話，主題恰如山中之「仙」，水中之「龍」，離開它，文章就黯然失色，有了它，文章才精彩生動，因此，寫作時必須用「意」統攝全文，沒有「意」的統攝，材料將散亂無序，毫無意義可言。王夫之說過：「意猶帥也，無帥之兵，謂之烏合。」說理論事時，「意」是文章的主帥，能把散亂的材料組織成為完整的篇章。

以「比讀書更重要的事」為例，考生必須在下筆之前先有明確的看法或主張，而這個看法或主張必須通過具體的內容表達出來。明白的說，如果考生認為「修養身心，服務人群」是比讀書更重要的事，它就是考生個人的看法或主張，為了讓主張站得住腳（說得有理），使讀者信服，必須拿出具體的內容（充分的理由和適切的證據）以支持所提出來的主張。因此，下筆之前的立意構思是相當重要的工作，考生據此以蒐集與主題相關的材料，才不會茫無頭緒；考生據此以組織所蒐集的相關材料，才不會漫無章法。倘若「意在筆後」就會臨文敷衍，手忙腳亂，寫

得支離破碎。

此外，主題也是決定文章價值的重要關鍵，考生把「求才謀職，賺錢打工」定為文章的主題，固然不是離題，但比起「充實生活經驗，服務人群社會」的主題，顯然較不容易使人信服，文章的價值也不高。畢竟人生不只為就業等實用目的而活，人生還有更重要的自我價值需追求，還有更崇高的自我理想要實踐。立什麼意，就決定文章具有什麼樣的價值，考生不可不深思留意。

立意構思如此重要，考生要如何在極短的時間內完成呢？筆者認為要從「廣思」和「深究」兩方面進行全面而深入地思考。

（一）廣思

所謂的廣思，是橫向的觀察、廣泛的思考與題目相關的事物，凡是比讀書更重要的事都可以一一列舉出來。

1.把書中所學的道理應用在日常生活上。2.孝親。3.健康。4.品性。5.修養身心。6.服務人群。7.學得一技之長。8.充實生活經驗。9.參加休閒活動。10.了解讀書的目的。11.計畫將來。12.懷抱理想。13.結婚。14.交友。15.運動。16.興趣。17.生命。18.學習。19.志願。20.遊戲。21.親情。22.愛國。23.賺錢。

（二）深究

所謂深究，是縱向的思考，探求題目本身的邏輯規律。最好的方法是多問幾個「為什麼」，並由現在追溯過

去，從結果探討原因，由表面的原因探究裡層的緣由。

以「比讀書更重要的事」爲例，它是比較性的問題，先要肯定讀書的重要（有些考生完全否定讀書，認爲不必讀書，人生還有比讀書更重要的事，這樣的論點欠圓融，言之不能成理，也難以叫人信服。）其次要比較讀書和讀書以外（後）的事，明確的提出主張，哪些事比讀書更重要呢？

換言之，考生要先問幾個「爲什麼」，眾人盡知讀書是重要的事，爲什麼還有比讀書更重要的事呢？那是什麼，爲什麼它比讀書更重要？理由何在？證據何在？

經過立意構思的步驟以後，考生心中已經拿定主意，接下來就要安排材料，有系統的呈現先前的立意了。

二、布局謀篇

布局謀篇是立意構思後，表現具體內容的重要步驟。

「布局」是把作文比喻爲「棋戰」，借指篇章結構的組織安排。換言之，就是安排材料使成系統的意思。莫泊桑說：「布局是一連串巧妙地導向結局的匠心組合。」換言之，一篇文章從開頭到結尾的一系列「匠心組合」就是布局。

「謀篇」是解決怎麼寫的問題，所謂「章有章法」，「篇有篇規」即是謀篇的意思，劉勰在《文心雕龍・附會篇》一文中說：「何謂附會？謂總文理，統首尾，定與奪，何涯際，彌綸一篇，使雜而不越者也。若築室之須基

構，裁衣之待縫緝矣。」（意思說：什麼叫做附會呢？就是綜合全篇的條理，使首尾聯貫統一，確定哪些該增，哪些該刪，把各部分組織起來成為一個整體，做到內容雖複雜而層次卻清楚。好比造房子必須注意基礎和結構，作衣服少不了裁縫工作一樣。）概括來說，布局謀篇也就是如何開頭與結尾，劃分多少層次與段落，怎樣進行過渡與照應等。

它是表情達意、說理論證的外在形式，也是主題（立意）與材料、論點與論證之間的內在聯繫，更是讀者與作者心靈溝通的橋樑，十分重要。

妥善的布局謀篇，文章才不會虎頭蛇尾，頭重腳輕，失去平衡；也才不會斷而不續，文氣不接，文脈不貫；更不會疏密不分，拖沓敷衍，草率應付。

（一）要如何布局謀篇呢？

1. 要合乎事物本身的條理（秩序原則）

客觀事物本身的條理反映到文章中，就是文章的條理，以「比讀書更重要的事」為例，考生寫作的重點主要在提出問題，分析問題，解決問題的過程。具體的說，考生要提出什麼事比讀書更重要，為什麼它比讀書更重要，如何把它落實在日常生活（人生的過程）當中。

2. 要注意事物之間的聯絡（聯貫原則）

論述比讀書更重要的事時，層次間的邏輯關係要緊密，意念上的聯絡要妥當。有一位考生說：維護身心的健

康比讀書更重要。因為健全的心理寓於健康的身體，有了健康的身心之後，才能把書本上所學得的知識技能用來求職，以貢獻社會，造福人群。這種論點在層次間的邏輯關係相當緊密，意念上的聯絡也很妥當適切。

3. 要留心立意構思的統一（統一原則）

　　闡述比讀書更重要的事時，論點、論證和論據必須合乎邏輯，在意念上達到統一的要求。有一位考生說：讀書不是人生唯一的事，比讀書更重要的是要學習如何做人——做一個有用的人，做一個好人，做一個對社會有貢獻的人——我認為一個才高八斗為非作歹的人，恐怕不如一個目不識丁但循規蹈矩的人來得有價值。這樣的布局謀篇，就做到了按照主題的需要統一材料，也做到了整體的架構協調，脈絡勻稱，格調一致。

　　總之，合乎條理、注意聯絡、要求統一是寫作時必須把握的原則。

（二）層次形式的安排

　　所謂「層次」是文章的思想內容表現次序的安排，也是寫作思路開展的步驟。「比讀書更重要的事」是屬於議論、說理方面的文章，一般而言，這類文章多以邏輯思維的推導、演變過程為基本寫法，文章的層次形式多以提出問題、分析問題、解決問題的程序為依據，而在論證過程中，常見的有下列兩種。

1. 雙括式。論證的材料以「合分合」的形式呈現。

(1) 首括（合說比讀書更重要的事）

一個受過良好教育的人，決定他的前程的關鍵，很少用得著高深的學識，主要還是做事的能力和做人的格調。歸根結柢，學習做事和做人的道理，確實比「死讀書」、「讀死書」重要得多。

(2) 分說學習做事比讀書更重要的理由和證據。

(3) 分說學習做人比讀書更重要的理由和證據。

(4) 尾括（合說學習做事和做人的道理比讀書更重要）

有了高深的學識，又有踏實的做事方法、誠實的做人態度，必將有光明燦爛的人生。

2. 遞進式。論證的材料各層次之間的關係是逐層發展，步步緊逼。

(1) 論點

修養身心，服務人群是比讀書更重要的事。

(2) 論證

甲、健康的身心，就像阿拉伯數字「1」，後頭的「0」則代表學識、技能、財富、權力……「0」越多，價值越大，但如果只有「0」沒有「1」究竟也只是「0」而已。

乙、西諺有云「知識就是力量」，傳統的讀書人要「為天地立心，為生民立命，為往聖繼絕學，為萬世開太平」，現代的讀書人要以天下為己任，服務人群，以實踐自我理想，這是比讀書更重要的事。

(3) 結論

- 一本書像艘船，帶領我們從狹隘的地方，駛向無限廣闊的生活海洋裡。（美）海倫·凱勒

我們要修養身心、服務人群，才不負「讀聖賢書所學何事」的人生使命。

以下試舉一篇同學的佳作為例，以驗證前述的抽象理論。

比讀書更重要的事

讀書的重要是人盡皆知的道理。黃山谷說：「三日不讀書便覺面目可憎。」俗話說腹有詩書氣自華。讀書可以變化氣質，是何等重要。　國父孫中山先生曾說：「革命的基礎在高深的學問。」故其生前雖在顛沛流離之中，經濟拮据之時，仍不忘讀書。西諺也說知識就是力量。讀書促進人類的文明發展。然而傳統的讀書人受到「萬般皆下品，唯有讀書高」的觀念影響，以讀書為獵取功名的工具；現代人讀書則是為了通過升學的窄門，以得到較高的學歷，便於日後求職謀生，成了「死讀書」、「讀死書」的書呆子，有高深的學問，但身體羸弱，弱不禁風；有傲人的學歷，但觀念偏差，自私自利，成了不折不扣的「二腳書櫥」。所以，我認為人生還有比讀書更重要的事，那就是修養身心和樂業樂群。（提出論點）

國內最年經的大學畢業生鍾葳，提及爸爸教育子女的理論時說：一個人的身心健康，就像阿拉伯數字「1」，後頭的「0」則代表學識、技能、財富、權力……「0」越多，價值越大，但如果只有「0」沒有「1」究竟也只是「0」而已。古今中外成大功立大業的人莫不有健康的身

心；至聖先師孔子除了具有淵博的學問，更有崇高的品德、強健的身體，故能著書立說，周遊列國，使孔子學說永爲後人所尊崇；而三國蜀相諸葛孔明，滿腹經綸，品德高尚，可惜出師未捷，病死五丈原，長使英雄淚滿襟；此外，如宋代奸臣秦檜，學問非常好，卻自私自利，殘害忠臣，出賣國家。因此可見修養身心比讀書更重要的多。（舉出論證）

國父曾說：「人生以服務爲目的。」讀書固然重要，但比讀書更重要的是能經世濟人、樂業樂群。最近最新的熱門議題是EQ——一個人的情緒智商。一個人的成功與否，不在於智慧的高低或知識的多寡，讀書的多少，而在於他能否理解自己、也理解他人的情緒；能否處理自己，也處理他人的情緒；能否有同理心，對周遭的人事，有感同身受的眞切感受，並能妥善地因應。EQ——情緒智商，目前已成爲成功的新關鍵因素。因此，擁有健康的身心，能夠樂業樂群，比讀書更重要，乃是不爭的事實。（舉出論證）

讀書可以使我們增長智慧；讀書能夠讓我們蓄積力量。然而修養身心、樂業樂群比讀書來得更重要。在讀書之時，擁有健康的身心，方能善用智慧，己立而立人，己達而達人；在讀書之後，懷抱樂業樂群的胸襟，才可活用力量，計利只計天下利，求名但求萬世名，如此才不忝所生，也才不辜負內求個人修爲，外求經世濟人的讀書人使命。（結論）

（原載《明道文藝》247期）

◎以九十一年大學指考作文題目「對鏡」為例

一年一度的大考又登場了，考生緊張，親師獻策，大家同舟共濟，期待順利靠泊心目中理想的大學。以九十一年指考為例，國文科佔一百分，其中語文表達能力（寫作）部分就佔了近一半分數（四十五分），相信誰也不能漠視它的重要性，因此，臨場應考之道就顯得格外重要。

一、要控制時間

大考國文科作答時間為八十分鐘，可以用在寫作上約四十分鐘，以九十一年指考為例，共有二題作文：一題限以三百字左右評述人物、另一題則是引導作文「對鏡」（文長不限），要在限定的時間內完篇，考生分秒要爭，不可執筆猶疑。

二、要精簡篇幅

以「對鏡」為例，全文以五百字左右最為適當（太短無法充分表達題旨），至少在四百字，至多不超過六百字。

三、要詳審題目（審題）

（一）明辨題目的字面意義及隱含意義

考生首先要看清楚「引導作文」的說明。以九十一年

指考為例，其引導說明如下：

我們的身邊，有各種不同的「鏡子」，有人在時間的流轉中，從「它」照見了容顏的改變；有人在人生的戲局中，從「它」觀看出真正的自我；但也有人不願或不能面對「它」。試以「對鏡」為題，寫一篇文章，文長不限。

其次要從「引導說明」中明辨題目的意義。有人從「它」照見了容顏的改變；有人從「它」觀看出真正的自我；但也有人不願或不能面對「它」：由「照見」、「觀看」、「面對」的詞語，考生不難明白「對鏡」的字面意義即是「照鏡」，而命題先生為何要求考生試以「對鏡」為題寫作，而非「照鏡」，想必是要試探考生是否能引出其隱含的意義——從鏡中的我觀看真實的我；由現實中的我帶出想像中的我，以凸顯其虛實「對照」的意涵。

（二）認清題目的範圍

「對鏡」的範圍在「鏡」，如同「看海」的範圍在「海」一樣。只要在「鏡」的範圍內的材料都可以選用：如銅鏡、玻璃鏡子、歷史的鏡子、朋友像一面鏡子……等。

（三）把握題目的重心

然而，從「引導說明」三次強調「照見」、「觀看」、「面對」來看，考生當知「對鏡」的重心在「對」不在

「鏡」。如果考生只是列舉「鏡子」的種類，或是說明「鏡子」的功能，而沒有記敘抒發「對」鏡時的所見所聞，都沒有把握題目的重心。

（四）決定寫作的體裁

明辨題目的意義，認清題目的範圍，把握題目的重心後，考生已然明白「對鏡」係指以自己的生活經驗出發，從「真實的我」對照「鏡中的我」，由「現實中的我」引出「真正的我」，以抒發自我的見聞感懷。寫作時宜用記敘的體裁描述鏡中的我，再以抒情的筆調抒發對自我的省思，不宜用議論、說明的方式泛寫對鏡時所聯想的抽象道理。

四、要確定主旨（立意）

主旨是考生在描述生活經驗，闡釋事物特質，發表對事物的看法時，通過文章的具體內容所表現出來的基本觀念或中心思想。

以「對鏡」為例，考生必須在下筆之前先有明確的看法，明白的說，如果考生認為「對鏡時，從鏡中的我照見了容顏的改變」是立意所在，為了使閱卷老師明白你所要表達的中心思想，考生必須據以呈現具體的內容：或記敘改變的容顏，或抒發心中的感受。

下筆之前先立意，才能夠據此蒐集與主旨相關的材料，而不會茫無頭緒；方可以據此組織所蒐集的材料，而

不會漫無章法。

考生要如何在極短的時間內完成立意呢？

（一）廣思

所謂廣思就是從引導文字中，廣泛的思考與「對鏡」相關的意涵。

1. 對鏡時，有人從「它」照見了容顏的改變。

2. 對鏡時，有人從「它」觀看出真正的自我。

3. 對鏡時，有人不願或不能面對「它」。

（二）深究

所謂深究是縱向的思考，以探求文章內容的深層規律。

以「對鏡」為例，如果引導文字中的三個意涵都要融合在立意之中，考生就要探求三者間的邏輯規律，擬出一個鮮明的主題來：「對鏡時照見的容顏改變，是因為真正的我，不願或不能面對鏡中的我。」（如附錄）

五、要留意選材

考生在審題、立意後，接著就必須慎選材料以表現主旨。原則上，越接近題目的重心，越能表現主旨的材料越好。選用的標準有四：

1. 要保持統一，刪去與主旨相互衝突的材料。

2. 要符合目的，刪去可能抵銷作品效果的材料。

3. 要顯出特色，刪去不能表現文章主旨的材料。

4. 要講求經濟，刪去不精彩的部分。

以「對鏡」爲例，考生如果以「對鏡時照見的容顏改變，是因爲眞正的我，不願或不能面對鏡中的我。」立意，選材時就不宜選用唐太宗的三鏡說，以免相互衝突，使立意零亂。

六、要用心布局

布局是審題、立意、選材後，呈現內容的重要步驟。莫泊桑說：「布局是一連串巧妙地導向結局的匠心組合。」換言之，考生將一篇文章從開頭到結尾作一系列「匠心組合」就是布局。布局是表情達意的外在形式，也是立意與選材之間的內在聯繫，更是考生與閱卷老師心靈間的溝通橋樑，十分重要。

考生要如何布局呢？

（一）要合乎事物本身的條理（秩序原則）

客觀事物本身的條理反映在文章中，就是文章的條理。以「對鏡」爲例，考生寫作時，一定要把握住先前的立意，用具體的內容把主旨井然有序的呈現出來。

（二）要注意事物之間的聯繫（聯貫原則）

以「對鏡」爲例，對鏡時虛虛實實之間的關係要緊密結合，意念上的聯絡要妥當適切，有一位考生說：「每當

我看見鏡中的自己時，總會訝異，這真的是我嗎？仔細想想，慢慢發現，原來我一直活在自己的想像中，明明現在所有的條件都不具備，但覺得自己具備那份『心』，相信那個想像中的自己，就是未來的自己。」這樣的布局在層次間的邏輯關係相當緊密，意念上的聯絡也很妥當適切。

（三）要留心立意構思的統一（統一原則）

考生在立意時，如果以自己的經驗出發，描述鏡中的我，觀看真正的自我，就不宜扯到歷史的鏡子，不要從歷史人物的借鏡中，體會家國盛衰興替的道理，以免破壞立意構思的統一。

七、要活用修辭技巧

考生在一連串的審題、立意、選材、布局後開始寫作，如能講求修辭技巧（摹寫、譬喻、排比、轉化……等），不但可以巧妙的表達豐沛的思想情意，而且能提升文章的境界層次，讓閱卷老師馬上分辨出優劣高下來。

八、要注意標點書法

1. 篇幅整潔。
2. 書法工整。
3. 墨色濃淡適宜，不要中途換筆。
4. 不要寫錯別字。

5. 不要添字改字。

6. 記得抄題目。

7. 所有的標點符號都應佔有規定的空間。

總之，考場作文的最高原則是：「全心全意，凝神專注；不患得患失，不妄自疑慮；看清題目，掌握要領，勇往直前。」預祝作文順利，考場得意。

 **對鏡**

台北市私立薇閣高級中學　高三丁　李帆

由於自己的相貌平凡，平時也不愛打扮，所以很少照鏡子。而想像中的自己和實際上的自己，又免不了有一段落差。所以每當我「恰巧」看見鏡中的自己時，總會訝異這真的是我嗎？眼神怎麼如此黯淡無光？缺少想像中那份神采奕奕的自信與聖母瑪利亞般慈愛的溫柔。

仔細研究了一下鏡中的我，慢慢發現，原來，我一直活在自己的想像之中，而沒有去認清事實的真相。其實大部分的時候，我知道事情的關鍵所在，可是都沒有勇氣去面對它，我逃避，像我平時有意無意的不去照鏡子一樣。每個人的心中都會有理想化的自己：明星般的臉龐、企業家的財富、武俠小說主角的俠骨柔情、古聖先賢的聰明睿智、以及童年時的天真，一切的一切統統集中在自己身上。明明現在所有條件都不具備，但覺得自己具備那份「心」，相信自己會隨時警惕自己，好好努力，那個理想化的自己就是未來的自己，而不是鏡中的幻影。

　　想像中的自己，雖然完美得遙不可及，看似又無一處不像自己，那麼，現在鏡子裡的這個人又是誰呢？我決定去買遊樂園的門票，走進「鏡子迷宮」當中，在那裡有無數面鏡子，我可以從各種角度好好看清楚自己，檢討自己，好好努力，我相信當我走出這個迷宮，回頭凝望出口的鏡子反射出的身影時，那張笑臉，那雙閃閃發光的眼神，一定和我心中想像的一樣，再熟悉也不過了！

學生分享堂上習作

一、談審題

1.夏夜讀書記

台北市私立薇閣高級中學 高二乙 劉政亨

　　我愛讀書，尤以夏夜讀書為最。

　　每到夏天的夜晚，我便拉開書桌前的窗戶，感受薰風徐徐吹來的清涼。太陽下山之後，白天的酷熱也隨之消散。在寧靜的夜晚中，夏蟲彷彿在對我呼喚，南風好似在我耳邊低語，我沐浴在晶瑩的月光下，在夏日的夜晚裡高聲放歌，「古人秉燭夜遊，良有以也。」隨著螢火蟲的舞動，我在微光與黑暗中尋訪生命的禮讚。

　　晴天有晴天的好，雨天有雨天的妙。就算是下雨的時候，我也一點都不會掃興。我慣常坐在屋簷下，一邊閱讀名人詩文，一邊細聽雨點打落屋頂所交織成的夏之樂章。那如同大珠小珠落玉盤的美妙音節，就算最精湛的鋼琴五重奏都得俯首認輸。在此起彼落的雨聲中，我吟唱《詩經》，讓一唱三嘆的反覆吟詠與雨滴聲相互呼應，在夏雨的夜裡，那清新的空氣，最能振奮讀書人的精神。

　　夏夜讀書，是我學生生活中的一大享受。而每年夏天一結束，我便期待著明年夏天的到來，期待那個有薰風、月光、蟬鳴與螢火蟲伴讀的夏夜。

賞析

　　下筆寫作以前，仔細審辨題目的意義，認清題目的範圍，把握題目的重心，選擇合宜的寫作體裁，寫來得心應手，一氣呵成。

　　題為「夏夜讀書記」，如果單就「夏夜」來說，可寫的很多，但就題目的要求而言，要以「讀書」為重心；又如果只談「讀書」，可談的也很廣，但是它的範圍，卻必須限制在「夏夜」之中。

　　作者很巧妙的掌握了其中的要領，既寫「夏夜」又強調「讀書」，有絕佳的審題功夫。

2.我最喜歡的一本書　　台北市私立薇閣高級中學 國三孝　陳虹廷

　　我最喜歡的一本書，是林海音的《城南舊事》。這本書有點像琦君的文章，都是在追憶童年的時光。林海音在這書中，主要是在描寫她童年時居住在北平城南的點點滴滴。

　　整本書用第一人稱來寫，讀起來像是在讀一個人的日記，但卻也像是以旁觀者的角度去觀察她的家、她的故事。在這裡面有許多不同的小故事，每一篇其實都是可以單獨存在的，但一篇篇的看下來，彷彿有著一條線，把每

• 青春是有限的，智慧是無窮的，趁短暫的青春去學無窮的知識。 (俄)
高爾基

一篇故事連成了她的童年。

她的童年，從七歲到十三歲爸爸死的時候畫上句點，這短短的六年裡，發生了許多事，讓她的童年交織著喜悅和淚水。我看這本書，看了很多次，每次看，都有著不同的體悟，在她那質樸卻又真切誠懇筆調下，我彷彿變成了她，在城南的日月裡穿梭著……。

其中，我最喜歡的是「惠安館」和「我們看海去」。

惠安館是描寫她的一個兒時玩伴和一個瘋姑娘的事，裡面的妞兒，雖然她並沒有很明白的指出來就是瘋姑娘秀貞的女兒，但在種種的敘述和跡象中，都可以看出就是她，而這就是這篇故事最引人入勝的地方了，沒有正面的解答，但在一次又一次穿針引線下，所織出來的布就是我專屬的想像空間；我可以想成妞兒她自己也知道秀貞就是她媽，抑或她不知道；不然就是秀貞認錯了，但在一無母一失女的情況下，就合在一起了……。雖然故事結束得十分離奇——她們在去找妞兒的爸媽時一起出車禍死了，但這也可能是她留給讀者另外一種想像空間吧！

再來談「我們看海去」，它是一篇深深震懾我的故事。童年時她在什麼情況都不明瞭的情況下和一個賊打交道，是那樣的驚險卻又令人難過。她用一種無知的態度去分辨好人和壞人，或許她是在比較大人世界和小孩世界中的分別吧！最後，那因生計而作賊的好人被抓走後，童年的她也就明白了好人和壞人分別的真實意義。在看到她最後說要寫一篇「我們看海去」的文章後，我的眼角真的就這樣流出了一兩滴淚水，而心中被一種無法言喻的惆悵感

寫・作・篇 | 255

給佔滿了。

　　其他篇，如「蘭姨娘」、「驢打滾兒」到最後的「爸爸的花兒落了」，都是一樣的扣人心絃，……再加上穿插在裡面的一些北京腔，要讓人彷彿融合在書中的情節似的。

　　時間會過去，歲月會消失，但這本林海音寫的《城南舊事》裡面的英子，她的故事卻永遠留在我的心中。

賞析

　　「一本書」是題目的範圍，「最喜歡」才是題目的重心。

　　作者精準的掌握了題目的重心，詳詳細細的寫出了她喜歡《城南舊事》的緣由，其他非重心的部分（如全書大意）則略而不提，是審題的高妙之處。

3.我最喜歡的一本書　　台北市私立薇閣高級中學 高一乙 林倍伸

　　走進台北101的Page One書店，從店門口就可以一窺書店裡的規模，令人百思不解的是：在這偌大的書海中，要如何找尋適合自己閱讀的書籍呢？從前，有人說過：不是死去三十年以上作家的作品，不看！我倒沒那麼「偏執」，但是，我是個會花時間好好研究「該看哪種書」的人，選擇自己所喜好的書，一直是我生命中的一大課題，在此，我也以個人的經驗向大家介紹，我最喜歡的一本書：村上春樹著，《海邊的卡夫卡》。

　　有人一定不以為然，又是村上？但是，就在閱讀了村上將近十五部作品之後，捨棄了短篇小說，更捨棄村上經典之作《挪威的森林》，可能連自己都覺得有些莫名奇妙，不過，我能夠非常精準地告訴大家，選擇《海邊的卡夫卡》最大的關鍵在於它和我產生了共鳴。

　　翻開此書的封面，再展開扉頁，剛看完它的「楔子」後，我便舉起雙手投降，我深深地被它吸引了。這本書的「運鏡手法」相當特別，前一、二十章都採「雙主軸」的故事架構，分述二個看似不同的事件，但是，就在劇情進入後半段高潮時，作者又巧妙地將二者連結在一起。故事一開始，描寫了一個跟我們同年紀的少年，在他生日當天，毅然決然地離家出走。旅途中，他在郊區的一家私人圖書館工作，夜裡，與圖書館女主人藉夢境做了許多不可思議之事。除此之外，第二條主軸敘述的是一個「專吃貓的靈魂的男人——Johnny Walker」。到後來二條主軸合併之後，引出的火花，迷幻的劇情則又更多了……。

　　我之所以愛上這部小說，完全是因為「產生共鳴」，不曉得有多少次，我也想效法他丟下現實世界，離家出走，但我不敢，他，替我做到了。從一開始少年離家，到最後回家，如此簡單的過程，卻在作者的筆下成為了一次「奇幻旅程」，透過作者的想像力，我們也似乎共同參與了這趟旅程，作者將敘事、抒情融為一體，甚至以此諷刺現今人心的醜陋，這樣的一部小說，難怪令人愛不釋手。

　　在這步調快、壓力大的社會裡，多少人因為情緒無法宣洩，而得到了「憂鬱症」，如果，我們能夠選擇一本好

書，沉浸在書本的世界中，陪著主角一起笑、一起哭，憂鬱症的發生率必定會迅速降低吧！更何況，能夠找到一本自己最喜愛的書，又是何其幸福呀！

賞析

　　首段揭示主旨：村上春樹所著的《海邊的卡夫卡》是作者最喜歡的一本書；中段詳述最喜歡它的理由；末段總結收束全文意旨。內容豐富而且切近題目重心，全篇無贅文冗句，足具審題時之用心思辨，一點都不馬虎。

4.我最喜歡的一套書　　台北市私立薇閣高級中學 高一甲 翁崇瀚

　　已經忘了，從什麼時候開始發現那套書的存在，只知道，在國中的時候，它便成為了我生活中最重要且最喜歡的書；它不是什麼世界名著，亦不是正經八百的詩詞古文；它是一套漫畫，沒錯，一套日本漫畫——《名偵探柯南》。

　　當我剛開始接觸它時，是好奇多於興趣，也鮮少去租來看，但漸漸的，隨著看的內容越來越多時，我便被它的劇情所吸引，縱使它只是一部偵探推理的漫畫，但它教給我的，不僅僅這樣而已！

　　千奇百怪的犯罪手法、有趣的情節、生動的線條、令人省思的對話……，在在顯示出作者獨特的創意及構思的用心，我想，這大概是我它產生好感的原因。除此之外，它的內容，還包含各方面的常識，例如：氫氧化鈉的中毒

急救、數分鐘內即能致人於死的氰酸鉀，以及檢驗血跡的魯米諾反應……等等，充分發揮了「寓教於樂」的效果。另外，作者還會透過畫中主角的對話，表達一些人生哲學及人生觀，最重要是，它所刻劃的，往往是社會中經常存在的價值觀。特殊怪異的殺人手法，說它是負面教材沒有錯，但又何嘗不是描繪人性的的黑暗面；牽扯利益的糾葛案件，固然是偏激的觀點，卻不就是工商業社會的病態嗎？男女主角的痴心等待，不也說明了「失去才懂得珍惜」的道理？

凡此種種，都是「它」帶給我的啟發，不但如此，我還從它那裡學到了「細心」與「沉穩」，使得原本粗枝大葉、丟三落四的我，懂得如何察顏觀色、如何應對進退……，對我來說，《名偵探柯南》不僅僅是一套推理漫畫，而是一位人生哲學的啟蒙恩師，也因為這樣，截至目前為止，仍未有任何一部書能取代它的地位——它依然是我最喜歡的一部書！

後記：我認為，一部（本）令人欣賞、喜歡的書，並不需要太多的雕琢，它不一定要說古論今的大道理，也不一定要是享譽全球的文學名著，對我而言，或許它所說人生哲理與社會價值觀能引起共鳴就是一部好書、受人喜愛的書，縱然它只是一部漫畫——像《名偵探柯南》一樣！

賞析

審題時要字斟句酌，是「一本書」就不能寫成「一篇文章」；是「一套書」就不能等同「一本書」。作者在

「明辨題目的意義」方面相當細心。

其次「最喜歡」是本文的重心所在，作者用了相當多的筆墨詳細交代，希望讀者能產生「共鳴」，肯定他的說法。

總之，看到題目之後的審題工作是作文的第一步，作者因應得很好。

二、談立意

1.我愛流星

台北市私立薇閣高級中學 高二丁 廖國臨

一天晚上，我獨自一個人，坐在書桌前的窗戶邊，聽著音樂、發著呆。忽然，我的雙眼爲之一亮，遠遠的天空，有一道絢麗的閃光，劃破了寂寥單調的夜空，從天的這一頭，一直延伸到地平線的那端。同時，她也劃開了我煩悶的心。那個畫面從此變成了我一直無法忘懷，也捨不得忘記的一幅圖畫，當我心情低落時，便會再三的把這幅圖從雜亂無章的思緒中找出來，慢慢地、細細地品味。

每當她出現在我腦海時，我的心靈便沉靜了許多，難過或忿怒的情緒也得到了安慰與寄託，雜亂的心情也頓時澄淨了不少，這就是爲什麼我愛她的原因了。在我難過不滿時，她願意跟我一起分享這份喜悅。沒有不耐煩，沒有不在乎，所有的苦與樂，她都願意陪我一同承擔。這種感覺和這份感情是我所獨有的，也許還有別人也喜歡她，但是卻無法擁有同我一樣深刻的感應。

　　我愛她的另一個原因，是她充滿著盼望，也象徵了希望。每當我失望之時，絕望之餘，看到她在眼前，就算只是一瞬間，如白駒過隙般，那短短的數秒間，已足夠把我的憂苦愁煩都帶走了！所有看到她的人都會趕緊趁著她那令人流連忘返的身影尚未消失前，偷偷把心底的夢想告訴她，盼望她有朝一日能幫忙圓這個夢。正因爲她就是盼望，她就是希望的表徵。

　　她是那麼的溫柔，那麼的體貼，那麼的善解人意。她既願意陪著我，又令我滿懷信心與希望，但是我卻無法將她留住，我耗盡心思，但她總是從我身邊一再的離去……。我願走遍天涯海角，就算僅能見她一面。我願上山下海，就算只能看她一眼。然而，事實如此的殘酷，她不屬於我，永遠不會屬於我，可是我仍然深深愛著她，她的名字叫——「流星」。

賞析

　　先針對主旨依次敘寫，娓娓道出喜愛流星的來龍去脈，最後才將主旨點明於篇末，就整篇文章來說，有畫龍點睛的效果，這種「篇末立意」的形式相當吸引人。

2. 我愛大海　　　台北市私立薇閣高級中學 高二乙 姚福琦

　　現在學生的生涯中，除了上課、補習之外，就是念書、寫功課。但只要一到放假的日子，我整個人就完全鬆懈下來，而且我一定會往外頭，四處走走，到處看看，就

當作是紓解課業壓力的一種方式。

　　尤其一到假日，我就想到一個沒有人打擾、能忘記煩惱的地方度假。我最常去的地方，除了各個商圈、夜市……之外，就是海邊了。我很喜歡到海邊，坐在沙灘上，看著浪花不斷地向我湧來，吹著微弱且涼爽的海風，這種愜意，真令我難以形容！

　　只要是夏天，而且又是放假日，我最常做的事，就是找朋友一起去海邊玩。戲水、烤肉、曬日光浴、打沙灘排球……，大夥兒都玩得很盡興。在岸邊附近打水仗，大家都無一倖免，全都被潑的濕答答的，躺在沙灘上，吹著涼爽的海風，曬著炎熱的太陽，但，我們一點也不擔心待會兒會被曬成「人肉乾」，反正風在緩緩的吹，把大部分的熱氣都給吹走了。愛極了在海邊嬉笑、玩耍的時光，況且只有夏天，只有夏天才有機會，一定要好好把握，不然，我們要再苦等半年了。

　　每當我心情不好時，常會自己一個人坐車跑去海邊，望著一望無際的大海，讓風，吹去我的思緒；讓浪，帶走我的煩惱，沉澱自己心靈，整理自己的想法，告訴自己，任何事都有它運行的法則，我是無法去改變的；就像浪一樣，一直不斷向前推，直到打到岸上了，再退回去，再重來一次，這就是它運行的法則。它未曾改變，也未曾抱怨，所以還有什麼事能令我煩的。

　　大海，就像是我最好的朋友，因為有它，我的煩惱減少了；想到它，我的心情轉好了，因為它帶給我希望、快樂，它是我生命中的一盞燈，指引我向前，所以，我想對

它說聲：我愛你！我愛大海！

賞析

　　大海讓作者的煩惱減少、心情轉好、並帶來無窮希望，所以作者喜愛大海。

　　「愛」是全文的主旨，「煩惱減少」、「心情轉好」、「帶來希望」是各段的段意，各段意又都統屬於主旨之下，受主旨所領導，如同樹木一樣，有幹身（主旨），有分枝（各段段意），其他不必要、不適當的材料全部割捨，不會「雜亂無章」，作者立意的工夫甚佳。

3. 我愛音樂　　台北市私立薇閣高級中學 高二乙 李珮禎

　　音樂，能紓解壓力、放鬆心情，也能淨化人心。因為它是最美好的，能讓人生臻於真善美的境界。常常有人說，學音樂的人不容易變壞，或許它是古代人的一種刻板印象，但在現實的社會中，許多父母還是希望自己的兒女能多多少少學一種樂器，縱使不是自己的興趣，也可以做為一項專長，而我對它也有說不出的喜愛。

　　在音樂的領域中，我幾乎要說它是奇妙的，整個世界奇妙的樂章，從小就後悔自己沒有一項特殊的才藝，看到同學拉小提琴、彈鋼琴的模樣都很羨慕，很好奇一個看起來不起眼的樂器，居然能拉出如此悅耳動聽的音樂，可以時而悠揚，時而悲切，慢慢地，輕輕地轉變，快起來的時候更像是怒吼的江水，千變萬化，實在讓人難以捉摸。而

我的心靈也時常跟著波動，升到一個不可知的境界。心中都由衷的佩服，於是便在升國中的暑假，選擇了長笛。說實在會讓我喜歡它的原因，是看別人吹起來，感覺很有氣質，我也不禁想有那種感覺。以前的我平常就很喜歡聽些流行音樂，甚至是外國歌曲，有些外國原版的CD，都非常貴，但為了想擁有它，不惜一切代價都想收集到，即使家中的CD都已經放不下了，但我還是很熱衷於它。

由於我學長笛，加上自己又很愛音樂，所以每當有空時我便會去國家音樂廳或有表演的地方聆聽，不管是好的或壞的，都會引起我很大的興趣，我可以高聲唱出心中的喜悅，也可以彌補我心靈的破碎。近幾年來，我偏愛搖滾樂，尤其是外國的歌，每當在百貨公司或外頭有聽到我熟悉的音樂，都會帶給我很大的鼓舞。

音樂是我的最愛，有時覺得它像是一位女神，點綴人間喜、怒、哀、樂到至美處，更能激發人性光明的良知，每天晚上總得讓音樂帶我入眠，時時刻刻都需要它，它能帶給我許多歡樂，心情也隨時跟著它而起伏，「音樂能淨化心靈」這是我永遠都相信的一句話，也希望我的最愛，能讓我每天都過得多采多姿。

賞析

將主旨開門見山的安排在篇首，後文針對它條分為若干部分，末段再點明題旨，並與首段的要旨相互呼應，然後總結全文。就整篇文章來說，這種立意的形式既方便文意的推展，寫來又得心應手。

4. 我愛拿鐵

台北市私立薇閣高級中學 高二乙 王麗婷

　　咖啡，是我最好的同伴。在悠閒的午後，我總愛找間寧靜的咖啡廳，細細的品嚐它。就這樣一個人靜靜地與咖啡度過一整個下午。

　　拿鐵，是我最鍾愛的一種咖啡，它少了黑咖啡的苦味，卻多了一份牛奶的香醇，使人啜飲起來感覺格外甜美，每當我喝著它，總有一種安詳的感覺，就像在情人懷中那樣的甜蜜和溫暖。在我失意或難過時，我總愛喝著拿鐵，感受那份特別的溫馨。對我來說，喝拿鐵不只是味覺的享受，更是心靈的饗宴。

　　拿鐵也是最能讓我放鬆自己的治療師，在繁忙且充滿壓力的生活中，我總會藉著它來減輕壓力的包袱。當我的腦子背負著許多白天的束縛時，我就是沖一杯咖啡，讓自己的心靈沉澱，好好地放鬆一下。這對容易緊張的我無非是最能紓解緊張的管道。

　　在平常的閒暇時間，我喜歡彈琴，有時，我會隨意地作一段小曲，喝著拿鐵，能讓我的腦裡充滿跳動的音符，使我的靈感泉湧，我喜歡彈琴，一邊啜飲香醇的拿鐵，快樂地徜徉在音樂和咖啡的世界中。

　　聞一口拿鐵，搓一搓手中的咖啡杯，不知不覺，我掉進了幸福漩渦……。

賞析

　　採用「層遞」的手法，先概說「咖啡是我最好的同伴」，然後特寫「拿鐵是我最鍾愛的一種咖啡」這種類似「運鏡」的手法，牢牢抓住了讀者的心。

　　中段不急不徐的詳敘「拿鐵」如何讓人陶醉、使人迷戀，末段的結尾則別具巧思，彷彿「拿鐵」的餘韻無窮無盡，讓人齒頰留香。

5.我愛三毛

台北市私立薇閣高級中學 高二乙 鄭竹君

　　許多年前，一個夏日午後，在家裡正無聊時，忽然想到幾箱別人送的塵封已久的舊書，在裡面找了又找，翻了又翻，看到一本書，封面上寫著：「背景」，作者是三毛，心想：「書名不太吸引人，倒是作者的筆名有趣得很，那就翻翻好了！」

　　我對三毛作品的熱愛，就是如此開始的！

　　第一次看到三毛的照片時，覺得她很特別，有著一頭烏黑濃密的秀髮，明亮的一雙眼睛，隱藏著一絲叛逆和瀟灑，她似乎偏好率性不羈的裝扮，看著書上的照片，有種不知該往哪兒躲藏的惶恐，因為她深深的輪廓之中，那雙眼睛，有神且靈活，能把你看穿，看出你的心事。

　　所謂「人如其文」，她真摯率性的文字，誠實有趣的形容更是深深的吸引我，看得出她是個感情豐沛，富有同

情心的女子。在《哭泣的駱駝》一書中，曾對奴隸制度大加韃伐，她也會爲了一袋極喜愛的彩繪石頭的失蹤而大病好幾天，由此可知，她是一位情感奔放的奇女子。

我曾隨著她書中文字，一同遨遊廣闊的撒哈拉沙漠，在一望無際的沙漠上駕車奔馳，聽著沙漠中的傳奇故事。在她帶領下，也曾到過風光明媚的西班牙小島上，一覽迷人的異國風情，欣賞各種美景。

她是非分明、熱心助人的個性，明顯地反映在書中，她曾幫助一位素昧平生的瑞典老人，讓他免於孤獨地度過人生最後一段旅程。幫助別人，在她的心目中，是沒有國界、種族之分的。

我愛三毛，愛她的眞，她的善良、眞摯對待每一個人的態度，更愛她生動活潑、情感豐沛的文筆，沒有任何矯飾造作、濫情的言語，卻有一顆眞情流露的純樸的心。儘管，她的肉體早已飛向那遙遠的西方，但她的精神、她的靈魂，將永遠伴著文字，千古傳唱，觸動我和每一個人的心弦。

賞析

「愛」是很抽象的意涵，必須要用具體的事物來表達。

作者愛三毛，先分敘愛三毛的具體事例，然後總結歸納這些具體事例的旨意：三毛的眞、三毛的善良、三毛眞摯對待每一個人的態度。

這種「篇末立意」的方式有統整的效果，很值得初學

者效法學習。

6.我愛母親 台北市私立薇閣高級中學 高二甲 吳昱賢

　　某個一如往常的夜晚，我做了一個夢：「鈴鈴鈴！」電話鈴聲響起，我接起了它，聽完後臉色發白，是舅舅傳來的靈耗，他哽咽對我說飛機出事了，我的爸媽都不幸罹難了。嘴裡無法吐出隻字片語，大腦無法理智思考事物，六神無主的像個遊魂，四肢無力的幾近昏厥，手裡握著無力掛上的話筒，倒臥在牆邊，無助感蔓延，似乎全世界都無人可依靠，接下來的情景我已無法回想，也許就是歇斯底里的放聲大哭吧！再帶著哭腫的雙眼睡去。

　　早晨突然驚醒，陽光刺眼的射入我的房間，望見真實的世界，我感到很安慰，額頭上滿是汗水，不過這都不重要了，只希望能趕快淡忘這惡夢，至於夢的情節是不是壞預兆，我也盡量不多想，但是心裡還是會有小小的疙瘩。過了幾個禮拜，有一天母親告訴我下禮拜要去上海出差，我聽聞以後，大腦竟無法控制的讓我想起那個墜機的夢，心裡的陰影揮散不去糾結在心頭，我不止一次的和母親確認她要出國的事，還試探性的問她：「一定要去嗎？」最後我還是擺脫不了內心的煎熬，和母親訴說了當晚的夢，母親聽聞以後，出乎意料的，我感受不到她的害怕，她微笑對我說，她覺得很幸福因為我如此愛她，在乎她的安危，並且告訴我不要擔心，不會有事的，她也會去問問會解夢的朋友，這夢的涵義。當我將心中的憂慮說完，心中

彷彿放下了一顆大石頭，母親後來告訴我，這不是預言，是我壓力太大了。但我們還是會不安心，在出國前幾天我們去拜了土地公，希望土地公保佑大家都平安。

母親往上海的班機起飛了，那天的我很不好受，難以言喻的不安緊繃著我的神經，直到飛機安全抵達，接到母親報平安的電話，我總算鬆了一口氣，並且在話筒裡以清脆宏亮的聲音大喊了一聲「媽咪！」這一聲將我心中的不安與這幾個禮拜以來的煩悶都掃去了。

從這個夢我才了解我是多麼的愛母親，也發現我是真的無法失去她，因夢而拉近了母親和我距離，讓我們感情變的更融洽。母親的偉大實在是無法一語道盡，除了生我們、養育我們，真正遇到什麼無法解決的困難時，母親是永遠永遠在我們身旁支持和鼓勵我們的人，不見得要做什麼豐功偉業讓母親感到光榮，只要我們對母親付出最真誠的愛就足夠了，即便只是一句最簡單的噓寒問暖也好，「媽媽！我好愛您！」

賞析

作者描寫「我愛母親」的深邃情懷，完全擺脫了瑣碎平凡的事例，以一場噩夢凸顯「愛」之刻骨銘心，全文充滿戲劇張力，讓人隨著作者的心緒起伏不定。

文末的「媽媽！我好愛妳！」道盡了天下每一個兒女的心聲！

三、談選材

無價之寶

台北市私立薇閣高級中學 高二乙 丁柔之

對一個小孩子而言，一根棒棒糖可能就是無價之寶，手裡拿著它，臉上的笑靨就像太陽一樣耀眼；對一個學生而言，一張一百分的考卷可能就是無價之寶，一整天威風地笑得嘴都快裂開；而對一個大人而言，一個老闆的職稱或閃亮到令人眼花的鑽石就是無價之寶，滿足的笑容就在刻有歲月痕跡的臉上蕩開。但是，什麼才是真正「無價」之寶呢？

我記得國中的時候，我過得非常不好，每天蹙眉度過，為什麼？我自己也不知道，但總覺得一直按照父母師長的期待而生活著，心中有種空虛感，不知道自己為什麼唸書，又為什麼而活？就像隻被操縱的木偶任憑別人支配，卻看不到自己的未來。朋友都看見我變了，卻看不到我心中少了什麼；我像是一個快溺斃的人，隨著飄浮的木頭從眼前消失。老師再怎麼眼尖，也只看見我成績單上日漸高漲的名次，一再的耳提面命「萬般皆下品，惟有讀書高」。我累了，開始逃避，逃避老師的嘮叨，逃避朋友關心的眼神……逃避所有的一切，直到孤單吞噬了我。

一天，我漫無目的的在校園閒晃，那天的風太孤獨了，吹得我心好痛，我俯視著自己零亂的腳步，努力的不讓淚水滴下來。這時，我的一個朋友，向我走過來，我想離開，腳卻又像是生根似的動彈不得。她看我的眼神充滿

心疼，她走過來拉住我的手，看著我像是想把我看穿似的：「妳不冷嗎？」我搖搖頭，卻又點了點頭。她拉著我走向一旁的長椅，嘆了口氣說：「柔柔，妳這樣下去是不行的。如果連妳自己都不想幫自己的話，就算大家想幫妳，也救不了妳！每個人的心，都會有感覺滿的時候，有人選擇大吼大叫，有人選擇說出來，但有人不肯說出來，真的會抑鬱而病的！或許妳有什麼想法，有什麼感觸，妳一定要說出來，一定有辦法解決的呀！妳看妳，什麼都不說，一整天愁眉苦臉，大家都很擔心，妳知道嗎？」我看著她那真摯的眼神，心中真的好溫暖、好溫暖，她拍拍我的頭，繼續說：「德國有句諺語：『不哭的小孩沒奶吃。』妳這樣什麼都不說，沒有人了解的，嗯？凡事都要勇敢面對，沒有什麼是可以逃避的，而且妳是一個很堅強的女生呀！我相信妳一定可以的！」她給我一個大大的微笑，我看著她的臉，覺得這些日子以來的鬱悶，似乎都融化掉不存在了，她抱住了我，緊緊地，我的眼眶噙著淚水，但我是笑著的；從來沒有一刻是這麼深切的感受到自己的存在，我緊緊的抱著她，看著天邊雨後的一道彩虹，像是對我微笑一般。

　　像是什麼都沒發生一般，我又回到從前的我，開始有了笑容，但我永遠都忘不了她說的那些話，甚至時常提醒自己，別再讓她擔心，我會好好的活著。雖然後來分班了，不久也不同校了，但我們都很清楚，我們還是很要好的朋友，要是當時沒有她，我想我真的會有輕生的念頭，她沒有給我任何東西，卻給了我滿滿的感動，這是不論多

少錢都買不到的呀！我想，這就是無價之寶吧！直到現在，偶爾我難過時，我還是會想想她，是多麼一個開朗樂觀的女孩，在我無助的時候伸出援手，如果我沒有好好的過日子，那不就是令她失望嗎？就算現在不常聯絡，但她有時也會冒出來給我驚喜，這種無價的感情，才不是每天黏在一起就會產生出來，因為我們都相信「君子之交淡如水，小人之交甜如蜜」，如果連距離都分不開我們的話，這段友情，才是無價的寶物。

賞析

「友情」是「無價之寶」。下筆之前的「審題」十分細心，「立意」也相當妥切。

至於「選材」方面，作者把握了「保持統一」、「符合目的」、「顯出特色」、「講求經濟」的原則，充分凸顯「立意」所在。

四、談布局

1.心動　　　台北市私立薇閣高級中學 高二乙 劉銘涵

如止水般的心湖突然盪起了一波波的漣漪，一圈、二圈、三圈……。塵封已久的心絃也被撥動了起來，發出滿足、喜悅的音符，在身體裡四處漫遊著，這種心靈有如被清泉洗、被蜜糖滋潤的感覺，是什麼呢？

我所愛的人，會讓我產生這種感覺。每當我遠遠看到

他迎面而來時，我總是趕緊用手整理一下頭髮，拉拉衣服，希望把自己最好的一面表現給他看。隨著腳步聲由小而大，我的心跳速度也逐漸加快，等到他低下頭來，與我四目相交的那一瞬間，我感覺到體內的細胞在他的注視下沸騰了起來，臉也開始泛紅。「嗨！」這個字從他口中跳出，隨著空氣滑進我的身體，將我全身上下的細胞都喚醒了。

「哈囉！」對於我的招呼，他總是留下淺淺的一笑，一個不開懷，但深具魅力的笑容。他的笑，讓四周都亮了起來，連空氣聞起來都不一樣，彷彿是一劑強心針，讓我的心跳得更猛烈，臉部的溫度不斷升高。在他的眼神及笑容送出的那一剎那，我覺得四周都開始模糊不清，好像這個世界就只剩我們兩個，連時間都靜止了似的。他不了解他的一個笑容，會帶給我的心多大的悸動，多少的幻想。

隨著前進的腳步，他已在我身後了。我停下來，回頭望著他的背影，是那麼地帥氣、瀟灑、是那麼地充滿自信，看著他的背影，我心裡升起了一陣陣滿足感。回想著他的聲音、他的笑容、他的眼神，我彷彿墜入了充滿蜜糖的漩渦，甜蜜的波浪一陣又一陣地拍打著我，讓我站也站不穩，只好隨波逐流。

這短短不到三十秒的時間讓我的心湖盪起了漣漪，讓我的心絃發出了樂音；我感受到了被清泉洗滌的滋味，我感受到了被蜜糖滋潤的滋味，更重要的是那種心動的滋味。

賞析

　　和心儀的人相遇，從遠遠走來，到擦肩而過，最後回頭望著他的背影。這當中短短不到三十秒的時間，那種心動的滋味像被清泉洗滌，又如被蜜糖滋潤。令人難以忘懷。

　　文章的布局，合乎事物本身的條理、注意事物之間的聯絡、留心立意構思的統一。它是一篇好文章。

2.心動
台北市私立薇閣高級中學 高二乙 李欣珊

　　在繁忙的生活中，總有些令人覺得溫馨的人、事、物發生或出現在我們的周遭，讓平日疲憊的心，產生了小小的悸動！在我的生活中，也有許多令我心動的人、事、物，像是每天玩在一起的好朋友，或是教學認真的老師，還有我最親愛的父母。

　　每天和好朋友一起學習、玩耍、分享心情，我們之間沒有祕密，彼此也不客氣，就像家人一般，對於彼此所做的事情也都一清二楚，因為我們就如同姐妹般親密。去年我生日的那天，我的好朋友們瞞著我，親手烘了一個大蛋糕，雖味道沒有麵包店師傅做得那麼美味可口，也沒有漂亮的裝飾，但就在我看到蛋糕的那一刻，我的心感動極了，任何昂貴的禮物都比不上這個蛋糕珍貴，直到現在，我依然深深地感動著。

　　此外，老師每天在學校裡，除了教導我們以外，還關

心我們的課業，更要擔心我們的行為舉止以及待人處世的態度，可是，老師總是將這些煩惱與擔憂，化為焦急的責備，才會讓我們感到厭煩，其實，老師就是太擔心我們的行為有任何一點的偏差，深怕我們因而誤入歧途，才會如此不厭其煩的指正我們，看著老師在台上揮汗如雨地認真教學，我的心又激起了一絲絲的感動，真心地謝謝老師！

　　而父母則是對我們的一切付出最多，也是最關心我們的人，而我們卻總認為是應當的，沒有任何感謝或珍惜的心，爸媽每天努力地賺錢，不管多麼辛苦、多麼累，都不曾抱怨，他們只想給我們一個優渥的環境，希望我們有一個光明的未來，爸爸每天下班後，即使身體再疲倦，也依然會陪我聊聊學校發生的事，關心我的課業，他總是說：「有什麼事比陪我的寶貝女兒重要呢？」如此短短的言語，卻讓我的心蕩漾不已，頓時，我的心又被深深地打動了！

　　生活裡，有無數的心動，讓我如此的動心，心中的漣漪，一波波的牽動著我的思緒，豐富了我生命的樂章，更增添了許多生活的情趣。

賞析

　　泛述許多令人心動的人、事、物，由朋友而老師而父母，布局合乎事物本身的條理。

　　其次段落之間作者巧妙的運用連接詞（此外、而）組段成篇，符合事物之間的聯貫原則。

　　而全文用「生活裡有無數的心動，讓我如此的動心」

貫串全篇，切合立意構思的統一原則。

五、談修辭

1.偶像　　　台北市私立薇閣高級中學 高二乙　劉宜欣

　　每個人在不同的成長階段都會有不同的偶像：幼年時，將自己的父母當成崇拜的對象；在青少年時期，光芒四射、耀眼炫目的大銀幕明星自然而然地佔領了瘋狂的年少心靈；到了青壯年，商場上的專業強人則成為做人處世的準則；最後到了晚年，達賴喇嘛、觀世音及耶穌基督等的宗教信仰，變成人們最終的依皈。

　　小時候，學會的第一句話就是「爸爸」或是「媽媽」，爸爸是天底下最英俊的男生，如果是女兒，將來就要嫁給爸爸，倘若是兒子，則會認為媽媽是最漂亮最有氣質的女生，將來也要娶媽媽。另外，父母親的言行更深深地影響子女將來的習性，此時的偶像可以說是最深切影響到自己的人，也是人生各階段中最重要的偶像。

　　當我們成長到了青少年時期，家庭的影響已逐漸減弱，社會上五光十色、光鮮亮眼的偶像巨星早已取代了父親、母親，他們的一言一行、嗜好或是口頭禪都是我們模仿的對象。儘管我們並沒有真正地認識他們，和他們之間隔著一段很遙遠的距離，但是他們仍是我們喜愛效法的偶像。

　　到了已出外歷練的青壯年時期，也因為年齡的增長，

- 書籍具有不朽的能力。它是人類活動中，最長久的果實。（英）斯邁爾斯

擁有成功、聲望或是財富的名人成爲能夠吸引自己目光的偶像。他們能被列爲事業強人，必定有其獨到的一面；所以才會將他們的處世態度做爲我們學習的準則。

而當我們快走到生命的盡頭時，生活經驗也相當豐富，對於某些年少輕狂時無法理解的道理，在此時已能思考得相當透徹明白，對於人生便有另一份高明的見解，宗教則被當作最後的依皈與告解年輕時錯誤的場所，期盼自己大限來臨的那一刻，可以沒有任何罪惡與牽掛，並且帶著從容的人情坦然面對。

偶像可以說是從出生到死亡都一直存在著，而且是會隨著年齡的不同而有不同的對象。從偶像的影響看來，慎選偶像是十分重要的事，它可以幫助我們走向光明燦爛的前程，也可以使我們有所依靠。因此，偶像對我們的成功與否，是一項不可或缺的因素。

賞析

善用「排比」的嚴整形式，把偶像的意義說得綿密詳實，曲盡其義，讀來有勁健之感，辭情也十分周到融洽。

2. 偶像

台北市私立薇閣高級中學 高二丁 黃鈺仁

「偶像」，乃是我們所崇拜的對象，有時，偶像是我們模仿的對象，有時，偶像是我們生活的準則，有時，偶像更成爲了我們感情依附的所在，每個人都有偶像，有些人的偶像是父母、兄姐、朋友或是明星，而我的偶像，是

我的吉他老師。

　　國三下的時候，想跟好友一起學吉他，便到士林宇音教室報了名，買了基本配備，第一次上課的時候，看到了老師，那時的感覺，真不知該如何形容，老師披著一頭長髮，正耐心的指導學生，重點是他是個男的，一個長髮及腰的男人，那畫面我一輩子都忘不了。

　　從開始學吉他開始，隨著學習的東西漸難，對於老師的佩服也日漸增加，每次看到老師靈巧的手指在吉他上輕快的飛舞著，聽著那以前只能在電視上聽到的音樂，一種景仰之情，油然而生，也從老師的諄諄教誨中，學到許多，現在，我也是箇中高手了。

　　時光飛逝，過了兩年，很快的我已經可以不用老師的指導而自己練習了，雖然不在老師門下學習，但他永遠是我崇拜的吉他老師，我的偶像。

賞析

　　題目的範圍特大時，在心裡「加字」確立重心，選定「我的吉他老師就是我的偶像」後提筆寫作，下筆之前的審題工作做得很好。

　　而吉他老師之所以成為偶像，也能言之成理，讓人信服。

3.偶像
台北市私立薇閣高級中學　高二丁　余彥廷

　　每個人心目中都有最崇拜的人，而大部分是影劇明

星，原因為何？因為他長的帥，歌唱的好聽，很風趣，但我對於這些一點興趣也沒有，我最崇拜的人是昔日風靡全亞洲籃壇，素有「投籃道士」之稱的南韓第一神射手──李忠熙。

咻！咻！又是一記三分球，看看！大陸國家隊的教練已面無血色了；哇！又是一個刁鑽快速的切入，李忠熙的崛起徹底詮釋了南韓籃球的「快、狠、準」，他的個子雖不高，約只有一百七十八公分，但他可以用快速的移位或在極遠的位置輕鬆投籃命中，對任何防守者而言，防守他根本是一個可怕的夢魘，NBA六名現役球員包括爵士隊的卡爾馬龍就領教過，在一年的瓊斯杯籃球賽中，美國隊遇上南韓，李忠熙在其嚴防下，得分如吃飯，猛轟下四十九分，這令美國球員的面子蕩然無存，他就是如此神奇的人。

我欣賞李忠熙不僅是因為他高人一等的球技，還有他堅忍不拔的毅力，他在高中時，深知自己先天條件不足，便每天規定自己練習三分球一千球，這可是個天文數字呀！我嘗試過，但最多只投到七百多球就筋疲力竭了，而他呢？還練到手指破皮流血且長繭仍不歇息，這實在令我佩服不已！

對我而言，沒能親眼目睹其高超球技是我的遺憾，對他的了解一切僅止於報紙、雜誌的描述，希望有朝一日可以親眼見到亞洲第一神射手──李忠熙。

賞析

　　善用「摹寫」的技巧，使亞洲第一神射手——李忠熙的英姿躍然紙上，使人讀了如見其人，如聞其聲，十分生動。

4.偶像

台北市私立薇閣高級中學 高二丁　黃亮達

　　李察・克萊德門是近代一位偉大的鋼琴家，記得在五年前，他曾經來台表演……。

　　在國中時，音樂課總是有才藝表演，而我就我所學，選擇了鋼琴，猶記我在尋找所擁有的琴譜時，我打開了古老的鋼琴椅子，在裡面，我找到了一本媽媽小時候彈的譜，封面是一位金髮帥哥，雖然我並非同性戀，但還是被他那深深的微笑所吸引，這便是我們第一次的相遇。在彈了幾首曲子後，我發現他所寫的曲子，使用了許多小度音，聽起來簡單，卻又不單調，雖然大多平靜和諧，但卻又有它高亢激昂的地方。漸漸的，自己感覺似乎已和那音符合而為一，黑白條紋的五線譜，也都變成了色彩繽紛的彩虹，紅的、黃的、藍的、綠的，每個小節都有著不同的魅力，令人百彈不厭，使我不禁想要好好來認識一下這位金髮帥哥。於是李察・克萊德門這個名字便一直深藏在我腦中。

　　在這一次接觸我才發現，原來克萊德門早已存在於我的世界裡，爸爸的CD，汽車廣告的背景音樂，都有他出

沒的蹤跡，那旋律無時無刻不在我耳邊迴盪，那音符無時無刻不在我心中躍動著，那簡潔又華麗的曲風，充塞著周遭的空氣，在經過這次洗禮後，更肯定了對他的感覺。

　　李察·克萊德門不只是我的偶像，也是我學習的目標，希望在未來的某一天，我也能將自己對鋼琴的熱愛傳達給世界上的每一個人。

賞析

　　談偶像時，不僅談誰才是我崇拜的偶像，更進一步談崇拜偶像的意義，文章兼具深度與廣度。

5.偶像　　台北市私立薇閣高級中學 高二丁 侯怡卉

　　在世界上的每一個角落，對偶像各有五花八門不同的定義：有光彩奪目的歌手；有遠大抱負的政治家、科學家；有慷慨犧牲的歷史人物……而我，我的偶像是我的父親。

　　父親出生在貧窮的鄉下村落中，在家中排行第六。因為經濟窘迫，爺爺、奶奶屢次衝動地想放棄他，幾乎是餐風露宿，好不容易掙到一份能糊口的工作。父親不屈不撓的意志，使他從一個小小的職員，升遷到輪胎店的店長，最後自己開了一家公司。由於他的執著，以及不恥下問，才有今日的成就。

　　而我就誕生在這個環境良好的家庭中。記得有一次出外露營，當天半夜，我突然發燒，而汽車也不識相地無法

發動。爸爸焦急的揹我下山，跑了二個多小時，汗水浸濕了他的衣服，也浸濕了我的臉頰。我哭了！真的很感激父親對我的愛，那種感激是無法用筆墨來形容的！父親不求回報，只求完全的付出，這是我們孝順十年都無法償還的！父親的處事態度，以及他的待人謙恭，在我心中，是沒有人可以勝過！他的一舉一動，都成為我仿效的對象，使我不在挫折中沮喪；使我不在成功中驕傲；我懂得助人，而不奢求回報。以父親為偶像，是我永遠的驕傲。

　　一個好的偶像，能激勵人心，能鼓舞精神，讓人勇往直前，而不畏懼任何挑戰，讓人有個目標，跟隨他的腳步，最後開創出一番豐功偉業，何樂而不為？

賞析

　　以「先總括，後分敘，再總括」的形式敘寫「我的父親是我的偶像」，結構嚴謹、條理清楚。

　　文末點出崇拜偶像的真諦，發人深省。

六、描寫文

1.欣賞

台北市私立薇閣高級中學 高二甲　張書瑜

　　一群人駐足在一個殘缺的雕像前，紛紛投以注視禮，眼裡有陶醉、有茫然、有質疑，大家圍著這個雕像議論紛紛，各有各不同的看法；戲劇院和音樂廳裡，一片寂靜，只有舞台上發出聲響，大家以最舒服的姿勢、最愉快的心

情,來觀賞此刻的演出……。

　　我呢則是坐在窗前,望向遠方,我把目光停留在一個人的身上,她的外表並不美豔,也不大重視穿著,頭髮亂亂的,顯然是一個不大細心的人。在烈日的陽光下,在一旁高大的樹叢中,她看來渺小,但卻又如此搶眼,使我捨不得把目光移開,只見她辛勤的幫樹和花朵澆水,一株又一株、一朵又一朵,那豆大的汗珠像下雨般,不停的從她臉頰滑下。

　　而在她不遠處,有一個小男孩快樂的騎著腳踏車,雖然跌倒了幾次,但卻不減他臉上的笑容,那純真的臉孔宛如天使,在他的臉孔上看不到一絲擔憂、一絲掛慮、一絲煩惱,純淨不受汙染。他快樂的在花園穿過來繞過去,大自然是他的友伴。

　　這時我的注意力轉移到一個老人的身上。噢!我看到他險些跌倒,只見他身旁的兒女子孫們急忙攙扶住他。他雖有些驚恐,但臉上隨即露出笑容,那笑容牽動了他的眉毛,牽到了他額頭上些許的皺紋,頓時我驚覺那皺紋彷彿也在微笑。

　　而後我注視著一位站在大門外的女孩,她似乎在等人,臉上的表情一下焦急,一下又變得很憤怒,只見她沒耐性的走過來又走過去,手機緊握在手,又不時的注視著手錶,一刻也沒閒過,但這一切的舉動都在一位男孩的出現而停了下來,只見她緩緩的走向那男孩,臉上還微微的泛起了紅暈。

　　婦女額頭上的汗水,小孩臉上的笑靨,老人的皺紋及

女孩臉上的紅暈都是上帝所創造出最美的藝術品，比起到音樂廳、戲劇院、美術館觀賞，我更愛坐在窗前欣賞這最真、最自然的美。音樂、戲劇、雕塑品固然也美，只要肯靜下心好好的欣賞，就會發現身旁不經意的美好事物。看著、看著，不知不覺，我也悄悄的進入夢鄉。只是不知窗外的人會用什麼欣賞角度，來看此刻窗內的我……。

賞析

描寫所欣賞的人物，兼具「描繪」與「刻劃」兩部分。

前者偏重婦女、小孩、老人、女孩的整體、粗略摹寫；後者側重局部細緻的表現，諸如婦女額頭上的汗珠、小孩臉上的笑靨、老人額頭的皺紋、女孩臉上的紅暈等。

讀後如聞其聲、若見其形，呈現一個個立體的畫面。

2.欣賞

台北市私立薇閣高級中學 高二乙 陳映彤

我戴著墨綠色漁夫帽，穿著輕便衣服踏上家裡後山那條軟軟的小徑。我背包裡有一壺剛泡好的熱巧克力，口袋裡也有剛烤好的鬆軟餅乾。一切都安排好了，我輕鬆地望向稀少的路人。

又是那個愛穿卡其色的小老頭，每天都一定要哼著歌從我家經過。決定跟蹤他，他發現了，但沒阻止我。仔細看他的裝備，爬山要帶那麼多東西嗎？滿滿的背包，腰帶上繫著一個皮製的三角形盒子，配上一張認真的臉。

　　我們繼續走進樹林，他突然在一棵平凡的樹前停住，手一伸，抓住了一隻我不懂名字的甲殼蟲，心滿意足地放進包包中。我明白了，他每天上山是爲了採集昆蟲，那些在我眼中可怕的小生物。從那次之後我們便聊了起來，他是個老兵，沒有妻子也沒有小孩，一人獨自住了七十年。從小蟲子的世界中找到了自我。他帶我到更上面的山林，不遠處有一棟木頭搭起的簡陋小屋。我硬著頭皮走進，他神祕地打開電燈，那景象著實讓我心頭一驚。

　　一盒一盒的獨角仙，鍬形蟲、吉丁蟲和許多不知名的蟲，快樂地爬來爬去，他叫我走近一點觀察它們。一跛一跛的模樣確實把我對它們和蟑螂的聯想抹滅。想不到啊！

　　那一個平靜卻特殊的下午，我欣賞著一個皮膚皺縮的小老頭的興趣和許多昆蟲的故事。從此我每經過一棵樹都會特別留意是否上面住著幾隻小蟲，或者是那其實不孤單的卡其色背影。

　　在這之前，我對樹、蟲、路人是沒有什麼特別的感覺，但我現在懂得停下腳步欣賞，不管是我會的東西抑或是不了解的事物。有的時候，你需要的只是專注的望向某個東西，不管是你常看到或是常忽略的，欣賞一件東西是不分時間的。

　　我還是想把那老頭的故事講完，他死後把自己所有的積蓄捐給某個研究昆蟲的機構。墓碑上刻著：「某一天我開導了一個小女孩懂得欣賞昆蟲。」

賞析

　　描寫作者所欣賞的老頭，除了「肖像的描寫」以外、還有「動作、語言」以及「心理、性格」的描寫，相當完備。

　　此外，文章中對景物的描寫也很用心，作者不取固定點，而是隨著觀察角度的移動，描繪所觀察到的景物。

　　「人物」、「景物」交織成篇，是一篇佳構。

3.颱風

台北市私立薇閣高級中學 九義 　賴　怡

　　全家人圍著電視螢幕，屏息傾聽氣象播報：「颱風將於今夜從台灣北部登陸……。」螢幕上小小的白色氣團緩緩旋捲著雲氣，在播報員的纖纖素手比劃下，看起來不具什麼殺傷力。「說不定白白賺到一天假期，明天還可以出去玩哩！」我和哥哥做著相同的美夢。

　　入夜之後，風開始低吼，像一隻狂躁的負傷野獸，徘徊於門外，不時還自暴自棄地投身猛撞玻璃窗，不得其門而入，只好轉身對樹木一陣拳腳，我穿透黑暗看見群樹前俯後仰、吃力的躲著，依舊被摑斷了許多細枝小葉。

　　沒由來地，心裡浮起一股模糊的衝動，想站到那風中感受一下日常生活裡所缺乏的戲劇性的暴烈。外頭的巨獸已經開始哭號，淚雨打在屋頂，威嚇著毫無理智的摧毀一切。我終於按捺不住好奇，抓了把堅固的大黑傘便向外走。

門一開，我幾乎錯覺自己是住在瀑布底，雨聲急勁地擂動我的耳膜。門口的路燈映照出駭人的末日風景：瀰天漫地的大雨以自殺飛機式的壯烈姿態自空中急墜，屍魂瞬間映上路燈的慘白，然後爆破在路上、簷上。小巷根本無力招架這陣猛攻，巷道已淹起冰冷的水流四濺而徹底淪陷了。

這一刻，世界好似被雨聲掏空，張牙舞爪的黑雲早就擄走明月，人的聲息也寂滅在急風勁雨裡。我打了個寒顫，不自覺地向屋內退卻。

鎖上大門，我終於又被暖暖的燈光籠罩，順一順給風撕亂的頭髮，我吁了口氣，對於颱風的懾人威力，我再也不敢輕慢了。

賞析

以順敘的方式，詳細描寫颱風懾人的威力，掌握了「颱風」的特色，確立了表現的重心，選用的材料適切合宜，充分表達出作者想要表達的中心思想。

4.我住的這條街道

台北市私立薇閣高級中學　九義　賴　怡

盛著我成長點滴的這條街道，在台北市如蛛網般錯結的阡阡陌陌中，並不特別起眼。它是靜謐的，如一條潺潺的小河，靜靜流淌著我們安和的心情，靜靜閃耀著日常歲月的溫馨。

這條街道的靜不是寂寥的，它的靜恰好用來為一些美

麗的小聲響鑼框，使巷道裡總是迴盪著一支支令人雀躍的生活之歌。「颯——」我家對面陳媽媽走到陽台，奮力一振雙臂，抖開新洗的白床單，同時驚起在電線五線譜上的白頭翁振翅飛起，聽見牠們撲拍著午後陽光的翅音，向鄰巷那株挺拔松樹如箭般遠去，遞補進耳弓的，是附近小學校園的悠揚鐘聲。我知道，放學的孩子們的嬌嗔嬉笑，將按著籃球跳躍在柏油路上的節奏漲潮，流入每間剛剛張開暈黃眼睛的小屋裡……。

這條街道雖小，卻一點也不馬虎地更迭著四時的顏色。都得歸功於喜歡蒔花種草的鄰居吧，我每一天必然的經過中，綴滿觀察自然的欣喜。披上一件長袖薄衫的時節，街尾巴掌葉形的槭樹；會開始換妝為釀了半年的深情紅酒色，然後在寒風的無情裡片片凋零，飛落成隔巷粉桃明年的春泥。印象中總是在淒清冷雨中，還獨自鮮艷著歡歌的喇叭花，也是我最有滋味的生活調味品。

這條安靜的街道裡，其實也有祕密幫派的集結，成員是一群風姿瀟灑的狗兒。童年時曾被其中的獨眼狼犬追過，只是那個惡夢，已經因為那一夜放學途中，亮著一對溫和眼眸陪我走回家的小獵犬與我的純純友誼，淡化成昨日的笑話。只要不誤觸禁地，牠們也是街道裡一群可愛的鄰居呢！

浸澤著滿滿的溫馨，在我眼裡，我住的這條街道日日流動著有情有味的風景，穿流在街道間的風，也永遠哼唱著一種讓我心安的旋律。

賞析

　　描寫「街景」時，「動」、「靜」兼容，「人物」、「景物」、「物件」並蓄，內容豐美。

七、記敘文

1.一趟豐富之旅　　台北市私立薇閣高級中學 高二乙 周孟翰

　　人生就彷彿是一趟漫長的旅途，而人生中的每一天，也都是一趟趟的短程旅行。你未必能記住每一趟旅行，但那被你記住的，必定意義非凡，不論是一趟歡笑之旅，或是一趟悔恨之旅，抑是一趟華麗之旅，皆能被人們深刻印記在腦中。而我今天要分享的是一趟豐富之旅。

　　我的豐富之旅，是在直升班時的某一天去參觀朱銘美術館。朱銘是一位享有盛名的台灣雕刻藝術家，我對這位大師是很景仰的，為了能靜下心來探索他的作品，我執意帶著導覽手冊隻身參觀整座美術館。

　　朱銘大師的藝術品分成兩個主題：「太極與台灣情」，我非常喜歡「太極」的作品，它的作品不外乎都是黑鐵雕塑成打太極的巨人，有些是自己練拳腳，有些則是雙人過招，每一具皆有我們人體的兩、三倍高，而整體的刀法都是以幾何的方式勾勒，也就是四四方方的，但是在這樣巨大、黑壓壓而方正的雕刻裡，呈現的卻是四兩撥千斤，以靜制動，以慢打快的精髓。每一具應是死氣沉沉的

巨人，在朱大師的妙手雕塑下，彷彿真的打起了拳來，每一個看似渾厚的招術，其實是柔得不能再柔的四兩撥千斤，定格的招式都成了行雲流水的一套武功。

在參觀的過程裡，我有如被賦予一雙翅膀，進入藝術的天堂翱翔。看著每一件皆深具其禪意的雕刻，也許只能約略領悟其中一、二奧妙，但我心仍不禁為之顫抖。顫抖——是因為對其藝術品的感動；是因為對自己有幸能欣賞其作品而欣喜；是因為武術竟能化諸藝術而激賞。那天的參觀行，就是一趟豐富之旅。

賞析

隨著時空的推移擴展，一邊「記事」，一邊「敘述」，是形式完備的記敘文。

前者簡明扼要的點出了人、時、地、事、物；後者則詳實生動的描述了參觀的過程。

文末詮釋何以它就是一趟豐富之旅，並與首段相互呼應，造成迴環反覆的效果。

2.我的休閒生活

台北市私立薇閣高級中學 高一甲 葉柔君

在繁重的課業壓力下，一定需要休閒活動來調劑身心，把沉重的壓力暫時擺一邊去，讓自己放鬆一下心情。而我平日的休閒活動則是禪坐、上網還有和家人一起出遊。

在我的休閒生活裡，「禪坐」是一個很重要的活動，

● 書籍使我們從死寂的空虛世界，看到一個生氣勃勃的世界的一線光明。（俄）高爾基

在禪定裡，我可以放下一切事物，什麼都不必想，把一些世俗上的事先忘掉，靜靜慢慢的體會其中的樂趣，發現「禪」中滋味，我覺得放下身旁所煩人的一些人、事、物，將會活的比現在快樂，不必去追求那些功名，不必去在乎那些會增加痛苦的事，那只是增加自己的負擔罷了。「禪」的樂趣，是每個人都得嘗試體會，那股奧妙、神祕的地方，不是聽了就懂的。因為它可以放鬆我的心情，使我愉快，是我的休閒生活之一。

除了禪定以外，我的休閒生活是「上網」，它是現代人必備而不可或缺的東西，在網路上可以和朋友聊天，可以查詢一些資訊，甚至可以購物。可以和朋友在網路上談天，是件幸福的事，有時更可以把平日不敢說的話講出來。由於科技進步，現在不用出門也可以買自己想買的東西了，所以我這個購物狂，再也不怕腳酸了，只要在滑鼠輕輕地按兩下就成交了！更可以在上面旅行，去不同的國家體驗各種異國風情，所以上網也成為了我的休閒活動之一。

最後一個休閒活動是和家人一起出遊，我們家常常一起出遊去，我覺得如此一來可以培養親子間的感情，在平日每個人都很忙碌，說話溝通的時間變少了，甚至可能還會有些隔閡存在，所以可以藉出遊來放鬆心情，更可以藉它來促進整個家庭的和諧氣氛，一舉兩得。

休閒活動的好處實在說不盡，我愛我的休閒生活。

賞析

　　首段點出主旨：禪坐、上網、和家人一起出遊等，是我的休閒生活；中段依次分敘其中的詳情；末段再總結歸納全文意旨。文章的組統嚴密、層次分明。

3. 我的休閒生活　　　台北市私立薇閣高級中學 高一甲 **陳郁涵**

　　我最喜歡的休閒活動是研究西點，每當到了無事可做的週末，除了讀書，就是做蛋糕和餅乾的時間了。

　　研究西點看似困難，但對我來說卻是舒解壓力最有效的方法，我會全心全意的投入其中，忘掉一週下來所有的不愉快。但是，這個活動是要事先計畫的，當我決定製作的時間後，最重要的就是準備材料，通常我的奶奶會是我的得力助手，她懂得辨別麵粉的好壞以及材料的使用，例如有一次，我心血來潮想試試看製作草莓蛋糕，這是非常困難的項目，因為以往我做出來的蛋糕都只有一種口味，例如巧克力蛋糕，就是整個都是巧克力，但草莓蛋糕分成四層，由上而下依序是蛋糕、布丁、巧克力、蛋糕，這時奶奶就會建議我將布丁先以別的東西代替，或乾脆不使用，才不會毀了整個蛋糕的美感，的確，對於初學者的我來說，是不應該太勉強。

　　準備好材料，接著就要開始動手做啦！當天我會起個大早，一整個早上都待在廚房裡，鑽研食譜上的一字一句，有些人也許會感到麻煩，但我不會，那才是真正符合

我的休閒定義，做壞了就重新開始，我不怕辛苦，因爲這是我的興趣！有的時候，全家上下都會因爲我這個活動而雀躍不已，爭著想幫忙做些什麼，媽媽以前是烹飪教室的學生，懂得比我多太多了，但她不會教我，只會偶爾給我些意見，她常說：「每個人對味覺的感受都不同，再怎麼奇怪的味道也一定有人喜愛。」也正因爲如此，我對自己的成品很有信心，也期望一次比一次進步。

所謂的休閒，就是要做一件能放鬆心情又能使自己快樂的事，我愛西點，因爲我愛完成它以後的快感，也愛看到別人讚不絕口的幸福表情，這就是最快樂的休閒生活。

賞析

文章一開頭就揭示主題：研究西點是我的休閒生活，其次分兩段記敘研究西點的過程，最後爲「休閒生活」下個定義以收束全文。

它是一篇講究章法、擅長記敘的好文章。

4. 我的休閒生活　　台北市私立薇閣高級中學 高一甲 李世杰

早晨六點五十九分，天才濛濛亮，太陽在陵線上鍍上了層薄薄金箔，好似羞澀少女在山頂起舞。而我的心與我的腳步，也如旭日東升般的燃起了活力。

八點零五分，步行了約半炷香後，身旁的景色從柏油到草地，從車聲到蟬聲，從濃煙到花香，我的心隨著時間的消長，漸漸拋棄了平日的煩惱，忘記了平時的憂鬱，在

離開喧囂的那一刹那，我的心靈似乎得到了解脫，在進入森林的那一瞬間，我的身體隨著風聲，進行了一場天然的SPA饗宴。

十一點半，我們終於抵達了目的地——七星山主峰，海拔二二八公尺，為北部第一高峰。站在至高處，俯看四周，真有「心凝形釋，與萬化冥合」之感。

下午三點半，隨著太陽西沉，往山下的腳步也越來越重，而山旁的景色也漸漸蒙上了一層薄紗，帶著輕鬆的心情，結束了這趟身心舒展的健行。

休閒生活是壓力宣洩的管道，而健行對我來說，就是最自然的解放，最好的休閒活動。

賞析

掌握時空的延展，並配合感官的摹寫，邊「記」邊「敍」，構成完整篇章。

前者提供了篇章架構，後者讓其中的人物、事件、景物生動活躍起來。讀罷如臨其境，彷若進行了一場天然的SPA饗宴。

5.我的休閒生活　　台北市私立薇閣高級中學　九義　賴　怡

曾聽過一個笑話：一人見伐木工廠的工人每日一上工就是木屑紛飛、鋸砍不輟，不禁好奇地問他：「你都不花時間保養你的鋸子嗎？」對方皺眉答道：「工作量太大了，我哪有時間磨利鋸子呢？」我與他不同，我非常重視

自己的休閒生活，因為它總能洗去匆忙生活在我心上遺留的塵埃，讓我能以明淨敏銳的心靈，迎接每個新的開始。

碧波盪漾中，我想像自己是一隻水母，舒展透明的軀體，融入水藍碎影中。忽又化身一尾敏捷水蛇，巧勁扭擺著破水前進，直到感覺身體的律動已和水波的吐納合為一體，一種純粹的自由與快意如此刻的清水，纏綿在我每一吋肌膚。「呼哈！」長長的潛泳後我挺出水面，正好目睹游泳池外艷紅的朝陽！我酷愛以晨泳開啟我的假日，亦柔亦剛的水總能淘盡我筋絡與腦子裡的不快，給我「浴水重生」的好感受。

痛快運動後，就到了幸福的早餐時間。如果說享用早餐是現代人的奢侈，那我就是洋洋得意、極盡揮霍之能事的小富婆了。我會為自己細細挑一組瓷盤、沖一壺熱奶茶，然後一屁股坐進溫好了一方陽光的客廳沙發寶座，悠然展開日報……。早餐如度假，是漂流在時間之海上的華美遊輪，也是我發揮創意與手藝的好時機。記得有一次家裡新買了一包白吐司，我正思量該佐以哪罐果醬，一開冰箱，卻發現花生醬、草莓醬都只剩殘沫；失望的眼游移著，忽然，被角落兩根長滿黑斑的香蕉點亮！我御著靈感的風，把香蕉切成薄片鋪在吐司上，送進烤箱，突發奇想的果實是半融化在鬆脆麵包上的甜軟果香，滋味之美，不僅家人讚嘆，我自己也著實樂了半。

接下來的一整天，我喜歡豪邁地投擲在一本斷斷續續委身在課本參考書之間，老是讀不完的長篇小說裡，看它個雙眼發痠、心滿意足。不然就是在電腦前敲打不休，釋

寫·作·篇 | 295

放出平日萌生在數學公式之間的遐思。偶爾上街加入人群繽紛的假日嘉年華,亦是無比開懷。

　　我的休閒生活從來沒有什麼轟轟烈烈的計畫,或者堂堂皇皇的理想。有位藝術家說:「空白,就是一門藝術。」我只求在生活中享有一小塊閒散的空白,讓左腳不再苦苦追趕右腳,讓放鬆的心緒,有力氣再上緊發條去追逐明天。

賞析

　　休閒生活中有肢體的舒展,更有心靈的饗宴,立意高遠。

　　記敘時以時空的延展為主軸,兼具感官的摹寫,選材、布局、修辭俱佳。

6.第一次

台北市私立薇閣高級中學 高二乙 丁柔之

　　國中的時候,班上有一位男生,雖然沒有令人驚豔的外表,但比起班上那些還未發育的毛頭小伙子,算得上是「班草」。那時候的我們,是還不錯的朋友,正確的來說,他和班上的女生幾乎都是朋友,原因無他,都是因為仰慕他的緣故。

　　雖然知道他很花心,喜歡拈花惹草,但是在不知不覺中,我對他的感覺卻從朋友,慢慢的變質了。那是愛嗎?我不知道,或許是喜歡吧。彼此的互動,開始控制了我每天的心情;他跟我傳紙條,打打鬧鬧,我就開心得樂不可

支；看到他和別的女生聊天，我就悶悶不樂。我知道我的朋友也喜歡他，所以只好把自己的感情往心裡藏，不讓他知道，也不讓朋友知道。

但是，藏得住感情，卻麻痺不了對他的喜歡，每一天下課後，就等著他不固定打來的電話。我覺得我變得像是一個機器人，一個把他當「電池」的機器人；彷彿失去他，我就毫無生氣。可是，有一天我得知他已有喜歡的女生……，忘了自己當時的反應，只知道自己像行屍走肉一般過了好一陣子；開始覺得他離得好遙遠，開始覺得自己好孤單，開始一個人莫名其妙的哭……開始覺得和他見面不再令人雀躍，而是一種椎心泣血的酷刑。強顏歡笑的我只好把自己埋在理智的面具下，不讓任何人看見我的脆弱；就算痛徹心扉，我還是笑著面對他。這樣子，對彼此都好；我們，還是朋友。

現在想想，那時的「喜歡」，不過是小女生少女懷春罷了；失戀的苦滋味，也不過是「少年不識愁滋味，為賦新詞強說愁」而已，現在看來是多麼的可笑！可是，那真的是我第一次喜歡一個人，喜歡到刻骨銘心；或許未來還會發生，但這真的是永生難忘的第一次，想忘也忘不了，它將是我內心深處的一段回憶。

賞析

記敘喜歡一個人的始末，有「起落」也有「詳略」，引人入勝，扣人心絃。

倘若在「表象」的記敘之外，也有「裡層」的義蘊闡

發，就更耐人尋味了。

7. 第一次

台北市私立薇閣高級中學 高二乙 宋承嬡

　　我們的生命中充滿了各式各樣的「第一次」。第一次學走路、第一次唱歌、第一次談戀愛、第一次自己出門買菜……。因為我們有了目標，所以拿出勇氣；因為勇氣，而做出了第一次；因為有了第一次，所以累積了經驗；因為經驗，我們增加智慧，並且成長。

　　最令我印象深刻的是「第一次自己上醫院」。國二的時候，在長時間胃痛的情況下，醫生診斷出是胃出血！於是展開了半個月必須去一趟醫院，為期半年的一段療程。媽媽在陪伴我回診幾次之後，認為我該有獨立的能力，決定讓我自己上醫院。

　　那天是星期六，坐著捷運，我到了淡水馬偕醫院，進了醫院我即刻感到緊張，我究竟要去看哪一科呢？而那一科門診又該怎麼去？腦中一片空白的我，只好四處張望，終於在走廊轉角處，豁然想起：「我就是要來這裡看病。」醫生看完診後，護士阿姨給我藥單，交代我去拿藥。拿藥？該怎麼拿藥啊！努力回想之前媽媽帶我去領藥的記憶，但仍是一片空白。怎麼辦？我告訴我自己別慌，剛進醫院大廳時，不就有一群人大排長龍，想必他們是在領藥。於是我走進大廳，加入等候領藥的隊伍，感覺上好像等了一整個下午，終於輪到我，看到了穿白衣的藥劑師就好像天堂門口迎接我的天使，是的，一切終於要結束了。

沒想到那位天使只看了看我手中的單子，就立刻用怕大廳裡的所有人會聽不到的嗓門對我大聲說：「小妹妹啊，還沒付錢，妳怎麼領藥？」天使提醒了我其實身處地獄，而其他排隊者的眼神：輕視的、嘲笑的、同情的，打落水狗般地讓我陷入了不可自拔的窘境。

最後，我付了錢，拿了藥走出醫院，心裡想：「我今天第一次看病學到了好多！」料想不到，走著走著，我居然在巷弄間迷路了！心如槁木死灰的我只好向人求救！（即使我清楚知道自己跟捷運站的距離不遠！）

經由這個「第一次」，我體驗到自己實在太依賴父母，使得自己連一丁點「求生」的能力都沒有。從此之後，我對外界的觀察度有了大幅的提升。

賞析

「第一次自己上醫院」是很平凡的題材，但在作者巧妙的記敘手法下，全文高潮迭起，令人印象深刻。

作者掌握時空的延展，妥善運用感官的摹寫技巧，是寫好本文的關鍵所在。

8. 永遠的承諾　　台北市私立薇閣高級中學 國三孝 連冠勳

在四月某個豔陽高照的下午，全校師生都專注於籃球場上的動靜，有些人在場邊聲嘶力竭的吶喊，有些人則在場內揮汗如雨的賣命演出——那就是一年一度的班際籃球比賽。偏偏那天又剛好是學校日，媽媽說沒事就會來看

看，但最重要的是：爲他最可愛的兒子加油……。

　　當我看見一個熟悉的身影，從台階一步一步走下來，緩緩的步向籃球場，我第一個反應是：躲起來……。我混入人群中，蹲坐在地上。一來如果被發現，我待會兒哪裡都不能去；二來在同學面前，會使我渾身不自在。我看著她穿梭在人群中，一趟、兩趟……，我心中暗自慶幸。但她仍然努力的尋找中。過了十分鐘，我的衣領瞬間被拾起……，我轉過身，嚇到尿差點沒流出來，心想，怎麼還沒走，「衰」死了……。

　　之後的一小時，她便陪在我身旁，和我一起看比賽，在這段期間，我一動也不敢動一下，也不知爲何，就如同有枷鎖扣住我……。後來，她希望我可以和她一起回家，我拒絕了。「我還要看球呢！」我說。之後她再問了三次，我仍然拒絕了。她拗不過我，獨自離開了。

　　一開始，我興奮的去與同學會合，但過不了五分鐘，心中突然有一種莫名的惆悵湧現出來，總覺得我好像有什麼事做錯了……。啊！我把媽媽趕走了……，我看球的心情頓時消失無蹤，只想做一件事——找媽媽。

　　我立刻背上背包，雙腳不聽使喚的狂奔著，風聲一直咻咻的從我耳邊經過，也懶得理會撞到我肩膀的迷你裙小姐是誰。在捷運上，我不斷地回想起媽媽以前對我的好：五歲的時候，我因爲貪玩，攀爬某一餐廳的柱子，爬不到兩步，便重重的摔在地上，下巴也被不明棒狀物刺穿，血流如注。媽媽便神勇的把我抱起，攔了計程車……之後便不記得了。回家後，媽媽成天只能忍受爸爸的責罵，因爲

照顧不周全……。國二時，我因爲某種病而住院七天，媽媽每天晚上都來陪我，直到隔天……。

圓山站到了，我突破人群，擠向票閘，不停的跑著，到了十字路口，視線已被汗水蒙蔽了，也不知道是紅燈還是綠燈，管他的，衝就對了！跑到路中間時，喇叭聲大作……，應該是紅燈吧！

過了五分鐘，我家的大門已在我視線範圍內。我開了門，發現：媽媽早已坐在餐桌邊，等著我回來品嚐佳餚。我和媽媽四目相交，淚水似乎控制不住了……。

我發誓：我再也不會趕她走了，我要她一直待在我身邊，永遠永遠……。

賞析

記敘對媽媽永遠的承諾，文勢「起起」「落落」，讓人很想一口氣讀完它。

倘若第四段的心境轉折，能說得更合情合理一些，前後的文氣就連接得更緊密了。

9.兒時回憶

台北市私立薇閣高級中學 高二甲 盧建元

每個人從出生到學講話、走路、懂事爲止，這期間受到父母親無微不至的照顧，也是每個孩子最黏父母的時候，就因爲如此，這段兒時回憶才最令人難忘。

小時候我最喜歡跟著爸爸到處跑了，爸爸往東，我不曾往西，爸爸上樓，我不曾下樓，活像個跟屁蟲似的，甩

通的跳，像是要跳出來一般，冷汗直流，小小的拳頭握得好緊，連老虎鉗也打不開。

終於，我聽到了舅媽起床做早餐的聲音，坐起身，天空已泛魚肚白，惡魔的臉終於消失，呼！好一個恐怖的夜！

賞析

作者抒發害怕的心情的，除了直截了當的表達出來以外，更適當的借助寄託於人、事、景、物來抒寫，是很值得參考的寫作技巧。

本文是一篇成功的抒情文，它和記敘文最大的不同在於處處寫出作者內心的感懷，讓讀者有如在其境的臨場感受，洵屬佳構。

2. 第一次分享　　台北市私立薇閣高級中學　高二甲　陳郁涵

記得那是個星期五的夜晚，因為留夜自習，晚上十點才回到家，到家前，我順道去附近的夜市買了兩碗稀飯，準備帶回去和媽媽一塊兒享用。

夜晚的街頭少了分熱鬧，多了分冷清，人來人往的紅磚道上，只剩兩三個散步的鄰居。就在這時候，一個景象迫使我停下腳步，一位年紀約七、八十歲的老人，在路旁的垃圾桶翻動著！我靜靜的站在遠處看著他，那是個應享天倫之樂的年長者啊！如今，卻一身破舊彎腰撿拾垃圾堆中殘餘的食物。深夜的風，好冷！我不禁拉了拉身上的外

套，搓了搓手裡的暖暖包，誰會在這樣寒風刺骨的冬天晚上待在外頭呢？可是，事實就在眼前，滿臉風霜的老伯伯，現在就蹲在地上打著哆嗦啊。

　　我毫不猶豫的走近了他，將剛才買的那碗熱騰騰的稀飯遞給了老伯伯，他小心翼翼的看看我，看著我手中的稀飯，接著迅速搶走它，坐在馬路旁狼吞虎嚥的吃了起來，不知怎麼回事，我的心暖和了起來，眼中泛著淚光。

　　我將剩下的那碗稀飯放在老人的腳旁，準備離去，此時，老人拉著我的衣角，口中喃喃的不知道說些什麼，我轉頭過去，只見他哭紅著眼捧著碗，頻頻向我敬禮，我也哭了，連忙扶著他說：「不用這樣！不要緊的！」

　　夜晚的風依舊颼颼的吹著，但此時此刻，我熱得發燙的心，正是分享後的那份喜悅啊！

賞析

　　抒情時除了用「我」的觀點直接述說以外，另加上「我」的動作、表情、聲音，並借助寄寓於人、事、景、物，以表達細膩的情懷，十分生動感人。

　　從本文中我們可以明白，抒情文要寫得好，一定要先具備真摯的情懷，否則徒有高明的寫作技巧也無濟於事。

3. 第一次段考
台北市私立薇閣高級中學　高二甲　翁　璞

　　汗水彷彿從眉間滑了下來，心不停的在跳動，上上下下、下下上上忐忑不安。這並不是跑馬拉松的後遺症，而

岸的臨時舞台傳來搖滾節奏，我們因爲彼此相乘變得巨大的勇氣和力量，成了彼此記憶音碟裡一首熱力四射的搖滾金曲。

　　晚自習和晚餐的空檔間，忍不住步出狹窄教室，聽開始有了涼意的風爲落日送葬。另一個同學就在幾步之前，他的背影說著和我相似的鬱結：國三的我們只能這樣偷嚐晚霞的冷艷，幸好我還有那張舊照片，足以啓動那首經典搖滾樂，提醒我，曾經，我們那樣燦如艷陽地笑過。

賞析

　　睹物抒情，抒發喜悅的心情，善用人、事、景、物的寓意襯托，寫得細膩生動。

九、論說文

1.偶像
　　　　　　　　台北市私立薇閣高級中學 高二丁 李巧雯

　　「偶像」是一個文化的象徵，從上古時代祭天地、拜鬼神到今天青少年所崇拜的影視歌星；從西方的耶穌基督到東方的孔子、關公；他們不僅僅是一座立體雕刻、一幅壁畫、或是一個人，更是一種信仰、一處心靈的依歸。

　　現在盛行於世界上的各種宗教都有一個人、一種生物、或一件物品作爲它們的中心思想，就像道教的玉皇大帝，天主教、基督教的耶和華上帝，他們的形象不再只是一個偉人，而是被神格化了，人們相信他們能主宰天地，

掌控萬物，他們真的能夠做到這些嗎？誰也不能肯定，不過至少他們的存在給了失落、喪志的人們一盞指引的明燈，一個心靈的依歸，也未嘗不是件好事吧！

再說說時下最受青少年歡迎的偶像明星，他們出色的外貌，動人的歌喉總是吸引了一群瘋狂的追星族，雖然這個動作並不是十分令社會大眾贊同，但至少他們把心力投注在這裡是合法的，對自己和別人都沒有傷害，也好過去偷、去搶、去賭博、去吸毒，做些傷害自己也危害別人的事。

崇拜偶像固然不是件壞事，但過與不及都不是好事呢！新聞上宗教迫害，因為信仰不同所引發的衝突事件層出不窮，別讓偶像主宰你，畢竟人生是自己的，適時的尋求慰藉，努力的過自己的生活，自己問心無愧、不後悔也就足夠了，不是嗎？

賞析

針對「偶像崇拜」的相關問題，提出個人主觀的見解看法，以及客觀的解釋說明，能使人充分明白並完全信服作者的論點、理由、證據和結論。

2. 彎腰是最美的姿勢　台北市私立薇閣高級中學　九義　賴 怡

什麼樣的姿勢在你心中，是「美」的代名詞？對古希臘人而言，人的姿勢屬運動中的體態最美，為此他們將運動員糾結的肌肉、飛揚的髮梢塑成古典時期流傳了百世的

藝術雕像。而對我來說，「彎腰」是最美的姿勢，它簡單而有力地形象化了自古熠熠生輝的美德：謙卑。

「鋤禾日當午，汗滴禾下土。」小時候背過這首詩的人，大概有大半像我一樣，將農人揮汗耕耘的姿態記憶成了第一幅「彎腰」的圖像了吧。頭上頂著斗笠，斗笠上頂著艷陽，農夫彎下腰整地除草，彎下腰那青青的秧苗，甚至，彎著腰，使勁推動那收割的器械、豐收金黃色的稻穀。小時候我為這幅心中的風景而莫名悸動，現在我懂了，撥動心弦的，是農人們對生命、對天地的謙卑。怎麼勤苦工作也隨時可能被老天爺的一頓脾氣毀了收成，但他們不怨嘆；每人每日賴以維生的主食是他們一手栽成，但他們不驕傲。他們只是一次又一次地彎下腰無悔付出，用田中的身影去書寫對大地的感謝。

此外在位高權重的人身上，彎腰的姿態更是動人。曾讀過關於一個頂尖高級服飾公司的報導，當記者問及創辦人成功的「撇步」時，大老闆說：「我經常巡視各分店，直接傾聽來自顧客的心聲，並親自替他們試衣、摺褲腳。」試想一個家財萬貫的業主彎腰在你腳邊服務，貴客們怎能不備感尊榮？而願意離開辦公室扶手椅，親身與客人交流的老闆，也才掌有最合於市場脈動的經營方向，也才能零距離的與員工溝通。在大老闆謙和溫文的微笑裡、彎下身子服務的姿影中，我看見一個大企業扶搖直上的祕訣，看見一種名為謙卑的美感。

何苦為了冷冷的傲氣，把姿態站得僵直？彎下腰，是學習感恩的開始、是謙卑待人的開始。彎下腰，你會發現

自己正詮釋著人類至美的智慧。

賞析

　　詮釋「彎腰」的美，融合記事、抒情、說理於一爐，詮釋得通透明白。

3. 豐收之前

台北市私立薇閣高級中學　九義　**賴　怡**

　　金黃稻浪層層掀湧，搖盪如波，在農人耳裡，於是聽見了最甜美的潮音：豐收。人人都藏著一粒夢想的種子，人人都嚮往豐收的時刻。連接著播種與豐收的渠道是農人辛勤的汗水，而我認為，在豐收之前，我們應該以「毅力」去灌溉。

　　毅力來自於堅定篤實的志向，有人說「對於一艘盲目航行的船隻而言，所有的風向皆是逆風。」耕種任何一畝夢土，我們都要化決心為行動，喚醒沉眠的想望之籽，無論這個想望在別人眼底是磚是玉，絕不輕言放棄。知名作家九把刀不是這麼說嗎？「奔跑在夢想的路上，即使跌倒了，姿勢也會很豪邁！」以「台灣的大衛魔術師」之名享譽國際的魔術師劉謙，正是一個「篤其志而力行」的勇者。魔術對常人來說只是娛樂，但他清楚這是他生命中最絢爛的一抹顏色，於是他從大學起便焚膏繼晷地練習、發明魔術招式，常為了一個精彩的紙牌表演反覆千遍把手指都磨破了皮；除此之外他更進修舞蹈、音樂、數學和外語，參加一場場巡迴世界的無酬演出，只為使演出臻於完

美。現在，他收割了亞洲魔術師之第一把交椅的美名，無論觀眾或對手，都心悅誠服地為他的精彩演出起立鼓掌。

豐收之前，不一定都是風平浪靜的好風光，當我們遇到築夢之途上的掃興雨季時，更需要為自己，升起一輪名喚毅力的小太陽。國際大導演李安就曾有整整七年，勉力以這顆小太陽為一光源，在苦無機會揮灑、賦閒在家靠妻子養活的慘澹歲月裡，孤寂卻堅定地，踽踽獨行於電影之路。如果沒有毅力為槳，李安很可能會在世俗不諒解的目光中迷航，那麼全世界熱愛電影的靈魂，將會痛失多少心靈的大豐呢？

豐收之前，毅力是涵養成功青苗的沃土，是現實的霪雨霏霏時，蒸發生命黴漬的光與熱，把持你的毅力，總有一天，「豐收」那金黃色的潮音，將在天際為你響起！

賞析

闡述豐收之前要以毅力灌溉，見解精闢，論證充分有力，能夠使人信服！

4. 抉擇
台北市私立薇閣高級中學 九義 賴 怡

又是一張嶄新的考卷。身為國三生的我，早已習慣於面對這些密密麻麻的選擇題，精準地在選項間搜捕線索、捉出正解。其實，在更早以前，我就已活在一張更為繁複錯雜的考卷上，人生是場由選擇題密密鋪排而成的競試，需要花一輩子評分，而且經常誰也不知道標準答案為何。

我相信獲得高分的技巧只有一個：審慎地思考後「擇我所愛」，然後以行動完美地詮釋這個選項「愛我所擇」。

抉擇，意味著在生命的果盤上挑走一樣異果，而放棄其他的花草。每次抉擇都有風險，就像你簽下的那張樂透彩券可能「槓龜」，可是，如果永遠遲疑著而不伸手去選，你的中獎機率就會是小於千萬分之一的，甚至是絕望的零。令人景仰的成功人士，都佩有「抉擇的智慧與勇氣」兩把刀，才能在誘惑與輿論的叢林中披荊斬棘，為夢想開疆闢土。世界首富比爾蓋茲其實是個哈佛大學的「中輟生」，因為他一意識到電腦產業廣闊的前景，便毅然拋下人人欣羨的哈佛學位，為腦海中光華耀眼的電腦國度東征西討去了。當時無人不認為這是個走鋼索般的瘋狂念頭，現在，全世界都承認了：這是個「正確」的抉擇。

常聽人談起「誤入歧途」，或「引導正確的道路」這樣的句子。其實我認為，無論是眾所企求的康莊大道，或蜿蜒在幽谷的羊腸小徑，路的本身並沒有對錯、是非好壞，是選擇了這條路的你，一步一步走出來的。台灣首屈一指的魔術師劉謙，為了完美的演出，鑽研數學、音律、外語，練習丟紙牌練到手指破皮流血；知名舞作家林麗珍為了醞釀一支驚天地泣鬼神的舞，花上長長七年走訪鄉野，將民俗的能量以轟動國際的絕美藝術展現。他們所選擇的路，不是人潮絡繹不絕的「對」的路，但是他們兢兢業業，以毅力餵養最初的夢想，直到這不亮眼的抉擇吐出花蕾，證明自己是芸芸眾花中的一朵奇葩。

最好的抉擇，是聆聽靈魂深處的鼓聲之後，與自己慎

重簽下的契約。在人生的試場裡，最重要的不是你做了什麼抉擇，而是你為了自己的抉擇做了什麼。

賞析

　　所謂「抉擇」是審慎地思考後「擇我所愛」，然後以行動「愛我所擇」，這樣的立論十分中肯，論證也精彩透闢。

十、議論文

1.捨得

台北市私立薇閣高級中學 高二甲 **胡凱甯** ✎

　　自古以來一直有一句名言：「有失必有得」，而我認為，做一件事要能成功，除了立定志向之外，更要有「捨得」的勇氣。

　　在現在的社會中，充斥著太多外在的誘惑，常使得許多人沒法立刻準確的作出抉擇，小至我們學生，大至政治人物，大家都犯了個通病，不懂得捨得！就拿我自己為例子，明知段考將屆應加緊用功，卻總捨不得電腦、電視，每當學校有活動，大家都清楚即將要考大學，卻依然捨不得那暫時的快樂，直到最後，自食惡果，回想當初，只留下「早知道」的悔恨。

　　人能夠有所成就，不僅是他的能力卓越，更是他可以為了夢想、為了當初的承諾而放棄一些事物，就像在海灘上漫步揀石頭，如果每一個都要帶走，最後必定重到連自

己都拿不動，結果只有一種念頭、一個想法就是——放棄！我們時常都因爲貪心、放不開而有所捨不得，將自己絆住，無法朝理想前進。

我想，偉人和凡人的差別就在於前者可爲其理想捨得其他事物。如果國父當初沒法捨得自己的家人；要是那些革命志士捨不得爲革命拋頭顱、灑熱血，現在哪來的中華民國？愛迪生爲了發明電燈造福世人，捨得將自己的青春奉獻給實驗室；史懷哲放棄了高薪、捨棄富裕的生活而投身非洲。太多太多的偉人，因爲有所捨，最後都爲自己獲得一個無價成就，他們的捨得給世人留下了最好的榜樣，也在他們去世之後，在我們心中留下了無限的「捨不得」。

在人生路途上，都會面臨到許多捨得的考驗，可能是家庭，也有可能是名利，相信無論是誰都不願任意地失去兩者之一，或許你會問：「到底值不值得？」我想時間會證明一切，而成果也會表現出來。

賞析

談「捨得」時，先提出論點，再進行論證（說明理由，舉出證據），最後作出結論。內容的呈現有條理，提出的主張有道理，論述精彩透闢。

2.捨得

台北市私立薇閣高級中學 高二甲 曾培剛

「捨」與「得」常發生在我們生活周遭，如何捨，才

能有最大的得,是我們必須學習的課題,在棒球比賽中,投手經常閃避打者,而故意「捨」棄一個壘包,故意將他保送,而全力對付下一位較弱的打者以取「得」出局數。對弈中,有時為了顧全大局,或保護主將,會「捨」小兵以「得」之後反攻的機會。以上種種例子都是告訴我們「捨」而後「得」的道理。

將上述的想法運用於正在就學的我們,捨棄假日的遊玩,而到得溫習課業的時間,是我們都知道的道理,但課業與玩樂間要如何取得一個平衡,也是我們最傷腦筋的問題。當讀書讀累了,你必須「捨」一段時間來休息,以「得」之後更清晰的精神面對課業;而當你在休息時,感到之前的疲勞已經消除,取而代之的是一股新的力量,捨玩樂,而得課業的時間,這才是我們取捨課業與玩樂間最好的方法。

如何「捨」與「得」,其實是很簡單的,你越重視它,你越會為它而捨棄。俗話說:「放長線,釣大魚。」放棄小蝦、小魚,而等待大魚上鉤的機會,這就是「捨得」最好的佐證,所以說「捨棄小小的利益,得到大大的收穫」,才是「捨得」真正的意涵。

賞析

作者從日常生活中大家耳熟能詳的事物(棒球比賽、高手對弈等)切入所要議論的主題,並充分闡發其中的道理後,總結歸納出結論:「捨棄小小的利益,得到大大的收穫」才是「捨得」真正的意涵。非常精彩!

十一、說明文

1. 幸福源頭

台北市私立薇閣高級中學 高二甲 謝馨儀

有人說幸福，就像天空中的北極星，縱然遙遠，卻總是穩定的發出光芒。

人的一生中，總是尋找著那顆屬於自己的北極星，有的人，在戀人的眼中尋覓到了，有的人，在事業的頂峰中尋找到了，但大部分的人，卻是在一次次的誤認中體悟到了，「家」才是幸福真正的源頭。

人，是不能沒有家的。家，不但是驚濤社會中唯一的港灣，更是分享快樂最適合的淨土。自有記憶以來，家，一向是與我分享榮耀、分擔痛苦的所在。當時，還無法領悟，那就是幸福。

去年夏天，我第一次自己下南部參加營隊，原本滿懷期盼的心，卻隨著火車的前進糾結的越來越緊。營隊裡，處處都要自己動手，不論是洗衣、洗碗、打掃、飲食，對很少做家事的我來說根本是當頭棒喝！南北截然不同的風土民情，更令人「水土不服」，更慘的是，因為大家都不認識，必須處處提防，即使自己再累再煩，面對隊員們，永遠只能用一張笑臉。當天晚上，我躲在廁所裡向電話另一端的媽媽整整哭訴了半個小時，媽媽雖然沒說什麼感人肺腑的話，只是用她一貫的口氣叫我加油，但掛掉電話後，心情竟頓時輕鬆了不少。我這才發現，每天回家看到熱騰騰的飯菜、香噴噴的衣服，或是一句鼓勵、一個微

笑，都是幸福的證明，哪怕是責罵或批評、吵架或拌嘴，也都是種愛的表現。

大文豪歌德曾說：「無論王或百姓，在家裡找到幸福，才是最快樂的。」你，還在尋找自己的北極星嗎？別再往高空中搜索了，它既不在遙不可及的天際，也不會被烏雲掩蔽，而是在每個人的家中，每個人的心中，熊熊的散發著光亮呢。

賞析

說明什麼才是幸福源頭，不僅概念準確，解說周密，而且能夠從各個角度、採多種觀點旁徵博引、解釋分析，讓人讀完後通透明白幸福的源頭就在每個人的家中、每個人的心中。

2.欣賞
台北市私立薇閣高級中學 高二甲 孫暄晴

欣賞，即是「心賞」。人們對於美好事物的追求，滿足心中的渴望，望之而能心生愉悅之感，可遠觀而不可褻玩的那份念想，就是欣賞。人人心中自有一把「美」的尺，無關乎種族、性別、階級、年齡，越是美好的事物，就越能得到欣賞。

人們常用眼睛觀察，從外在的欣賞得到內心的滿足，時代的流行趨勢也會影響人對美的欣賞。諸如舊時人們喜愛濃眉鳳眼、櫻桃小嘴；而今人們卻喜愛細眉杏眼，豐厚紅唇。不同的時代、不同的人們，不同的眼光，不變的是

人們一直都在「欣賞」。

對於美食的欣賞，相信任何人都趨之若鶩吧！不管是宮廷的御膳，或是講究的法國菜、奶味十足的義大利披薩、色香味俱全的江浙料理、麻辣嗆鼻的川菜，甚或是台灣夜市小吃；大至黑熊、小至螞蟻，都有人欣賞，都有人愛吃。對於喝的東西，人們更是不馬虎，葡萄酒、紅茶、綠茶、烏龍茶、柳橙汁、蘋果汁……等，都有人鍾愛，連名字都取的令人垂涎！碧螺春這茶名，還是清朝順治皇帝賜名的呢！

對於藝術的欣賞，人們更是不遺餘力，不管是中國文人的山水畫、詩詞歌賦，抑是西方文藝復興的創作：雕像、繪畫……，皆是藝術愛好者視為無價的佳作。所以不管是米芾的畫、李白的詩、李清照的詞、雷諾瓦彈鋼琴的少女畫、莫內的睡蓮、米開朗基羅的大衛像、貝多芬的月光、巴哈的馬太受難曲……。不管是輕快的、莊嚴的、柔和的、鮮豔的、明朗的、悲傷的、雀躍的……，都有人欣賞，都有人熱衷。

對於自然的欣賞，則是黃髮垂髫、老嫗能解，我便是愛好者之一！遠眺蓊鬱的青山、蒼穹的藍天、碧綠的湖水、涓涓的細流、悠游的小魚、火紅的太陽、無瑕的明月、閃耀的星星、蔚藍的大海、俊奇的怪石、飄零的枯葉、瑩黃的桂花……等，這些都是愛好自然的人最喜於歌詠的作品！梁實秋愛鳥、陶淵明愛菊、周邦彥愛蓮，沒有詩人詞人不愛好自然的。渾然天成，自有其秀美與俊奇，不經人工雕琢、刻意表現，於是地球的每一角落，都有人

欣賞，都有人留連。

　　對於人性的欣賞，因為你看不見、聽不著、聞不到、也觸摸不了，於是許多人便忽略了它的重要、它的存在。但是，欣賞即是心賞，若你沒有用心去感受，那就有如霧裡看花，既感受不到它的美，又像是吃鹽來滋潤你乾渴難耐的喉嚨，愈發口渴！人說「真、善、美」，乍看之下三個字是獨立不相關連的形容詞，實質上真善美就是一樣得用心去看才能感受到的美！純真、樸實、善良都是愈經社會歷練、愈經歲月摧殘，便愈發消逝的人性，要欣賞到這份美，我看只有稚氣未脫的小孩、皈依宗教致力奉獻的神職人員身上才能看到；抑或是到失落的地平線──烏托邦，那人間仙境，才能看到老子小國寡民的桃花源吧！

　　欣賞，讓我們用心去聆賞，感受內心真正的渴望，欣賞心中的真善美吧！

賞析

　　以宏觀的角度解釋說明「欣賞」的意涵，諸如美食、藝術、自然、人性的欣賞等，都有深入而周密的剖析，內容豐富、形式完備，是上乘之作。

3.老師，為我點起一盞燈　　台北市私立薇閣高級中學 九義 賴怡

　　有人說，上帝沒時間親自照顧每個子民，於是在每個人身邊派了一個守護天使，叫作母親；而我要滿懷感激地說：當守護天使的翅翼疲憊時，幸好有老師陪在我們身

邊。人生旅途中，幾番拐入迂迴死巷，千迴百轉覓不著出口，是老師即時出現，為我的暗夜迷途點起一盞燈，照亮世事的真貌，驅散惶惑的陰影。

曾經，我是一個過度自傲自信的孩子，在僅有寥寥幾百個學生的小學校園叱吒風雲，於是有了「天上天下唯我獨尊」的狂傲錯覺。直到我第一次參加校外科展，辛苦編寫的報告在指導教授的凌厲質問下，竟萎縮成一疊廢紙！拾起碎成片片的自尊心回校，彷彿看見自己的天空中，落日西沉。當時的級任導師輕輕走進我的暮色中，說了以下的故事：小時候愛因斯坦的美術課要繳交一樣黏土作品，他遲了兩天，才交出一把歪歪扭扭的黏土椅子。老師尖刻地批評：「這是我見過最醜的椅子了！」小愛因斯坦不慌不忙掏出另外兩把小椅子：「這是我第一次和第二次做的，您手上的成品再怎麼糟，總比這兩個強！」原來，舉世無雙的天才也曾痛遭否定，而且坦然面對，只求超越昨日的自己。剎時，我的夜空升起了繁星熠熠……。

另一次失意的時光，是尚未學會寬諒的我，與一群死黨鬧翻的慘痛經驗。有一天，昔日摯友又熱熱鬧鬧刻意忽略地與我擦肩而過，我一個人收拾書包，拖著長長黑影回家，半途中，老師喚住了我，邀我跟她們一家一起上山賞夜景。令我驚訝的是，面對台北盆地的燈火，老師並未試圖說教，只是帶著我放懷高歌。當我枯涸已久的歌聲與老師的匯流成一條輕快小溪，另一條溫熱的小河，也從我的雙眼汩汩流出。那一夜，我的老師在萬家燈火中，點起一盞專屬於我的暖暖明燈，讓一顆受傷孤寂的心，找到歸屬

的方向而後終結漂流。

　　老師，為我點起一盞明燈，名喚「智慧與希望」。它領我涉過暗夜險灘，也使我暗自許下心願：「有一天，我也要將這盞燈的光芒，傳播給下一個迷航的靈魂。」

賞析

　　選用兩件具體的事例，以說明「老師，為我點起一盞燈」中「燈」的抽象義蘊，技巧相當高明。

　　說明時善用「引用」、「譬喻」、「轉化」的修辭方法。值得初學者參考。

附 錄

第一次上作文課　　　高一乙　蔡政廷

　　自從我有記憶以來，便知曉所謂的作文不就是提起筆，將自己的想法用自己的語言呈現在讀者面前，然而我真正開始懂得寫作文，則是數年後的高一夏天。

　　還記得那時的我，聽到國文老師說第二天要上作文課，心裡頓然生起一股如釋重負之感，心想辛辛苦苦的上了那麼多令人頭昏眼花的古文古詩，這下可以輕鬆了。但令我意外的事發生了，國文老師竟帶著一疊厚重的講義來上課，更令我訝異的是他開始嚴肅的教起作文方法來。如果真要我選一個詞彙來描寫我當時的感受，我想是「驚爲天人」吧，因爲我從小到大，每堂名爲「作文課」的課，莫不是由老師指定題目，而後便由我們自行發揮成篇，直到現在我才知道那並非真正的「作文課」，因爲所謂的作文課，不只是要讓學生親自寫作，更應由老師來引領、指導學生，如何鋪寫一篇契合題目的好文章，如此才不會愧對「課」這個名稱，因此高一夏天的那堂作文課中，我認爲自己受益最多的是開始了解藉由老師所講授的審題、立意等步驟來確實闡述心中的想法、念頭。這並不是說我在此之前就不懂得用文字表達自己的感受，反而是因以前感受太多，而不知從何寫起，最後只好一股腦的將想到的東西全部寫下，以至於整篇作文顯得雜亂無章，幸也不幸，

當時班上都流行比較「誰的作文長，誰就寫得好」的風氣，而我這般東拉西扯的亂寫，正好讓我的作文長度，名列前茅，而我也開始有「想到什麼就全部寫下來」的壞習慣，所幸在第一次作文課後，我才驚覺寫作文是要寫得精鍊、適切，因而要懂得「割捨」、懂得尋找適當的材料才是重要的。這類概念與技巧，便是這第一次作文課所帶給我的最大收穫。

現在的我，雖然作文技巧仍待加強，選材的能力也有待磨鍊，但至少我已知道，該向何方努力，而不再漫無目的的遊走在作文的世界裡，我真的感謝那意義非凡的第一堂作文課。

我的國文老師

高二乙　林旻翰

　　「國文」不只是一套文學系統，而且也是中國五千多年來的智慧結晶，在這廣大無邊的世界裡，我常迷失了學習的方向，這學期在劉家楨老師的帶領下，我漸漸找回了那條光明的道路。

　　我永遠忘不了老師的第一堂課，他不像其他任課老師，一上課便口沫橫飛的講述課程，而是闡釋了我們自然組學生應有的學習方式及人生觀，並分析以往「自然組學生只要物理、化學的思惟」是錯誤的觀念，他由「科技人要有人文心」出發，告訴我們國文是我們的根，是我們的本，更是我們在人生路上不可或缺的元素，就像生物如果少了水，一切都得從「零」開始一樣。

　　老師上國文課的方式也獨特創新，不是單純的講述課文，而是整體概括的敘述文體流變及文學發展，使用what、why、how的審辨以增加課堂上的師生互動，加深同學的印象。不同於以往任課老師的課程講義，劉老師主張「寫一遍筆記勝過讀十遍講義」，還能減少同學上課打瞌睡的情形，一舉數得。

　　雖然劉老師不是我們的導師，但他對我們的關懷絕對不亞於導師對我們所下的工夫，在劉老師的教導下，彷彿活化了我們體中的沈睡因子，如大夢初醒一般，大家的成

績都突飛猛進。

　　我想以上種種就是我愛劉老師的原因。其中最重要的是老師有一顆熱忱的心，奮而不懈的教導我們，希望能將每位學生從深谷中拉拔起來。在茫茫人海當中能遇到這樣的好老師，真是我三輩子修來的福氣，但老師不厭不倦的教導又豈是一篇文章所能描述的呢？

一輩子的資產（代跋）

　　自幼我從父親那裡得到不少照顧和關愛，無論精神糧食或物質需求從不短缺，如今仔細回想，其中最重要的兩樣東西就是閱讀的興趣和寫作的能力吧。

　　先說閱讀這方面的事。在我的記憶中，中國童話故事系列應該是最早接觸且印象深刻的了，那是個識字還不多的年紀，大部分的故事都是「聽」來的，但聽出趣味後便不自覺的想要翻書來看，那些故事我不知道聽了幾遍、看了幾遍，但從不感到乏味，仍一次又一次的聽下去、看下去。到了小學中年級左右，我對小說產生了強烈的興趣，爸爸新買一本回來我就看完一本，記得那時有個「好書大家讀」的活動，主辦單位會定期選出當年的好書書目以供參考，我都會請父親幫我買回來閱讀，有時甚至還買了一整套的兒童小說，讓我暢遊書海，真是快活！除了故事、小說以外，父親也開始培養我欣賞唐詩宋詞的能力，寒暑假時每天背誦一首，由易入難，從淺到深，不知不覺中也讀了不少作品，有時還略能體會其中的意境呢！

　　可惜到了國中、高中沒有刻意留下看書的時間，只零零星星的看些雜誌，其中看得最多的就屬「牛頓」了，每當新的一期寄到時，我都會迫不及待拆開，看看期刊中的許多新發明、新發現，總使人覺得世界太奇妙，它們不斷

的在我快生鏽而無法自由轉動的頭腦裡點上新油。此外，高中時我迷上了村上春樹，他真實又帶點虛幻的寫作手法，好像白日夢般的故事、憂鬱深沉的筆調，使我感覺他的書像一面鏡子，照映出了年少的我，而令我愛不釋手。

現在上了大學，終於明白「書是為自己而讀」的道理，千方百計找些書來看，不管是想多了解什麼，或純粹是想看書而看書，都變得更主動、更積極了，看書也從較單純、簡單的內容變成較難讀且蘊含更深層意義的作品，像是余秋雨的書我就很喜歡，看完《千年一嘆》後令我感動不已：感動有人願意萬里長征，探訪各大古文明的發源地來和中國文明作比較；感動有人提醒我們，為什麼我們會是現存於地球上最久的文明古國；感動有人告誡我們，這文明還有許多不足、需要改進的地方；感動我和他能活在同一個時代。

午夜夢迴，細細回想，我會有此動力絕非一日養成，我認為，父親在我小時候種於心中的那顆種子已經萌芽長大，他讓我一開始便覺得書本是有思想情感的朋友，而不是枯燥乏味的物品。

再來說說寫作的事。我開始學習寫作的時間也算早，因為父親喜歡文學、擅長寫作之故，在小學中年級時，他就開始教我基本的寫作概念和方法，其中他最強調的是審題、立意、選材、布局、修辭等核心的概念，但小小年紀的我怎麼可能理解呢？我還記得他最愛舉料理的例子來讓我明白：料理之前必須先想好到底要做哪道菜，然後從冰箱中取出食材，再按照一定的步驟和加入適量調味料來完

成一道可口佳餚。另外爸爸也很喜歡用魚的例子來說明文章的布局，為什麼是魚呢？因為一篇好文章可不是每一段都一樣長就好了！開頭要引人入勝，就像魚頭一樣抓住眾人的目光；主文要充實、有看頭，就像魚身一樣肉厚、汁多、味美，讓人不斷咀嚼，回味無窮；結尾要簡單有力，就像魚尾一樣，不帶多餘的肉，只有簡單的鰭。

當時的我要熟悉這些道理，可不是聽聽就算了，當然要透過不斷練習，就像練功的徒弟般，持續的練習才能練就不動如山、落地生根的馬步，就在每個寒暑假，邊背唐詩、宋詞的我也一邊練習寫作，爸爸每天都會出題目讓我練習，或短篇或長篇，而每寫完一篇後他都會幫我批改，並在文末寫下需要改進的地方，就這樣逐步的練習下，我漸漸具備了寫作能力。

還記得小學的我喜歡讀童詩，尤其喜愛楊喚的童詩，因此父親鼓勵我開始創作，當起了小詩人，在腦力激盪下，我創作了一些童詩，有幸刊載在報紙上和大家分享。國、高中時寫作的目的就開始變得較不「單純」了，有時是為了作業，有時是為了考試，最後我想通了，不為了什麼才寫作嘛！盡我所能寫出好文章就對了，我想寫作就這樣跟定了我，從以前到現在，毫無疑問的它會跟我到永遠。

一直都還記得爸爸曾經講過的故事：民國初年，上海有個窮小子愛上了某位大地主的女兒，兩人非常相愛，但男士自認家世無法和女方匹配，而遲遲不敢提出婚約。日復一日，年復一年，終於有一天他抱著孤注一擲的心情，

一輩子的資產（代跋） *331*

向女方父母提出結婚的要求，出乎意料之外，女方家長竟爽快的同意了，男生不解的提問，女生的雙親答道：「土地田產、豪宅洋房……誰都無法保證能一輩子擁有它，什麼時候都可能被奪走。但一個人的才華、能力卻永遠能帶著走，不會被奪走也不會突然消失。我們因為你的才能出眾，品格高尚而相信你一定有足夠能力照顧我們的女兒！」而意外之所以為意外，就在於它總是令人措手不及，沒隔多久，國共戰爭爆發，夫妻倆果真只能帶著簡單的行囊和家人道別，隨著國軍來到台灣，這個窮小子因文筆流暢、做事實在、待人誠懇，很快就找到一份差事，生活有了保障。的確如老人家所言，再多的土地田產、洋樓豪宅就只能留在大陸，一丁點也帶不出來啊。

　　英國大文豪莎士比亞曾說：「學問是我們的隨身財產，我們自己在什麼地方，我們的學問也跟著我們在一起。」我想父親交到我手上的這兩樣東西：閱讀的興趣和寫作的能力就是如此的珍貴！

註：隨文檢附我從小學到高中時期發表在報刊上的作品，藉此向父親給了我一輩子能帶著走的資產，獻上由衷的謝意。

蝴蝶蘭　　　　　　台北市清江國小　四年一班　劉奕麟

蝴蝶蘭

像一隻隻

停在莖上的蝴蝶

它被繩子
綁住了
不能飛出去
採它愛吃的花蜜

（原載《國語日報》84.05.24）

小草的家人

台北市清江國小　五年一班　**劉奕麟**

小草的爸爸是雨水，
灌溉他、栽培他。
小草的媽媽是泥土，
撫育他，教養他。
小草的哥哥是太陽，
陪伴他、安慰他。
小草覺得自己好幸福！

（原載《兒童日報》84.11.01）

照相機

台北市清江國小　五年一班　**劉奕麟**

照相機，真神奇。
它讓我把山林的綠，
田野的美，
小溪的清涼帶回家。
讓我時時記起這些美麗的回憶。

（原載《國語日報》84.12.13）

我把自己縮小了

台北市清江國小　六年一班　**劉奕麟**

「孫伯元（簡稱孫伯），你今天下午要不要來學校打球？」「好哇！」一天下午，我約了幾個同伴打籃球。

喔耶！又進了一個三分球，現在比數是二十比四，「不玩了啦！」別隊的阿群叫著，「好吧！」有人附和。「喂！大家看，那邊的實驗室裡一閃一閃的，還冒煙呢！好像在做什麼大實驗？」阿碩很驚奇的叫道，「我們去看看怎麼樣？」我提議之後，大家都異口同聲的說：「好。」

剛走到實驗室，正好有兩個人灰頭土臉，邊走邊叫的走了出來。大家互相對看了幾眼，一起走了進去，哇ｏ！那是什麼東西？啪！一顆棒球砸了進來，正好打中機器的按鈕，ㄎㄟ──ㄎㄟ──ㄎㄟ──引擎轉動了起來，酷耶！大家走到前面東看看，西摸摸，忽然一道紅光照到我們身上。

「咦？其他的東西怎麼都變那麼大？」，「不對！是我們縮小了！」阿宏叫道，孫伯拍拍我們叫我們看實驗床底下，那裡怎麼有兩顆亮亮的東西？奇怪，那東西怎麼越來越大，哇！是老鼠的眼睛，「你看他像大象一樣大，會不會把我們吃掉哇？」孫伯害怕的叫著，其實我們都很害怕，好像會被⋯⋯，於是我們就⋯⋯快跑！

天哪！這傢伙的體力怎麼這麼好，已經追了三條走廊了，「啊！老鼠」，不知哪來的一陣尖叫，把我們都嚇到

了，忽然，「砰」的一聲，咦？好像沒有聽到老鼠的腳步聲了。我回頭一看，果然，老鼠倒在地上，一動也不動，「牠好像被旁邊的女老師打昏了。」阿碩說。「別管牠，我們趕快走，免得等一下牠醒過來追我們。」我說。

「孫伯，我們好像又變大了。」大家看看自己，再看看旁邊的東西，「真的耶！」大家高興的叫著，「應該是機器的效力沒了吧！」阿宏一副很有學問的樣子。

縮小真是太可怕了，我再也不要被縮小了。

（原載《兒童日報》86.02.16）

心動

台北市師大附中　國中部　**劉奕麟**

每一個人都會有心動的事物，對市面上的商品心動，對文學作品心動，對大自然的美景心動……。

當我們走在商店街上，無數商品散發出誘人的吸引力，望著它們，心動了，忍不住買了下來。每日每夜，對喜愛的商品心動的感覺持續產生。在這些商品背後，也有著無數心動的人，他們為了讓商品更完美、更便利，於是急於創造改變，因此投入研究，發明了許多令人心動、更加便利的產品。

閒暇時閱讀一本好書，是件非常值得和喜悅的事，不僅能得到書中的啟示，還能對字裡行間深沉的韻味感到心動。一首詩詞，似乎不是那麼容易了解，但仔細玩味，反覆吟詠後便覺興味淋漓，深切體驗到作者所要傳達的意念、情懷，或是作者藉詩作對社會發出的由衷感嘆，它常

令人感動，這也就是詩人偉大之處吧！一篇白話文，淺顯易懂的字句，讓人一目了然；清楚的說理，使人輕易領略；感人的故事，賺人不少熱淚，讓我們欣賞到文字的美妙。

如果累了，到戶外走走，大自然的瑰麗，也夠讓人心動了！大海的廣闊壯麗，山中溪谷的清幽秀麗，甚至單純的躺在地上，欣賞天空景色的變化，或觀賞清晨的日出、黃昏天邊晚霞和被染了色的七彩雲朵、夜晚一道劃破天際的流星……這樣的美景，誰不心動？

心動，是一種美妙的感覺。如果每個人都有心動的事物，我們的生活一定更充實，更多彩多姿。

（原載《國語日報》89.08.15）

紅與黑

師大附中1003班　劉奕麟

一顆顆子彈在身邊呼嘯而過，空氣被震動得嘶嘶作響，強烈得像千萬根針刺在身上；戰場上沒有人會停止扣下扳機，只有那些懦弱的人才會用自己的生命換取別人的生命，只有那些天真的人才會把自己雙手獻給別人，這就是戰爭，沒有情、理；只有生、死。

死神是殘酷的，留下了滿地被染上詭異紅色的屍體，而那些存活的人，雙手上、臉頰上、身體上也沾染了駭人的紅，在那身污穢下露出雙眼，放大的瞳孔旁佈滿了血絲，一張嘴打開盡是腥臭、泛著血水，活似匹野獸；活著不代表什麼，只為了繼續活著，那噁心的紅在他們眼中代

表著虛無，而那些著了魔的當權者，總喜歡藉著民族、宗教等敏感議題，冠冕堂皇的除掉一大批、一大批眼中釘，自以為頂著神聖的光環在造福世界，卻沒注意到腳底下已是一片紅，為自己留下了萬世臭名。

而當黑夜降臨，坐在戰壕裡，一幕幕駭人影像從眼前溜過，再想想戰爭還未爆發時……天啊！那些被殺死的敵人，和我們根本無冤無仇，說不定大家還能交個朋友，種種矛盾油然而生，抑鬱的心情像被黑霧罩住一般揮散不去，令人無比痛苦，但為了生存卻又不得不閉上眼，一槍一槍把一張一張陌生的臉孔打倒；腦海中猛然閃過早上幾個兄弟被摺倒的情形，心頭忽然有了深仇大恨，不把敵方滅了種不甘心。就這樣，軍人打仗時總擔心被人殺死，打完仗沉重的心理衝突像吃人的黑鬼，一點一滴的將你我染黑，永遠無法逃出那藏在暗處的陷阱。

戰爭，就是這一隻黑紅交織的邪惡怪獸，牠不僅啃噬了人類原本純真善良的心，更被有心人士拿來作為到達權力頂峰的開路機，只留下厚厚的陰影在人間，而且牠摧毀了許多和諧的家庭。伸著血紅的舌頭，吐出一口口惡臭的黑氣，貪心的索取世界和平，你說我們該讓牠留在世上嗎？任何人都不該留著牠，應該要徹底打擊這隻血腥又殘酷的怪獸，讓牠永遠消失在美麗的地球上。

（原載《中央日報》91.08.16）

難忘的身影　　　　　師大附中1003班　**劉奕麟**

　　雖然已過了兩年多，但我仍清楚記得她的身影。

　　那年春節我們照例回到了位在苗栗的外婆家。還記得那一次我們特別提早回去，到達的時候大家正忙著準備年夜飯，每個人我都見到了，就是沒見到外婆，找了好久，才發現她蹲在後院清洗要做菜的雞鴨，一開始我還認不太出來，因為她沒染髮，滿頭白髮顯得有點蒼老，她一見到我，馬上說：「奕麟！你回來了喔！」臉上綻放出燦爛的笑容。

　　好像是第二天吧！我和姊姊都特別早起，剛好趕上外婆要去洗衣服時間（外婆洗衣服不是在家裡洗），她問我們要不要去？我心裡想難得碰上了就去玩玩吧！我們提著衣籃，隨著外婆走到一個位於田中央的水塘，水塘清澈見底，因為兩旁不斷有水流入、流出，所以不會有污水留在裡面，旁邊還有兩、三位老婦人也在洗著衣服，她們都熟識，馬上就聊了起來，我和姊姊不太會洗，笨手笨腳的忙了老半天才洗好一些，而外婆早就把其他的衣服都解決掉了，正在跟旁人聊天呢！我們把衣服拿回去晾之後又陪著外婆去土地公廟拜拜，外婆拿著香，虔誠的向土地公說了些話，便把供品擺在桌上，她說要等香燒到一定程度，土地公吃飽了，才可以把供品拿回去，那段時間我們天南地北的閒聊，看著外婆、吹著涼風，不知為什麼，我的心裡有種莫名的感動，覺得好快樂、好快樂！

春節後返回台北，沒多久傳來了外婆中風的消息！是腦幹中風，喪失了生命能力，情況很不樂觀。有一天放學後打電話回家都沒人接，我心想……完了！會不會是外婆出事了，下了捷運心急如焚直奔回家，心裡胡思亂想，不禁掉下了眼淚，那味道比濃縮咖啡還苦，而且更澀，幸好回家看到了紙條才放了心，爸媽只是回去探望外婆罷了！但沒多久老天還是奪走了慈祥的外婆。

　　一直到現在我還是會不時想起外婆的身影，那天她在後院的身影，在水塘旁的身影，在土地公前的身影……。如今我再也見不到她了！再也無法添加她的身影進入我的回憶中，再也無法陪她做任何事！那是一種好怪異的感覺啊，我明明記得她的一切，但是再也見不到她的人，聽不到她的話，因為她已經長眠了！

（原載《中央日報》91.10.11）

劉奕麟　（謹識2006年8月15日）

國家圖書館出版品預行編目資料

饗宴：中學生的閱讀與寫作／劉家楨著. -- 初版.

-- 臺北市：萬卷樓, 2006[民95]

面；　　公分

ISBN 978-957-739-578-8 (平裝)

1.閱讀法　2.中國語言–作文　3.中等教育–
教學法

524.31　　　　　　　　　　95023268

饗　宴
─中學生的閱讀與寫作

著　　　　者：劉家楨

發　行　人：陳滿銘

出　版　者：萬卷樓圖書股份有限公司

臺北市羅斯福路二段41號6樓之3

電話(02)23216565・23952992

傳眞(02)23944113

劃撥帳號15624015

出版登記證：新聞局局版臺業字第5655號

網　　　　址：http://www.wanjuan.com.tw

E ─ m a i l：wanjuan@tpts5.seed.net.tw

承 印 廠 商：中茂分色製版印刷事業股份有限公司

定　　　　價：320元

出 版 日 期：2007年1月初版

2008年1月初版二刷

ISBN　978-957-739-578-8

也可劃撥至 07017670　戶名：劉家楨